本书为国家社科基金青年项目
"最佳说明推理模式研究"结项成果
教育部人文社会科学重点研究基地
山西大学"科学技术哲学研究中心"基金
山西省优势重点学科基金
资　助

山西大学
认知哲学丛书
魏屹东　主编

最佳说明的推理模式研究

王航赞／著

科学出版社
北　京

图书在版编目（CIP）数据

最佳说明的推理模式研究 / 王航赞著 . —北京：科学出版社，2016.
（认知哲学丛书 / 魏屹东主编）
ISBN 978-7-03-048614-1

I. ①最… II. ①王… III. ①逻辑学 – 研究，IV. ① B81

中国版本图书馆 CIP 数据核字（2016）第 126717 号

丛书策划：侯俊琳　牛　玲
责任编辑：牛　玲　刘　溪　乔艳茹 / 责任校对：郑金红
责任印制：赵　博 / 封面设计：无极书装

科学出版社 出版
北京东黄城根北街 16 号
邮政编码：100717
http://www.sciencep.com
北京科印技术咨询服务有限公司数码印刷分部印刷
科学出版社发行　各地新华书店经销

*

2016 年 7 月第　一　版　开本：720 × 1000　1/16
2025 年 9 月第七次印刷　印张：14 3/4
字数：280 000

定价：138.00 元

（如有印装质量问题，我社负责调换）

丛 书 序

21世纪以来，在世界范围内兴起了一个新的哲学研究领域——认知哲学（philosophy of cognition）。认知哲学立足于哲学反思认知现象，既不是认知科学，也不是认知科学哲学、心理学哲学、心灵哲学、语言哲学和人工智能哲学的简单加合，而是在梳理、分析和整合各种以认知为研究对象的学科的基础上，立足于哲学（如语境实在论）反思、审视和探究认知的各种哲学问题的研究领域。认知哲学不是直接与认知现象发生联系，而是通过以认知现象为研究对象的各个学科与之发生联系。也就是说，它以认知概念为研究对象，如同科学哲学是以科学为对象而不是以自然为对象，因此它是一种"元研究"。

在这种意义上，认知哲学既要吸收各个相关学科的理论成果，又要有自己独特的研究域；既要分析与整合，又要解构与建构。它是一门旨在对认知这种极其复杂的心理与智能现象进行多学科、多视角、多维度整合研究的新兴研究领域。认知哲学的审视范围包括认知科学（认知心理学、计算机科学、脑科学）、人工智能、心灵哲学、认知逻辑、认知语言学、认知现象学、认知神经心理学、进化心理学、认知动力学、认知生态学等涉及认知现象的各个学科中的哲学问题，它涵盖和融合了自然科学和人文科学的不同分支学科。

认知哲学之所以是一个整合性的元哲学研究领域，主要基于以下理由：

第一，认知现象的复杂性，决定了认知哲学研究的整合性。认知现象既是复杂的心理与精神现象，同时也是复杂的社会与文化现象。这种复杂性特点必然要求认知科学是一门交叉性和综合性的学科。认知科学一般由三个核心分支学科（认知心理学、计算机科学、脑科学）和三个外围学科（哲学、人类学、语言学）构成。这些学科不仅构成了认知科学的内容，也形成了研究认知现象的不同进路。系统科学和动力学介入对认知现象的研究，如认知的动力论、感知的控制论和认知的复杂性研究，极大地推动了认知科学的发展。同时，不同学科之间也相互交融，形成新的探索认知现象的学科，如心理学与进化生物学交叉产生的进化心理学，认知科学与生态学结合形成的认知生态学，神经科学与认知心理学结合产生的认知神经心理学，认知科学与语言学交叉形成的认知语义学、认知语用学和认知词典学。这些新学科的产生增加了探讨认知现象的新进路，也说明对认知现象本质的揭示需要多学科的整合。

第二，认知现象的根源性，决定了认知哲学研究的历史性。认知哲学之所以能够产生，是因为认知现象不仅是心理学和脑科学研究的领域，也历来是哲学家们关注的焦点。这里我粗略地勾勒出一些哲学家的认知思想——奥卡姆（Ockham）的心理语言、莱布尼茨（G.W. Leibniz）的心理共鸣、笛卡儿（R. Descartes）的心智表征、休谟（D. Hume）的联想原则（相似、接近和因果关系）、康德（I. Kant）的概念发展、弗雷格（F. Frege）的思想与语言同构假定、塞尔（J. R. Searle）的中文屋假设、普特南（Hilary W. Putnam）的缸中之脑假设等。这些认知思想涉及信念形成、概念获得、心理表征、意向性、感受性、心身问题，这些问题与认知科学的基本问题（如智能的本质、计算表征的实质、智能机的意识化、常识知识问题等）密切相关，为认知科学基本问题的解决奠定了深厚的思想基础。可以肯定，这些认知思想是我们探讨认知现象的本质时不可或缺的思想宝库。

第三，认知科学的科学性和人文性，决定了认知哲学研究的融合性。认知科学本身很像哲学，事实上，认知科学的交叉性与综合性已经引发了科学哲学的"认知转向"，这在一定程度上从认知层次促进了自然科学与人文科学、科学主义与人文主义的融合。我认为，在认知层面，科学和人文是统一的，因为科学知识和人文知识都是人类认知的结果，认知就像树的躯干，科学和人文就像树的分枝。例如，对认知的运作机制及规律、表征方式、认知连贯性和推理模型的研究，势必涉及逻辑分析、语境分析、语言分析、认知历史分析、文化分析、心理分析、行为分析，这些方法的运用对于我们研究心灵与世界的关系将大有益处。

第四，认知现象研究的多学科交叉，决定了认知哲学研究的综合性。虽然认知过程的研究主要是认知心理学的认知发展研究、脑科学的认知生理机制研究、人工智能的计算机模拟，但是科学哲学的科学表征研究、科学知识社会学的"在线"式认知研究、心灵哲学的意识本质、意向性和心脑同一性的研究，也同样值得关注。因为认知心理学侧重心理过程，脑科学侧重生理过程，人工智能侧重机器模拟，而科学哲学侧重理性分析，科学知识社会学侧重社会建构，心灵哲学侧重形而上学思辨。这些不同学科的交叉将有助于认知现象的整体本质的揭示。

第五，认知现象形成的语境基底性，决定了认知哲学研究的元特性以及采取语境实在论立场的必然性。拉考夫（G. Lakoff）和约翰逊（M. Johnson）认为，心灵本质上是具身的，思维大多是无意识的，抽象概念大多是隐喻的。我认为，心理表征大多是非语言的（图像），认知前提大多是假设的，认知操作大多是建模的，认知推理大多是基于模型的，认知理解大多是语境化的。在人的世界中，一切都是语境化的。因此，立足语境实在论研究认知本身的意义、分类、预设、结构、隐喻、假设、模型及其内在关系等问题，就是一种必然选择，事实上，语境实在论在心理学、语言学和生态学中的广泛运用业已形成一种趋势。

需要指出的是，与"认知哲学"极其相似也极易混淆的是"认知的哲学"（cognitive philosophy）。在我看来，"认知的哲学"是关于认知科学领域所有论题的哲学探究，包括意识、行动者和伦理，最近关于思想记忆的论题开始出现，旨在帮助人们通过认知科学之透镜去思考他们的心理状态和他们的存在。在这个意义上，"认知的哲学"其实就是"认知科学哲学"，与"认知哲学"相似但还不相同。我们可以将"cognitive philosophy"译为"认知的哲学"，将"philosophy of cognition"译为"认知哲学"，以便将二者区别开来，就如同"scientific philosophy"（科学的哲学）和"philosophy of science"（科学哲学）有区别一样。"认知的哲学"是以认知（科学）的立场研究哲学，"认知哲学"是以哲学的立场研究认知，二者立场不同，对象不同，但不排除存在交叉和重叠。

如果说认知是人们如何思维，那么认知哲学就是研究人们思维过程中产生的各种哲学问题，具体包括以下十个基本问题。

（1）什么是认知，其预设是什么？认知的本原是什么？认知的分类有哪些？认知的认识论和方法论是什么？认知的统一基底是什么？有无无生命的认知？

（2）认知科学产生之前，哲学家是如何看待认知现象和思维的？他们的看法是合理的吗？认知科学的基本理论与当代心灵哲学范式是冲突的还是融合的？能否建立一个囊括不同学科的、统一的认知理论？

（3）认知是纯粹心理表征还是心智与外部世界相互作用的结果？无身的认知能否实现？或者说，离身的认知是否可能？

（4）认知表征是如何形成的？其本质是什么？有没有无表征的认知？

（5）意识是如何产生的？其本质和形成机制是什么？它是实在的还是非实

在的？有没有无意识的表征？

（6）人工智能机器是否能够像人一样思维？判断的标准是什么？如何在计算理论层次、脑的知识表征层次和计算机层次上联合实现？

（7）认知概念（如思维、注意、记忆、意象）的形成的机制和本质是什么？其哲学预设是什么？它们之间是否存在相互作用？心－身之间、心－脑之间、心－物之间、心－语之间、心－世之间是否存在相互作用？它们相互作用的机制是什么？

（8）语言的形成与认知能力的发展是什么关系？有没有无语言的认知？

（9）知识获得与智能发展是什么关系？知识是否能够促进智能的发展？

（10）人机交互的界面是什么？人机交互实现的机制是什么？仿生脑能否实现？

当然，在认知发展中无疑会有新的问题出现，因此认知哲学的研究域是开放的。

在认知哲学的框架下，本丛书将以上问题具体化为以下论题。

（1）最佳说明的认知推理模式。最佳说明的认知推理研究是科学解释学的一个重要内容，是关于非证明性推理中的一个重要类型，在法学、哲学、社会学、心理学、化学和天文学中都能找到这样的论证。除了在科学中有广泛应用外，最佳说明的认知推理也普遍存在于日常生活中，它已成为信念形成的一种基本方法。探讨这种推理的具体内涵与意义，对人们的观念形成以及理论方面的创新是非常有裨益的。

（2）人工智能的语境范式。在语境论视野下，将表征和计算作为人工智能研究的共同基础，用概念分析方法将表征和计算在人工智能中的含义与其在心灵哲学、认知心理学中的含义相区别，并在人工智能的符号主义、联结主义及行为主义这三个范式的具体语境中厘清这两个核心概念的具体含义及特征，从而使人工智能哲学与心灵哲学区别开来，并基于此建立人工智能的语境范式来说明智能的认知机制。

（3）后期维特根斯坦（L. Wittgenstein）的认知语境论。维特根斯坦作为20世纪的大哲学家，其认知思想非常丰富，且前后期有所不同。对前期维特根斯坦的研究大多侧重于其逻辑原子论，而对其后期的研究则侧重于语言哲学、现象学、美学的分析。从语言哲学、认知科学和科学知识社会学三方面来探讨后期维特根斯坦的认知语境思想，无疑是认知哲学研究的一个重要内容。

（4）智能机的自语境化认知。用语境论研究认知是回答以什么样的形式、基点或核心去重构认知哲学未来走向的一个重大问题。通过构建一个智能机自语境化模型，对心智、思维、行为等认知现象进行说明，表明将智能机自语境化认知作为出发点与落脚点，就是以人的自语境化认知过程为模板，用智能机来验证这种演化过程的一种研究策略。这种行为对行为的验证弥补了以往"操作模拟心灵"的缺陷，为解决物理属性与意识概念的不搭界问题提供了新思路。

（5）意识问题的哲学分析。意识是当今认知科学中的热点问题，也是心灵哲学中的难点问题。以当前意识研究的科学成果为基础，从意识的本质、意识的认知理论及意识研究的方法论三个方面出发，以语境分析方法为核心探讨意识认知现象中的哲学问题，提出了意识认知构架的语境模型，从而说明意识发生的语境发生根源。

（6）思想实验的认知机制。思想实验是科学创新的一个重要方法。什么是思想实验？它们怎样运作？在认知中起什么作用？这些问题需要从哲学上辨明。从理论上理清思想实验在哲学史、科学史与认知科学中的发展，有利于辨明什么是思想实验，什么不是思想实验，以及它们所蕴含的哲学意义和认知机制，从而凸显思想实验在不同领域中的作用。同时，借助思想实验的典型案例和认知科学家对这些思想实验的评论，构建基于思想实验的认知推理模型，这有利于在跨学科的层面上探讨认知语言学、脑科学、认知心理学、人工智能、心灵哲学中思想实验的认知机制。

（7）心智的非机械论。作为认知哲学研究的显学，计算表征主义的确将人类心智的探索带入一个新的境界。然而在机械论观念的束缚下，其"去语境化"和"还原主义"倾向无法得到遏制，因而屡遭质疑。因此，人们自然要追问：什么是更为恰当的心智研究方式？面对如此棘手的问题，从世界观、方法论和核心观念的维度，从"心智、语言和世界"整体认知层面，凸显新旧两种研究进路的分歧和对立，并在非机械论框架中寻求一个整合心智和意义的突破点，无疑具有重大意义。

（8）丹尼特（D. Dennett）的认知自然主义。作为著名的认知哲学家，丹尼特基于自然主义立场对心智和认知问题进行的研究，在认知乃至整个哲学领域都具有重大意义。从心智现象自然化的角度对丹尼特的认知哲学思想进行剖析，弄清丹尼特对意向现象进行自然主义阐释的方法和过程，说明自由意志的自然化是意识自然化和认知能力自然化的关键环节。

（9）意识的现象性质。意识在当代物理世界中的地位是当代认知哲学和心灵哲学中的核心问题。而意识的现象性质又是这一问题的核心，成为当代心灵哲学中物理主义与反物理主义争论的焦点。在这场争论中，物理主义很难坚持纯粹的物理主义一元论，因为物理学只谈论结构关系而不问内在本质。当这两个方面都和现象性质联系在一起时，物理主义和二元论都看到了希望，但作为微观经验的本质如何能构成宏观经验，这又成了双方共同面临的难题。因此，考察现象性质如何导致了这样一系列问题的产生，并分析了意识问题可能的解决方案与出路，就具有重要意义了。

（10）认知动力主义的哲学问题。认知动力主义被认为是认知科学中区别于认知主义和联结主义的、有前途的一个研究范式。追踪认知动力主义的发展动向，通过比较，探讨它对于认知主义和联结主义的批判和超越，进而对表征与非表征问题、认知动力主义的环境与认知边界问题、认知动力主义与心灵因果性问题进行探讨，凸显了动力主义所涉及的复杂性哲学问题，这对于进一步弄清认知的动力机制是一种启示。

本丛书后续的论题还将对思维、记忆、表象、认知范畴、认知表征、认知情感、认知情景等开展研究。相信本丛书能够对认知哲学的发展做出应有的贡献。

魏屹东

2015 年 10 月 13 日

前　言

　　"最佳说明的推理"（inference to the best explanation）是人们在认识实践中常常会涉及和使用的推理方式。但在它的内涵的理解和把握上，还存在着不少争论。支持者认为，最佳说明的推理是普遍存在的，它具有明确的特征和作用机制，能带来良好而可靠的结论。而批判者则把它看成是一种不可靠的推理形式，因为在它所使用的一些重要概念的理解上，还存在着不少争议。这严重地影响到它的有效性。本书认为，要理解"最佳说明的推理"的内涵与合理性，首先有必要去确定它的特性。在这方面，本书着重把"最佳说明的推理"确定为一种说明性推理，认为它的一个核心概念就是"说明"，从而表明把握住其中的说明论主张及其要求，是正确理解它的重要基础。

　　因此，在研究上，本书首先就科学中的说明观点进行了描述、考察；探讨了说明的基本内涵、有关说明方面的几种模型理论、说明的优良性内涵及优良性的作用等问题；阐述了"最佳说明"的内涵与对其加以确定的必要性，明确了围绕着"最佳说明"而形成的方法与模式，从而引出了"说明上的考虑是推理的一种指导"这个论题。然后，通过对这个论题的已有研究进行探讨、分析，逐步刻画了"最佳说明的推理"的基本含义，并就它与理论发现方面的归纳、溯因及理论确证方面的贝叶斯观点间的关系等问题进行了探讨。同时，为了更深入地阐释最佳说明的推理的地位和效用，本书还就这种推理的现有研究所存在的一些争议进行了考察，最后从逻辑上的合理性和使用上的效用性两个层面，分析了它的价值。

　　本书绪论从八个方面概括性地描述了最佳说明的推理及当前的相关研究。

　　第一章基于科学哲学研究所关注的科学说明，提出了"说明"是科学哲学中一个具有关联性的基础论题。本章包含两节，第一节就说明、假说、科学假说等问题进行了讨论，阐述了假说对于科学说明的重要性；第二节探讨了科学说明的内涵及其理论模型，着重考察了科学说明的因果模型和覆盖律模型，并对科学说明发展的当代特征进行了概括。

第二章在前一章谈论说明的基础上，系统阐述了"最佳说明的推理"这一说明性推理论题的内涵。其中，第一节通过皮尔斯（C. S. Peirce）、哈曼（G. Harman）和彼得·利普顿（Peter Lipton）在溯因或最佳说明的推理上的重要论述，阐明了在这种推理上所展开的具体研究与相关看法。第二节阐述了"最佳说明的推理"的内涵、特征与意义，把它刻画为使用理论的说明力及其在预测上的成功，来给它自身的合理性进行评价和确定，其实质是一种说明论主张。

第三章探讨了最佳说明的选择与确定。这是任何一个最佳说明的推理都要涉及的核心问题。第一节阐述了连贯（一致）性、简单性、范围性、深刻性等有关说明的优良性概念，并对最佳说明的推理中的"最佳说明"进行了阐述，认为它是对理论或假说在说明上的所有优良性加以综合考虑而形成的那种说明力状况的表述。最佳说明在认识上体现的那些优良性，正确地表现了世界上所有经验的因果依据及与此类似的不变性。第二节讨论了说明上的优良性对最佳说明的确定，具体阐述了如何在说明上的优良性的指导下形成最佳说明。

第四章着重对几个与最佳说明的推理密切相关的问题进行考察。这些问题体现了最佳说明的推理与溯因推理、归纳推理、贝叶斯主义之间的关系。有关这些话题的探讨会对深入了解最佳说明的推理有所助益。

第五章就最佳说明的推理的合理性问题所涉及的争议与质疑进行了论述。第一节探讨了辩护最佳说明的推理的三个论证，并讨论了这些论证所引起的争议。第二节阐述了范·弗拉森（van Fraassen）对最佳说明的推理的批驳及其他人针对这些批驳进行的回应。在这方面，本书提出了"归纳的最佳说明的推理"这一概念，认为它有利于回应范·弗拉森，同时对扩展和深化对最佳说明的推理的理解也具有积极的作用。

第六章讨论了最佳说明的推理的优点与效用。这种讨论着重从它所具有的逻辑有效性和实践有效性进行。本书认为，应从概率的角度来理解它在逻辑上的有效性。同时，最佳说明的推理在实践上的有效性着重表现在把它看成是分析发现过程的一种恰当模型，将在一些认识规则的辩护、反驳怀疑论等方面有优势，尤其就它的实在论辩护进行了考察。

本书的结语认为，最佳说明的推理是一种有关知识形成方面的"诀窍"，并从正反两个方面提出了寻求这种"诀窍"的必要性：一是它在实际中因自身的扩展属性而成为思维创新方面的良好策略，这常带给人以合理的新内容和认识结果；二是最佳说明的推理作为一种"可废止的"推理，决定了人们有必要寻求一些发展和辩护它的"诀窍"。本书认为，分析最佳说明的推理的语境论内容是论证这种推理合理性的一种可能的选择。

王航赞

2016 年 4 月

目 录

绪　论

　　如果对科学哲学家研究的问题进行总结，那么问题不外乎可被归结为三类：理论和经验的关系问题；知识的本质及其基础问题；科学和社会的关系或科学的功用问题。在我们看来，上述问题可被归结为"科学能为我们做些什么"这样的话题。而在这个话题中又蕴含着一个具有广泛关联性的基础论题，这就是"科学说明"。内格尔（E. Nagel）曾指出，对科学说明的要求及其结构进行理解，是理解科学事业方面所表现出来的一个普遍特点①。

　　之所以能把"科学说明"看作科学哲学的一个基础性论题，是基于以下理由。首先，科学说明是科学研究所涉及的一个基本问题。科学的成功不仅表现在它对新现象的发现上，同时还在于它能给所讨论的现象以说明。科学家的活动在很大程度上是对自然界中事物发生的原因的寻求。这一点是由科学自身的任务所决定的。依照科学实在论者的理解，科学的目标之一在于描述世界的真实结构——它着眼于成功地向我们描述世界是什么样的情形。除了这种描述性的任务外，科学还被人们普遍地认为能告知我们有关事情为何会是那样的原因。这是近来有关科学属性讨论的一个基本观点：科学并不只是一个简单的描述，它有时也提供说明。科学的进步具体表现在可对自然界给出更好的说明。逻辑实证主义认为，与哲学处理的规范性问题，即有关事情应当怎样的问题所不同的是，科学处理的是描述性问题，或者说是实证问题。通过科学，我们不仅知道发生了什么，更为重要的在于知道它为什么会发生。因为科学力图以常见的

① 内格尔. 2005. 科学的结构. 徐向东译. 上海：上海译文出版社：16.

术语来对各种事件的发生条件进行揭示和表述，而对这些决定事件发生的条件的陈述其实就是对事件发生原因的一种说明。这样，就可以把科学的主要目标看成寻求说明，即对特定的"为什么"问题的回答。把握住这一点是非常必要的，因为正是那种对系统说明的渴求，促成了科学的发展。

其次，科学说明也是科学哲学研究中的一个基础性问题。一般来讲，从哲学中分离出来的科学，都会给哲学留下一些独特的问题，这些问题是科学自身所不能解决的，但哲学却必须永远面对。近代的科学发展使科学说明问题开始进入科学哲学的视野。尽管科学说明是我们把握科学内涵的关键，但在对科学说明的理解上，却是比较难的。就像迈克尔·斯特雷文斯（Michael Strevens）认为的那样，"科学的三个主要功能就是预见、控制和说明。其中的说明是最难的"①。因为"科学说明"是对"原因问题"的回答。对说明的完善性的诉求使我们对自然的理解不断加深。同时，科学试图依据那些能够对"为什么"的问题给予回答的说明性原理来系统地组织我们对世界的知识。这样一来，只有当"科学说明"提供了有关原因方面的知识及有关人们对世界的更系统的知识背景时，科学才能对一些自然现象作出有效的预测和控制。科学是要理解、说明世界的，而不只是去遭遇和接受。科学理论要对经验事实和经验规律给出合理的说明与预测，这是科学的重要功能。但这时，我们似乎面临着一个新的问题：科学上的观点和理论在对某件事进行说明时，它实际上是怎么回事？在什么意义上，科学给了我们对事物及现象的理解？这其实就是内格尔提出的问题，即科学理论和科学证据的关系问题，以及有关科学知识的证实和合理性问题。

科学是需要证据的，科学说明其实就是基于对证据事实的说明或由证据事实所决定而来的说明。在阐述说明的问题及分析证实和证据的问题之间，存在着一种复杂的关系。逻辑实证主义兴起以来的科学哲学，一直拒斥着非证据、非逻辑力量在分析科学理论化的意义和限度中的正当性。尽管人们有时想将证据的问题和说明的问题分开处理：把前者看成是问题Ⅰ，即分析有证据确信一个科学理论正确是怎么回事；把理解说明的问题看成是问题Ⅱ，在这里，假设我们已选择了科学理论，我们想要强调的是这些科学理论提供了说明。但实际上，它们之间存在着一种非常密切的关系，对问题Ⅱ的解决可能影响到我们如何去解决问题Ⅰ，也就是说，说明将有助于阐述科学哲学中的理论和证据、假说和观察等论题。

---

① Strevens M. 2006. Scientific explanation//Borchert D M. Macmillan-Encyclopedia of Philosophy. New York：Macmillan Reference：197.

另外，在知识的形成及对知识基础的寻求上，也体现着说明性论题的基础性地位。在具体的实践中，科学家可能常常会偏爱某个理论。之所以这样，原因在于，它似乎为令人惊奇的现象的出现提供了很好的说明。由于这个说明是比较符合实际情况的，所以可以把它看成是正确的。这一情形体现了理论知识的形成和进步。正是在这一点上，哈曼指出，有必要把对"说明"的一种正确分析和对知识的经验论分析相结合①。对知识的经验论分析强调，所有的知识都基于从直接经验给予的证据（资料）进行的推理，即从证据（资料）到某个将给那些证据（资料）以说明性假说的推理。具体来讲，如果对证据（资料）予以说明的某个假说在经验上是适合的，那么就可以认为它是有关证据（资料）的正确认识。在科学哲学中，这一点被看成是涉及科学发现的。于是，有人把科学说明看成是科学发展的一种方法，认为对一种具体科学说明模式及其概念结构的接受具有科学方法的特点，可以依据说明的模式来对科学知识进行组织和划分。这具体涉及科学理论的形成、评价、进步，以及科学概念的逻辑结构和对各门科学中知识主张的评价等。在这一意义上，科学说明中的法则就成为衡量一门科学的成熟性及其知识增长的重要标准。从科学沿着越来越逼近有关世界本性的真理方向得以进步的历史发展就可以理解这一点。

由于科学说明在科学哲学有关话题探讨上的基础性地位，自亨佩尔（C. G. Hempel）和奥本海姆（P. Oppenheim）讨论了科学说明以来，人们对科学说明的本质表现出了很大的兴趣。一种被广泛认可的观点把说明的本质看成为"理解"。一般来讲，当我们想知道事物为什么以某种方式发生时，我们就会提出"为什么"的说明问题来试图解决我们的困惑，所以说明性的研究目标在于理解。②然而，有些人则认为，说明性的研究目标在于其他方面。例如，大卫·刘易斯（David Lewis）认为，说明性研究的目标只是获得有关因果结构的正确信息。他把获得这种信息的成功和获得理解的那种目标进行了比较，认为不能把"理解"看成是说明的目标，因为它似乎基本上是一种"心理的"而非"认识的"概念。亨佩尔认为，"说明"是一种逻辑上的论证。也就是说，说明某个东西就是表明如何从一种逻辑论证中得出它。在这里，"说明项"和"被说明项"

① Harman G. 1968. Knowledge, inference, and explanation. American Philosophical Quarterly, 5（3）: 168.
② 在利普顿《最佳说明的推理》（Lipton P. 2004. Inference to the Best Explanation. London: Routledge）、斯特雷文斯《深刻性: 对科学说明的一种阐述》（Strevens M. 2008. Depth: An Account of Scientific Explanation. Cambridge: Harvard University Press）、罗杰·怀特《作为归纳的一种指导的说明》（White R. 2005. Explanation as a guide to induction. Philosophers' Imprint, 5（2）: 1-29），以及斯蒂芬·R. 格林姆的《说明的目标》（Grimm S R. 2010. The goal of explanation. Studies in History and Philosophy of Science, 41（4）: 337-344）中都表达过这样的看法。

是两个重要的概念。说明项是前提，被说明项将是论证的结论。同时，说明项必须至少包括一个自然法则的陈述。这个法则将为论证作出贡献，法则是具有说明能力的，因为它描述了事物不得不那样的方式。由此可见，说明某事件就是表明在已知我们对自然法则的知识时，它将是被预料到的，从而表明它并不令人惊奇。这一看法实际上与把科学说明看成为"理解"并不冲突。因为理解是一种能力。一旦人们获得了对某种事物的理解，那就能就这个事物来进行得体的推理。所以，一个好的说明首先必须是一个好的逻辑论证。

有关对科学说明的近来讨论强调，科学说明就是将个别的经验事实及其特征归入到一个普遍的模式中，从而获得对它的全面理解。也就是说，科学说明应包含让被说明项适合一种更广泛的法则、理论这一内容。因此，为了更好地刻画科学说明的结构，有必要对形成科学说明的那些原则、模型、方法予以关注。当代科学哲学在说明研究上的一项内容就在于表明：如果说明是科学的，那么它应当满足什么样的法则。在这方面，有人把科学说明看成是我们发现的类似于数学证明的东西。对逻辑经验论者来说，说明的问题相当于为说明找到某些条件，这些条件确保说明句与被说明句之间有一种客观的关联。有人则把它看成人类建构的东西。比如，逻辑实证主义者试图为科学家建立一种被渴求已久的、理想的科学说明标准。具体来讲，他们试图经过逻辑分析，把科学说明的概念描绘得既精确又有坚实的哲学基础，给出任何能被称为"科学说明"的解释都应当满足的条件清单，以便为评定或改进任何实际的说明提供标准。这些条件是必要的、充分的。当所有的条件都满足时，此清单就保证了一种说明的科学适当性。

在形式上，一个科学说明就是一个具有逻辑相关性的语句集合，那些描述待说明事件的语句被称为"被说明句"，那些行使说明功能的语句被称为"说明句"。对科学说明一般形式的探讨就是分析说明句的结构及说明句与被说明句的逻辑联系的特征。换句话说，一个说明能被接受为科学说明，其说明句对被说明句来说，在科学上应当是适当的。就"科学上适当"的精确含义而言，具有不同哲学兴趣的科学哲学家的理解是不尽相同的，但至少包括逻辑上的"充分性"及经验上科学共同体的"可接受性"。在对科学说明的研究上，科学哲学要做的不能只是描述某些或许多被科学家看作科学说明的东西，如果它认可某种说明正确，那就得做更多的事情，而不只是报告科学家自己如何看待那些事物。除了知道科学家实际上接受或拒绝什么样的说明外，科学哲学必须依靠哲学理论对科学家的那些选择作出评估。其中的哲学理论特别包括认识论的理论，即研究知识的本性、限度和辩护的理论。尽管就像莱布尼茨（Gottfried Wilhelm Leibniz）和康德（Immanuel Kant）认为的那样，科学说明与科学一样，是完备的，什么都能解释，且排除其他的解释，并因而获得了最大的确定性，然而在把说明看作是一种逻辑上的论证这一认识上，存在着一些问题。比如，在对法则的确切刻画上，人们如何能发现法则并去证实它们的正确性？于是，有些哲学家提出，他们试图想搞清楚，法则在科学家实际给出的说明中是如何起作用的，而这是一个有关逻辑论证和推理的问题。

　　总之，科学事业的目标就是提供有根据的系统说明。对科学说明的要求及其结构的分析、理解，已成为理解科学的一个重要视角。科学说明作为科学哲学研究的一个基础性问题，引起了许多科学哲学家的关注，形成了有关科学说明的本质、类型，科学说明的逻辑结构，科学说明的评价，以及科学说明对知识的系统化作用等问题的许多探讨。因此，要更好地理解科学说明，就要对科学说明的类型及科学说明据以确立的逻辑进行研究。依据科学说明所提供的假定与其被说明项联系方式上的不同，可以将科学说明划分为不同的逻辑类型。概括起来，主要有两类。第一是演绎性说明，它把待说明的事实看成是说明的前提在逻辑上的必然推理结果。演绎－律则性说明就是这样的例子。在逻辑形式上，我们可称其为肯定前件式，如物体受重力作用会下落，现在物体受到重力作用，故物体会下落。在这里，待说明的事实是物体下落，而说明的前提是物体受重力作用会下落及物体现在受到重力作用。对待说明事物的说明能在逻辑上从前提中以肯定前件肯定后件的形式得以完成。第二是或然性说明，这种说明的前提在形式上并不蕴涵待说明的事实，而只是使其成为可能。我们可称这种说明所体现的逻辑形式为肯定后件式，如物体受重力作用会下落，树上的苹果落到地上，故树上的苹果落到地上的原因在于受到万有引力的作用。在这里，待说明的事实是苹果落到地上，而说明的前提是物体受重力作用会下落及苹果下落到地上。对待说明事物的说明不能在逻辑上从前提中必然地推出，而只成为有根据的可能推出。"最佳说明的推理"就是体现这一情形的著名例子。

　　目前，人们已就最佳说明的推理这个论题，展开了许多讨论。概括起来，这些讨论大致可被归结为以下几个方面。

一、最佳说明的推理的内涵

最佳说明的推理是在日常生活和科学中常见的，同时也是当前科学哲学中受到较多讨论的一种说明论观点。综合人们的目前探讨，我们似乎能在该观点上形成这样一种普遍受人认可的看法，即说明上的考虑是推理的一种指导。在对最佳说明的推理的论述上，剑桥大学科学史与科学哲学系前主任利普顿教授的论述是最为系统和深刻的。按照他的理解，最佳说明的推理是一种以说明为导向的推理。它可被定义为从证据（资料）到假说的推理：如果一个假说给那些证据（资料）的说明将胜过所有可用的竞争假说，那么就可以推得该假说是成立的。也就是说，它是一种得出好假说的推理。具体来看，就是可通过确定相互竞争的说明性假说给证据（资料）的说明程度来确定这些假说中哪一个得到了证据（资料）的最好支持，从而依据证据（资料）对假说的充分支持来接受该假说是正确的。雷肯（W. G. Lycan）曾给最佳说明的推理以如下形式的刻画[①]：

F_1，…，F_n 是需要说明的事实。

假说 H 说明了 F_1，…，F_n。

如果不存在和 H 一样好的给 F_i 以说明的可用竞争假说。

那么，可能 H 是正确的。

最佳说明的推理涉及"说明"和"推理"两个概念。有观点认为，它倒置了人们在"推理"和"说明"关系上的一般看法，即把"推理优先于说明"变换成"说明优先于推理"。概而言之，就是依照"最佳说明"这一要求来进行推理，认为所推得结论的合理性取决于它是证据（资料）的最佳说明。这样的操作，除了说明事物为什么就是我们所看到的那个样子外，还形成了有关事物的新观念，即新假说。因为人们还会以那些已确定的说明为基础，再提出新的假说来。因此，从这种意义上讲，最佳说明的推理是一种扩展性推理，可以说，经由它而获得的推理结果往往超出了依赖纯粹的逻辑形式从一组证据（资料）中所能推得的东西，从而成为现代科学哲学有关科学发现和非演绎推理方面的一个重要论题。

依照最佳说明的推理，假说受它所说明的那种证据（资料）的支持，这在科学中是较为常见的。在科学活动中，从可利用的证据（资料）出发，在由我们的背景信念所决定的众多可能说明中，能够找到最能给证据（资料）为何那样以说明的假说。对科学家来说，那个被挑选出来的说明性假说就成了他的理论。由于它是证据（资料）的最佳说明，所以会得到证据（资料）的支持。比如，与其他的观点相比，万有引力理论给物体运动的说明是最佳的，所以它就

---

① Lycan W G. 2002. Explanation and epistemology//Paul M K. The Oxford Handbook of Epistemology. Oxford：Oxford University Press：413.

会得到有关物体运动方面证据（资料）的支持。对科学的实际研究来说，最佳说明的推理是合理的。因为它能被看作对科学活动实际过程的一种正确描述。另外，对科学研究的合理证明来说，最佳说明的推理是必需的。它具有那种给结论以认识上的保证的属性，因为被说明的证据（资料）会给相信说明正确以理由。所以，可以把最佳说明的推理看成是"自我印证"式说明的一种延伸，它既可被看作具有给科学以公正评价的作用，同时又具有给其合理性以证明时所需要的那种属性。对当代科学哲学来说，探讨最佳说明的推理在这两个方面的优点，是很有意义的。

二、最佳说明的推理的可能性

最佳说明的推理是哲学中一个有漫长发展历史的争议性话题，在皮尔斯、惠威尔（Whewell）甚至亚里士多德（Aristotle）那里，都可以找到它的影子。在对最佳说明的推理这种观点的阐述上，皮尔斯对溯因的讨论常被看作人们依据假说 H 能作为给它以支持的那种证据（资料）的良好说明，来推出 H 正确的第一次尝试。尽管有人曾以不同的方式对其进行过讨论，但"最佳说明的推理"这个术语是由哈曼在 1965 年的一篇论文中第一次提出的[①]。并且，他还在几篇论文中结合归纳对这种观点作出了详细的表述[②]。哈曼认为，推理有赖于对说明的优良性的考虑。最佳说明的推理这一推理原则是合理的。根本的原因在于，它所认可的推理是通过一种有关多好地说明了给定证据（资料）的判断来实现的。当一个人推得对证据（资料）的概括时，他的推理只在这个概括比竞争的假说提供了更好的说明这一意义上才是好的。在我们的结论给我们的证据（资料）以最佳说明时，就可以得出一种归纳推理来。对这种推理来说，说明上的考虑至关重要。比如，只有在我们判断对前 n 个翡翠的绿色的最佳说明是所有翡翠都是绿色的这一自然法则时，我们才会推出第 $n+1$ 个翡翠将是绿的。所以，哈曼指出，枚举归纳是他所称作的"最佳说明的推理"的特殊情形，并且只有当归纳作为最佳说明的推理的基本形式时，它才能成为有效的。这就赋予了最佳说明的推理成立的重要依据。

---

① Harman G. 1965. The Inference to the best explanation. Philosophical Review, 74（1）：88-95.
② 哈曼论述最佳说明的推理的论文主要有：Harman G. 1965. The Inference to the best explanation. Philosophical Review, 74（1）：88-95; Harman G. 1968. Knowledge, inference, and explanation. American Philosophical Quarterly, 5（3）：164-173; Harman G. 1968. Enumerative induction as inference to the best explanation. Journal of Philosophy, 65（18）：529-533.

针对哈曼的最佳说明的推理，安尼斯（D. B. Annis）提出，人们并没有给最佳说明的推理以深入的阐述，它依然只是一种直觉上的观念[①]。具体来看，哈曼的观点大概说的是寻求最佳可用说明的推理，而非通过某种逻辑或概率标准来寻求最佳可能的说明。然而，科学和哲学所渴望的都是后一种方法。它们想要的是评估对一堆证据（资料）的可能说明的质量的客观标准，并寻求如果不是那个最佳说明，那至少也是最佳说明中的一个。但人们在说明的"最佳性"的认识上并不统一，决定一个说明在什么时候最佳的普遍标准并不好说。况且，他们想要的是"最佳说明"和"正确性"之间的关联究竟是什么。对这种关联的任何阐述至少都应该是对最佳说明的推理的一种实质性辩护。因此，在最佳说明的推理这个观点的合理性及其地位上，是有一些争论的。赞成者认为，它是一种在实际中具有广泛应用的推理形式，只要给出有关说明在判断上的一些标准，就可以应用这样的推理观点。该观点的辩护者甚至近来还提出了一种稍弱一点但却适度的主张，即不再把最佳说明的推理看作是一种推理的正式方案，而只是认为说明上的考虑向我们指出了真理的情形。反对者则认为，由于说明上的考虑指向真理情形的那种微弱性及其自身在论证上的循环性，使最佳说明的推理并不能成为一种可靠的推理形式。因此，利普顿在他那本已被誉为当前科学哲学经典之一的《最佳说明的推理》（*Inference to the Best Explanation*）一书中指出，最佳说明的推理在相当长的一段时间内还只是一个"口号"而已。

不过，按照利普顿的理解，最佳说明的推理是一种具有较好可行性的观点。他认为，如果一个人想表明最佳说明的推理是对说明的竞争性给予哲学阐述的改进，那就有必要以更实质的方式来阐述它。在这方面，利普顿至少从三个方面对哈曼提出的最佳说明的推理这个框架性程序进行了充实。首先，他把最佳说明的推理和一种对比说明的因果模式进行了关联。[②]在他看来，在对说明进行选择时，对比是非常必要的。它会把科学家提出的"为什么"问题转变为这样的形式，即"为什么 A 而非 B"。这不但能通过比较来阐述说明，而且有利于选择说明。其次，作为给说明性推理以普遍阐述的最佳说明的推理，需要部分地把"说明"从作为一种成功术语的内涵中解脱出来。也就是说，如果有人认为最佳说明的推理为我们的归纳实践提供了一种更充分的阐述，那么它一定会给我们的错误以识别，因为"我们有时合理地推出了错误的结论来"。[③]最后，一

---

① Annis D B. 1982. Knowledge and inference to the best explanation—a reply. Philosophia，12（1/2）：78.

② Lipton P. 2004. Inference to the Best Explanation. London：Routledge：88.

③ Lipton P. 2004. Inference to the Best Explanation. London：Routledge：57.

旦有人认识到某个潜在的说明能被看作为好说明——它可能是一堆"生动说明选项"中的最佳说明，那么不管它是否真实，他都能继续区分出两种含义：一方面，它有可能是最可能成真的说明；另一方面，它有可能是这样的说明，即如果真，将提供最多理解的说明。用利普顿的话讲，这就是"最可能的"和"最可爱的"说明。至于利普顿对最佳说明的推理的那种阐述是否能将"最佳说明的推理"这一口号的启示予以涵盖，就成为"说明力是否确实有利于正确性"这样的问题。

说明力是否有利于正确性，或者更具体地讲，说明力是否会影响假说或理论的正确性，这对当代科学哲学的理论发现及理论确证来说，是非常有必要去探讨的。一般来讲，如果一个假说或理论的说明力较强，那么它就有可能趋于正确，比如，"日心说"理论比"地心说"观点更正确的一个重要理由在于，它的说明力强；反之，就会远离正确性。在日常生活和科学史上，这样的例子并不少见，达尔文之所以推出自然选择理论，就在于它为生物学上的证据提供了最佳说明。目前，在哲学、神学、人工智能、医学诊断、事故还原、法律审判等领域，都易于找到应用这种观点和方法的情形，这些应用都取得了比较良好的效果。因此，可以认为相当一部分情境下的推理都可被自然地描述为寻求最佳说明的推理。

三、最佳说明的推理和归纳

如上所述，最佳说明的推理是一种说明性推理，同时也是一种扩展性的非演绎推理。就扩展性的非演绎推理而言，归纳推理是这方面的代表。那么，最佳说明的推理和归纳之间的关系是怎样的？这已成为探讨最佳说明的推理的属性时所必须涉及的一个重要论题。

最先关注这个话题的是皮尔斯。他在刻画可作为最佳说明的推理前身的"溯因推理"[①]时涉及了归纳推理。为了阐明一种发现的方法是可能的，以及科学发现的过程是合理的，皮尔斯创造了"溯因"这个概念。他指出，演绎、归纳和溯因是三种在实际中常被使用的、具有自身有效性的推理形式。其中，溯因是较为特别的，它有一种不同于演绎和归纳的逻辑形式。从语句表达来看，一

---

① 巴恩斯（Barnes）、卡拉瑟斯（Carruthers）、斗文（Douven）、福德（Fodor）、约瑟夫森（Josephson）、尼因洛托（Niiniluoto）、皮斯罗斯（Psillos）、利普顿等都主张，"最佳说明的推理"和"溯因"这两个概念并没有什么区别，可用一个去表达、指谓另一个。

个有效的演绎三段论包括规则语句（一般规则）、事例语句（具体情形）和结果语句（观察结果），它是从规则和事例向结果的推理。如果对这三个语句进行换位，就可以产生其他不同的推理情形。一种是由事例（具体情形）和观察结果向规则的推理，这是归纳。例如，树上的苹果受万有引力的作用就会落到地上（具体情形），树上的苹果落到地上（观察结果），所以物体受万有引力作用就会下落（一般规则）。另一种是由一般规则和观察结果向某个具体情形的推理，这是溯因。例如，物体受万有引力作用会下落（一般规则），树上的苹果落到地上（观察结果），所以，树上的苹果落到地上的原因是受到万有引力的作用（具体情形）。可以看出，皮尔斯在这里所强调的是溯因和归纳之间的差异。

当前，有关溯因或最佳说明的推理和归纳之间的关系，弗拉赫（P. Flach）和卡卡斯（A. C. Kakas）的《溯因和归纳：有关于它们关系和融合的文集》（*Abduction and Induction：Essays on Their Relation and Integration*）进行了集中的论述。一种普遍被人们所认可的看法强调，溯因和归纳在逻辑属性上是有共同点的，但在目标上是有所不同的。具体来讲，与非扩充和确定的演绎推理不同，溯因和归纳都是扩展的、不确定的。它们接受一个假说的原因都在于作为此假说后承的观察事实总是或然的或有可能的，而不是必然的。所以，即使前提为真，结论也可能为假，还要受到进一步的验证。另外，溯因和归纳又可根据它们的不同目标区分开来。首先，溯因从不寻常的奇特事实出发，一开始没有任何特殊的理论，但促成它的因素在于，需要有一种给不寻常的事实以说明的理论；归纳似乎是从假说出发的，一开始就有了一种特殊的理论，但需要有事实来支持这样的理论。从这种意义上看，溯因寻求的是理论，而归纳寻求的是事实。在溯因中，因考虑某种我们不可能直接观测到的事实而引入一种假说；在归纳中，因研究已观察到的现象会在某个类似的情形下出现这一假说而去揭示由该假说所指向的新事实。这似乎意味着它们的方法不一样，甚至是相反的。溯因推理基于事实与假说的后承的相似性来进行；而归纳推理则借助于假说的条件能以特定的实验方式得以产生来进行。尽管溯因和归纳都想把我们的知识扩展到观察以外，但归纳是从特殊到一般规律的推理，它充当了推出某个事件将来情形的目标，这对计划来说很重要，而溯因则是从结果到原因的推理，它充当了推出某个不可观察或已被观察到的事件的说明性理由的目标——这对事件的操作过程来说很重要。

在最佳说明的推理和归纳之间的关系这个话题上，哈曼的主张是比较明确的。他认为，所有的说明都应当是寻求最佳说明的，而所有坚持说明论观点的人，实际上都必须先从事一种归纳式的操作，因为归纳上的概括和预见都能被看作得到最佳说明的[1]。哈曼指出，如果一个人基于经验推理给出了知识的一种可能阐述，那么他就必须接受两条原则：一是所有的归纳推理所推得的，都是一个说明的正确性；二是所用的辅助性定理必须是真的。当从特定的证据（资料）推出了对该证据（资料）的说明时，第一个原则就得到了阐明。由于推理者必须要推出一个要比其他的竞争说明更好的说明，所以他进行的是一种寻求最佳说明的推理。同时，把我们的那种基于经验的推理描述成枚举归纳，就会掩盖我们的推理使用了特定的辅助定理这一事实，而把它描述为最佳说明的推理，则显示了这些前提。因此，哈曼强调，应把所有的非演绎性推理都看作为最佳说明的推理的例子。可以看出，在哈曼这里，着重是结合归纳来阐述最佳说明的推理的。

针对哈曼的论述，人们曾表达过一些看法。其中，大部分观点认为，他把最佳说明的推理看成一种包含着"归纳"且比"归纳"还广泛的非演绎推理，这一点是比较合理的。芬奇（Vinci）曾指出，哈曼主张所有的归纳推理都包括说明上的考虑这一点是正确的。但安尼斯认为，哈曼强调存在着一些要求我们诉诸说明性考虑的情形，而这并没有表明说明就是归纳推理的一个重要部分。同时，无法得出归纳推理在本质上包含着说明的方面这一结论。[2]安尼斯甚至提出，尽管哈曼就他的归纳看法写了一些论文，但这些对最佳说明的推理的阐述并不是深入的。

还有一些人对说明理论和归纳逻辑间的关系进行了明确。比如，古德曼（N. Goodman）认为，只有对证据（资料）的一种概括成为似法则的东西时，一个人才能推出这样的概括来。亨佩尔和奥本海姆也曾指出，只有似法则的概括才能给它们中的具体实例以说明。由于法则是最有说明力的，它描述了事物不得不那样的方式。所以，当对证据（资料）的概括（归纳）近似于法则时，才有可能成为证据（资料）的最佳说明。这些认识其实都为认为归纳推理是最佳说明的推理提供了证实。

哈曼注意到了说明论和归纳之间的关系，认为归纳是最佳说明的推理的特殊情形，因而能使用最佳说明的推理来给许多归纳推理以说明。尽管如此，但将最佳说明的推理应用于归纳的具体研究却并不多。利普顿的分析是个例外。

[1] Harman G. 1968. Enumerative induction as inference to the best explanation. The Journal of Philosophy, 65（18）：529-533.

[2] Annis D B. 1982. Knowledge and inference to the best explanation—a reply. Philosophia, 12（1/2）：78.

他强调，既然可以认为所有的归纳推理都须采取最佳说明的推理形式，那么就可以确定，最佳说明的推理是一种比较独特的非证明性推理。这种独特性就在于它的说明论主张，即说明上的那些考虑是枚举归纳推理的一种强有力的指导，能给许多归纳推理以部分说明。这对回答传统的归纳问题是至关重要的。

四、最佳说明的推理和溯因

尽管皮尔斯的"溯因"讨论是论证假说 H 给支持它的证据以良好说明这一判断，从而推出 H 为真的一次尝试，并且萨尔蒙（W. Salmon）将此看作近似于哈曼的"最佳说明的推理"[①]，但有人却并不这么认为。这就意味着，溯因是否为最佳说明的推理的概念的前身，这一点是有争议的。概括地讲，在对溯因的理解上，当代科学哲学中存在着两种基本方式。一种是源于皮尔斯的，把它看作除演绎和归纳外，与新观点的产生有关的另一类推理模式。就像皮尔斯断言的那样，"这种推理拥有完全确定的逻辑形式"。[②] 对充分条件假言推理来说，其有效式是"肯定前件式"，而溯因推理则是一种由后件到前件的推理[③]。它的那种推理形式是：

令人惊奇的事件 C 被观察到。

如果 A 是真的，那么 C 就是当然的。

因此，有理由推测 A 是真的。

用符号表示为：

q

$p \rightarrow q$

———

p

就字面意思来看，溯因应是从结果开始来寻求原因。寻求原因就须给结果的发生以说明，这使说明成了溯因中的一个重要概念。溯因所推得的，常常是给已知前提以说明的特定事实、法则或猜测性的假说等。这些东西其实体现了

---

① Salmon W C. 2001. Explanation and confirmation：A Bayesian critique of inference to the best explanation//Hon G, Rakover S. Explanation：Theoretical Approaches and Applications. Dordrecht：Kluwer：62.

② Peirce C S. 1934. Collected Papers of Charles Sanders Peirce, vol.5. Charles Hartshorne, Paul Weiss, eds. Cambridge：Harvard University Press：189.

③ Peirce C S. 1935. Collected Papers of Charles Sanders Peirce, vol.6. Charles Hartshorne, Paul Weiss, eds. Cambridge：Harvard University Press：470.

一些语句的内容得以可能的情形。这就意味着溯因推理所推得的，可能是带有猜测性的，有些是根本不能得以直接观察的假说性预测。就像皮尔斯断言的那样，"溯因推理断言结论为真仅仅是怀疑性的或猜测性的"[①]。以给树上的苹果落到地上以说明为例，其原因有可能是受万有引力的作用，也有可能是受风的作用，还有可能是受人的作用及受病虫害的作用。总之，能够形成对这一事件的多种说明。但这些说明性的原因，并不必然地都能从前提中推出。也就是说，前提并不必然地决定结论，结论可能是超出前提的。从这一意义上讲，溯因推理可以得出新的观点。

另一种方式把"溯因推理"看作最佳说明的推理的同义词，并把皮尔斯的主张看作最佳说明的推理这种观点的背景之一。这种看法在最佳说明的推理的研究上，被一些人所认可，这些人从说明论看到了在科学研究中阐明扩展推理这一方法的重要性。对这些人来说，溯因是重要的。比如，利普顿和哈曼都认为，皮尔斯的溯因推理是最佳说明的推理的一种未充分发展的阐述。其至还有人认为，溯因研究的这两条路线都可被看作对最佳说明的推理的强调。首先，溯因推理是创造性的，它是一种"在推理上"产生新假说的创造过程，会提出一些说明性的推测。"针对一个被说明的事件，我们往往会有很多的说明性假说。"[②]其次，溯因推理也包含了"在同样说明了事实的各个假说中优选出其中的一个"[③]。因为"在这些说明性假说被看成为知识前，必须要对其进行验证。"[④]溯因体现出的这些属性，其实都是最佳说明的推理的具体内涵所涉及的。

然而，有人却不这么认为，如辛迪卡（Hintikka）、敏拉梅尔（Minnameier）、坎普斯（Campos）和帕沃拉（Paavola）等。辛迪卡认为，与最佳说明的推理相比，皮尔斯式的溯因推理包括了更多的创造科学假说的方式[⑤]。与此类似，敏拉梅尔指出，应当明确地把溯因推理和最佳说明的推理区分开[⑥]，皮尔斯的溯因是着眼于提出新的假说，而最佳说明的推理常常开始于已确立起来的假说，因此，

---

① Peirce C S. 1934. Collected Papers of Charles Sanders Peirce, vol.5. Charles Hartshorne, Paul Weiss, eds. Cambridge: Harvard University Press: 189.

② Peirce C S. 1934. Collected Papers of Charles Sanders Peirce, vol.5. Charles Hartshorne, Paul Weiss, eds. Cambridge: Harvard University Press: 602.

③ Peirce C S. 1935. Collected Papers of Charles Sanders Peirce, vol.6. Charles Hartshorne, Paul Weiss, eds. Cambridge: Harvard University Press: 525.

④ Peirce C S. 1934. Collected Papers of Charles Sanders Peirce, vol.5. Charles Hartshorne, Paul Weiss, eds. Cambridge: Harvard University Press: 602.

⑤ Hintikka J. 1998. What is abduction? The fundamental problem of contemporary epistemology. Transactions of the Charles S. Peirce Society, 34 (3): 503-533.

⑥ Minnameier G. 2004. Peirce-suit of truth—why inference to the best explanation and abduction ought not to be confused. Erkenntnis, 60 (1): 75-105.

他把最佳说明的推理重新划分成一种皮尔斯式的归纳形式。坎普斯强调，不要把皮尔斯的溯因推理看作最佳说明的推理的前身[1]。因为皮尔斯的溯因推理是对提出说明性假说那种过程的阐释，而最佳说明的推理相比溯因有更多的内容，它是对形成和评价科学假说过程的阐述。如果不着手对这两个概念进行任何系统比较，而把溯因推理看成是最佳说明的推理，那么就会带来这样的问题。首先，把皮尔斯已经区分开来的溯因和归纳这两种不同的推理搅合在一起；其次，在将最佳说明的推理作为科学推理的一种阐述时，那样的等同并不能让人对它的范围大小作出清楚的感知。也就是说，把溯因推理和最佳说明的推理间的区分予以模糊后，某些有关科学推理本质的重要区分就会被丢掉。帕沃拉在哈曼式的溯因与汉森式的溯因之间进行了区分。其中，利普顿的最佳说明的推理是对前者的一种发展，而后者则是皮尔斯式溯因推理的一种发展。帕沃拉认为，哈曼-利普顿式的最佳说明的推理不应被标称为溯因。最佳说明的推理的当前含义并不完全和皮尔斯式的概念相吻合。因为它不仅包括说明性假说的创造性形成，还包括对说明性假说的评价。而皮尔斯的溯因有更多的限制，充其量它只可补充最佳说明的推理过程的一个具体阶段。我们认为，溯因应是最佳说明的推理的特殊模式，最佳说明的推理的结构决定了一种具有前景的溯因猜想，从而充当了一种溯因研究的策略。

在溯因和最佳说明的推理之间的关系这一点上，我们似乎可以接受马尼亚尼（Magnani）和尼因洛托（Niiniluoto）的看法，认为这两个概念实际上是有关联的。马尼亚尼认为，"溯因"一词有两种重要的认识论含义：①溯因只产生"可能的"假说（"创造的"）；②溯因被看成是"寻求最佳说明"的推理，除了创造假说外，它也包含着评价假说。[2]尼因洛托提出应区分出强弱不同的两种溯因概念来[3]。按照"弱的"溯因概念，它是一个让说明性假说得以产生的过程。因此，在这种概念下，溯因为寻求一种假说提供了理由，这和接受一个假说的理由不同。按照这种观点，溯因在发现的语境下进行，而不是在确证的语境下进行。而按照"强的"溯因概念，它不仅是一种发现方法，还是一种评价方法。在这里，就有理由把溯因刻画成最佳说明的推理，即作为一种推理模式，通过它，在说明性假说得以形成的同时也被确证。所以，对最佳说明的推理和溯因

① Campos D G. 2009. On the distinction between Peirce's abduction and Lipton's inference to the best explanation. Synthese, 180（3）：420.

② Magnani L. 2001. Abduction, Reason, and Science. Dordrecht：Kluwer：20.

③ Minnameier G. 2004. Peirce-suit of truth—why inference to the best explanation and abduction ought not to be confused. Erkenntnis, 60（1）：78.

这两个概念间关系的最正确描述，就是认为它们在某种程度上是重合的。

五、最佳说明的推理和贝叶斯主义

如上所述，最佳说明的推理涉及依据假说的说明力来为假说进行确证和检验，并依据说明力来为假说的说明对象所持有的那种期望提供支持。现代科学在假说的检验上，大量使用统计方法。哲学家和许多统计学家认为，科学家用于检验他们假说的推理，可以重构为符合贝叶斯定理的推断过程。这些人被称为贝叶斯论者。他们中的一些人试图证明，科学中理论的接受与拒斥的历史支持了贝叶斯主义。另一些则试图用贝叶斯定理来确定科学假说的概率。因此，在最佳说明的推理的研究上，当前的一个话题就是讨论最佳说明的推理和贝叶斯主义之间的关系。

贝叶斯定理的简单形式可被表述为 $P(H/E) = P(E/H) \cdot P(H)/P(E)$。其中涉及这样几个量：$P(H/E)$，表示 H 在 E 上的条件概率，即 E 为真时 H 为真的概率，或者说，证据 E 使假说 H 有多大的可能性；$P(E/H)$，表示 H 为真时 E 为真的概率，它反映了假说引导我们对已收集到的证据的期望程度；$P(E)$ 表示证据 E 的概率；$P(H)$ 表示假说 H 的概率。为了弄清楚贝叶斯定理是如何作用的，不妨给出一个有关已观测到的哈雷彗星位置的数据如何对牛顿定律加以检验的例子。假定哈雷彗星在夜空中的特定位置被观测到的概率 $P(E)$ 为 0.82。如果 $P(E/H)$ 很高，则哈雷彗星在夜空中的期望位置非常接近于理论预测的它可能所处的位置。我们不妨令 $P(E/H) = 0.96$。假定在获得关于哈雷彗星新的数据 E 之前，牛顿定律为真的概率 $P(H)$ 为 0.84，于是对于哈雷彗星的新数据，就有了 $P(H/E) = 0.96 \times 0.84/0.82 \approx 0.98$。因此，由 E 所描述的证据已将牛顿定律的概率从 0.84 提高到了 0.98。也就是说，证据增大了牛顿定律的概率，从而使该理论趋于正确。

如果将这种概率理论用于阐述说明性推理，那么就可以认为，如果假说给证据（资料）以很好的说明，那么假说为真的概率就得以增大。例如，考查一个有关观察到的肌肉萎缩的证据（资料），由有关肌肉萎缩成因方面的脑室病变这一假说所说明的程度。假如就肌肉萎缩的新证据（资料）而言的脑室病变病案的概率 $P(H/E)$ 为 0.65。如果 $P(E/H)$ 高，则肌肉萎缩脑室必然发生病变的证据（资料）就接近于肌肉萎缩成因的脑室病变假说所预测到的情况。这就是说，$P(E/H)$ 越高，脑室病变这一假说预料到的肌肉萎缩证据（资料）越多，或者说，它为肌肉萎缩的成因所提供的说明越好。比如，令 P（E）=0.45。假定在获得关于肌肉萎缩脑室必然发生病变的新证据（资料）E 之前，有关肌肉萎缩成因的脑室病变假说成真的概率 P（H）为 0.56，依据贝叶斯定理的最简形式，于是就有了 0.65=P（E/H）· 0.56/0.45，即 P（E/H）≈ 0.52。再令针对肌肉萎缩的新证据（资料）而言的脑室病变病案的概率 P（H/E）为 0.7，则在 P（E）、P（H）不变的情况下，P（E/H）=0.56。这意味着当由 E 所描述的证据把有关肌肉萎缩成因假说的成真概率从 0.65 变为 0.7 时，脑室病变这一假说所说明的肌肉萎缩证据（资料）的出现概率就由 0.52 变为 0.56。这样，脑室病变这一假说所预测到的肌肉萎缩概率增大了，因而脑室病变为肌肉萎缩的成因提供的说明就是更好的。近些年来，有些贝叶斯论者已把他们的关注转移到了这样的认识论问题上。具体表现为：就假说 H 相对于证据（资料）E 的说明力进行了探讨，具体定义了一个假说能够给某一组给定证据（资料）以说明的程度的衡量标准，并提出了若干衡量假说说明一组给定事实的程度标准。例如，波普尔（K. Popper）、古德（Good）、麦克格鲁（McGrew）、格拉斯（D. H. Glass）、舒马赫（Schupbach）和施普林格（Sprenger）等都提出了这样的衡量标准。用概率来说明问题是这方面的突出表现。比较典型的有：奥卡沙（S. Okasha）提出了评价一个假说好于另一个假说所必需的概率条件[①]。利普顿为他的说明上的可爱性和可能性概念也提出了各种可能的概率描述[②]。对假说的说明力给予测量的那些标准，被表明具有特定的解释规范与效果。然而，这里尚未涉及的一个研究是：这些衡量标准是否也是对人作出的实际说明性判断的描述。

尽管有些贝叶斯主义者已经关注到贝叶斯定理计算在说明性假说的评价上具有重要意义，从而认为贝叶斯主义能够与最佳说明的推理相容，然而也存在着一种认为它们并不相容的看法。因此，在最佳说明的推理的目前研究上，有必要对它和贝叶斯主义是否相容这个问题给予关注。那么，最佳说明的推理和贝叶斯主义作为科学推理中的两个非常有影响力的理论，究竟能否得以关联？对此，范·弗拉森认为，最佳说明的推理的任何概率形式都会违背贝叶斯式的条件化，因而它们是不能相容的，所以无法把它们关联起来。此外，豪桑（Howson）、萨尔蒙、皮斯罗斯（S. Psillos）、斯图尔特（Stewart）、韦伯（M. Weber）等也通过提出各种各样的理由，认为最佳说明的推理和贝叶斯主义不

---

① Okasha S. 2000. van Fraassen's critique of inference to the best explanation. Studies in the History and Philosophy of Science, 31（4）: 702-706.

② Lipton P. 2004. Inference to the Best Explanation. London: Routledge: 7.

相容。①

　　与不相容论点不同的是，有些人认为它们是相容的，并为这种相容的看法提供了一些辩护。他们声称，最佳说明的推理中的说明性因素已被贝叶斯论者所考虑，因为在将概率分配给假说上，贝叶斯论者或许会使用到它们。在这方面，斗文（I. Douven）、奥卡沙、麦克格鲁、利普顿、尼因洛托、特雷格（Treagar）、甘桑（Ganson）、威斯伯格（J. Weisberg）等都是代表，他们都在某种程度上认为最佳说明的推理和贝叶斯主义是相容的、互补的。② 在对相容性的论证上，他们中的一些人指出范·弗拉森在确立最佳说明的推理和贝叶斯主义的不相容这一点上是不成功的③。例如，奥卡沙和利普顿认为，最佳说明的推理并不违背贝叶斯条件化，说明上的考虑在将贝叶斯主义应用到实际中起着一定的作用，尤其当以确定先验概率和可能性的形式去判断哪个证据相关时，说明上的考虑是有作用的。亨德森（Leah Henderson）在反驳范·弗拉森的不相容观点的同时，也认为现有的相容论者的论说是不能令人满意的。在他看来，一个更有前景的解决问题的办法就是，看说明上的因素是否为贝叶斯论者在分配概率时所考虑。这样一来，最佳说明的推理就会从对贝叶斯的阐述中浮现出来，而不是被用来限制先验概率和后验概率。亨德森进一步指出，这样做的目的是要表明，最佳说明的推理和贝叶斯主义之间的那种相容，并不是因为它们可以合并，而是因为它们在很大程度上捕捉到了类似的认识考虑。④

　　在我们看来，不管最佳说明的推理和贝叶斯主义之间是否相容，这个问题都是值得探讨的。一方面，这有助于我们更深入地理解最佳说明的推理的基本内容。由于使用贝叶斯定理，就会带给人以 $P(H/E)$ 这个得到证据最好支持的假说。一般来讲，得到证据最好支持的假说的根据往往都是比较充分的，内容是比较全面的。反过来，它们对证据的描述和说明常常也是最好的。这一点和最佳说明的推理的目标与要求相一致。因此，在为最佳说明的推理进行论证时，

---

① 这方面的表述可见以下论文：Psillos S. 2004. Inference to the best explanation and Bayesianism//Stadler F. Vienna Circle Institute Yearbook，Vol.11. Kluwer：Routledge：83-91；Iranzo V. 2008. Bayesianism and inference to the best explanation. Theoria，23（1）：89-106；Stewart R T. 2010. Can Bayesianism and inference to the best explanation be friends? http://scholarworks. gsu. edu/philosophy theses/59/［2012-3-12］.

② 这方面的表述可见如下论文：Douven I. 1998. Inference to the best explanation made coherent. Philosophy of Science，66（suppl.）：424-435；Salmon W C. 2001. Explanation and Confirmation：A Bayesian critique of inference to the best explanation//Hon G，Rakover S. Explanation：Theoretical Approaches and Applications. Dordrecht：Kluwer：83-84；Weisberg J. 2009. Locating IBE in the Bayesian framework. Synthese，167（1）：125-143.

③ Okasha S. 2000. Van Fraassen's critique of inference to the best explanation. Studies in the History and Philosophy of Science，31（4）：691-710.

④ Henderson L. 2013. Bayesianism and inference to the best explanation. British Journal for the Philosophy of Science，65（4）：687-715.

可以使用贝叶斯定理这个表明最佳说明内涵的重要方法。另一方面，这有助于我们把握对最佳说明的推理的使用。说明上的考虑在最佳说明的推理和贝叶斯主义的相容论观点中起作用。尤其是在认识上难以接近先验概率和可能性的情形下，说明上的考虑可能很好地方便了贝叶斯推理。就像皮斯罗斯认为的那样，最佳说明的推理是自我保证的，在证据上，它是比较充分的。因为这种推理是基于经验和常识的，这给它的合理性以最大的支持。同时，没有必要定义"最佳说明"是什么，因为说明上的考虑只在对贝叶斯主义的应用中起作用，而贝叶斯主义不需要这样的定义。

六、"最佳说明"的判断与确定

对最佳说明的判断是最佳说明的推理这一说明性论题当前研究的一个重要方面。毕竟，最佳说明的内容与属性，在某种程度上决定着最佳说明的推理的可能性和有效性。就说明而言，它是科学的一个重要目标。在科学活动中，出于认识的需要，人们会就待说明的现象提出多种可能的说明性假说。同时，科学家们普遍着眼于去发现好的说明，为了优化假说这种资源的认识效用，他们会对哪个假说值得研究进行确定。这样，假说的选择就成为科学活动中的一项重要内容。在这里，选择涉及接受哪个假说及追求什么样的假说，从而使它得以辩护。如果假说 H 是某个令人惊讶的现象的最可利用的说明，那他们就有理由接受 H。在一些人那里，这一点至少是认为最佳说明的推理是一个非常令人信服的推理的理由。否则，如果没有"最佳说明"的阐述，显然就不会有最佳说明的推理的合理性，或者它会变得微不足道。另外，对"好说明"究竟意味着什么这一问题的不同回答，也是造成在最佳说明的推理的阐述上出现争议的重要原因。那么，什么使一个假说比另一个假说成为更好的说明呢？或者说，科学家借以偏爱一个假说的标准是什么？这是科学哲学的任务之一。但对这个问题给出一个普遍的答案是非常难的。因为假说 H 的说明性依赖于 H 将提供的说明的数量和质量。而一个说明是否"优秀"，常常和它给了我们多少理解有关。这样，假说 H 的说明性也可被看作它能潜在地提供给我们的理解的数量。然而，这依然是一个比较难于回答的问题，就像莱勒（Keith Lehrer）指出的那样，要对"好说明"这个概念进行有用的分析是"毫无希望的"[1]。因为理解的多

① Lehrer K. 1974. Knowledge. Oxford：Clarendon Press：165.

少和每个人的知识背景、经历及生活实践有关。所以，评价一个说明的质量的标准是易变的。目前在如何选择最佳说明上，除了给出一种产生有关备选假说的普遍框架外，就是给出与另一个假说相比赞同一个假说的具体启示，而其他方面并没有太多的阐述。

就理论的评价和选择而言，人们着重依从着经验标准和形而上学标准。经验标准指理论的经验成功标准，这种标准在逻辑实证主义那里曾经得到过欣赏。弗兰克（P. Frank）认为，经验成功标准是与观察和逻辑连贯性一致的标准。除了这种标准外，人们通常在某种程度上还应用了一种形而上学的评价标准。这种标准试图通过描述一个理论怎样与被说明项相关联，来给说明的本质以描述。因此，在对最佳说明的推理中的"最佳说明"的理解和界定上，也有必要从这两个方面来进行。目前，对"最佳说明"的研究，比较典型的有哈曼、萨迦德（P. R. Thagard）、格拉斯、麦卡利斯特（J. W. McAllister）、巴恩斯（E. Barnes）、希契科克（Hitchcock）、利普顿、哈克（D. Harker）等。哈曼认为，可以按照说明在不同维度上的优点，如哪个假说更简单、哪个假说说明得更多、哪个假说含有更少的特设性等来评价说明性的假说①。萨迦德依据科学史上的三个例子，即进化论、氧化理论、光波理论表明，在假说的确定上存在着三个标准，分别为一致性、简单性和类似性②。由于萨迦德的这三个标准是基于科学史上的案例而被分析出来的，所以它们在假说的判定上具有良好的经验操作依据。格拉斯提出，要给"最佳说明"以充分阐述，就得给出有关它的讨论所需要的两个部分，即说明的阐述和比较竞争说明的合理方法。在对最佳说明的选择上，应注意使用概率测量。他认为，存在着几种能给说明以比较的概率测量。在《最佳说明的推理：它是否依循着真理？》（ Inference to the best ekplanation:Does it track truth? ）一文中，格拉斯考查了几种直接源于贝叶斯定理、基于证实测量和连贯性测量的简单方法。这些方法中的每一种都能被用来选择和确定最佳说明。比如，说明的概念和连贯性的概念之间是有关联的，这种关联可通过关注给"……是比……更好的说明"这种关系以令人满意的阐述时所需要的条件和给"……比……更连贯"这种关系以阐述时所需要的可能条件是一样的，而得以确立。这样，最佳说明就成为从一组将提供最大程度的改进性概括的连贯说明中选择出来的说明。它是最可能给出已观察到的资料和现存知识的说明。在确定了连贯性的一种合理测量以后，格拉斯给出了几种情形，表明这种方法具有超越"最佳说明"

① Harman G. 1965.The Inference to the best explanation. Philosophical Review，74（1）：88-95.
② Thagard P R. 1978. The best explanation：Criteria for theory choice. The Journal of Philosophy，75（2）：76.

的其他阐述的优点，从而给出了这样一幅图景，即有关不同的测量标准，在确定那种对证据负责的实际说明上，起了多大的作用。另外，对于最佳说明的属性，格拉斯也给出了描述，认为它其实就是真实的说明或正确的说明。[①]

麦卡利斯特着重从简单性来探讨一个好说明的内涵并依据简单性来给好说明加以确定。正如皮尔斯和哈曼、萨迦德等认为的那样，对理论选择的大多数阐述都认可简单性是一个标准。科学家之所以偏爱一个胜于其竞争者的理论的原因之一就在于它更简单。在对简单性的哲学阐述上，麦卡利斯特罗列了两种看法，一种看法认为，简单性是一个理论所具有的逻辑-经验品质和美感属性，是诊断理论将来在经验上成功的标准。[②]一般来讲，科学家常常会更偏向于选择那些在经验上获得较大成功的理论。在原则上，经验上的成功意味着理论与从不同来源中获得的经验证据无限次地一致。然而，从备选假说中作出选择并表明这些假说能否在以后表现出经验上的成功，对科学哲学家来说，并不是一个轻松的话题。他们通过分析经验成功所意味的内容，或者通过回想为过去有很高成功记录的理论所展现的属性，列出了一个诊断这种成就属性的单子。在这里，那些作为诊断假说在将来经验上成功的属性，就被称为它的逻辑-经验属性。对此，牛顿-斯密斯（Newton-Smith）认为，它们是这样的属性：观察上的嵌套，多产，一个好的痕迹记录，有力的内部理论支持和连贯性等。另一种看法认为，理论的简单性和它将来的经验表现无关，它应是理论评价的一种形而上学标准。因为就一个理论或假说而言，必须涉及它报告了世界的什么事实这个形而上学问题。所以，对它的最佳理解也有必要从这一点来考虑。

针对上述两种看法，麦卡利斯特着重探讨了前一种。他认为，存在着这一看法的两个论证。第一个论证依赖于这一前提，即两个假说中含有更多信息的那一个在经验上是更高级的，从而把一对假说中更简单的那个假说看成是含有更多信息的。反过来看，在一对同等适合现有实验数据的假说中，更简单的那个假说是更高级的。具体而言，如果一个体系比另一个更简单，那么它就会说得更多，具有更多的内容，因为它要排除一系列可能的模式。例如，哥白尼（Copernicus）的日心说比托勒密（Ptolemy）的地心说更简单，但它要探讨更多的内容，在证据否定上，它的冒险更大。而一个承担了风险依然存留下来的体系应得到更多的信任。因此，麦卡利斯特认为，简单性是对理论将来在预见上

① Glass D H. 2012. Inference to the best explanation: Does it track truth? Synthese, 185（3）: 411-427.

② McAllister J W. 1991. The simplicity of theories: Its degree and form. Journal for General Philosophy of Science, 22（1）: 1-14.

成功的一种诊断。更简单的理论是更好的预见工具，它比更复杂的理论能提供更多的信息。第二个论证试图确立这一点，即与同样很好地适合实验发现的更复杂理论相比，更简单的理论有更高的为真的可能性。因为按照一种贝叶斯观点的分析，与更复杂理论一样产生相同预见的更简单理论，会更好地为那些证据（资料）所支持。总之，围绕简单性，麦卡利斯特阐明了理论的简单性和理论的质量，即所提供的信息（说明）量之间的关系这一问题。

哈克、希契科克、利普顿和巴恩斯等对最佳说明的阐述都是从体现说明力概念的"可能性"及"可爱性"上来进行的。哈克认为，最佳说明的推理的一些倡导者把假说在说明上的优点，看成在为假说赋予概率上发挥着重要的启示作用，这其实为他们提出了一种困难，因为这一点在以前并没有被充分明确。所以，哈克指出，把说明上的优点和一种非概率的成功概念相关联是让最佳说明的推理得以可行的要求①。作为一种说明性推理，最佳说明的推理把假说的说明性看作它的可能性的一种指导，这能给我们一些去接受一个假说为真或接近真的理由。因此，哈克把"最佳说明"看作最可能被给予证据（资料）的说明。这一点也得到了利普顿的关注。他认为，最可能的说明"是相对于所有可用证据的可能说明"②。比如，对于E的最可能说明，其实是最可能为真的潜在说明，因为这一点是基于证据E是事实使然，这样最可能的说明就成为真实的说明。但利普顿指出，把最佳说明的推理理解为只是去主张最佳假说是为所有可用的证据所支持的，尽管这会确立说明的良好和正确间的关联，却剥夺了说明的独特作用，从而降低最佳说明的推理的价值。"我们想要一种归纳推理模式来描述我们用什么样的原则来判断一个推理比另一个更可能，可以说，我们推出最可能的说明是没用的。"③于是，他提出了除"最可能的说明"以外的"最可爱的说明"，认为有必要以可爱性形式来阐述"最佳说明"。这一点在巴恩斯那里有所论述④。概括起来，最可能的说明某种意义上是从那些为可用的证据所支持的理论或假说中派生出来的东西；最可爱的说明则是相对于一致性、简单性和日益的确切性等说明上的优点而被判断为更受人偏爱的东西。简言之，最可能的说明是可能正确的，是事实上的，最可爱的说明是受人赞赏的，是感受上的。利普顿还进一步认为，在更可能假说的考虑上，应把说明的可爱性看成是它的可

① Harker D. 2011. A likely explanation：IBE as a guide to better（but not more probable）hypotheses. South African Journal of Philosophy，30（4）：1.

② Lipton P. 2004. Inference to the Best Explanation. London：Routledge：59.

③ Lipton P. 2004. Inference to the Best Explanation. London：Routledge：60.

④ Barnes E. 1995. Inference to the loveliest explanation. Synthese，103（2）：251-277.

能性的一种表现。"可爱性"是指说明拥有的说明性优点。"世界是可爱的"这个主张指的是在有效力的说明是可能为真的这一意义上，说明上的优点与真理有关。识别最可爱的说明应因此把我们引导到最佳被证实的理论和假说上去。因为与说明上的可爱性有关的那些优点在确定可用假说的概率上，发挥着重要的启示性作用。这一看法受到了奥卡沙、麦克格鲁及威斯伯格的认可。

尽管人们在最佳说明的确定上依据说明上的优点提出了一些标准，但综合这些考虑，我们认为，需要明确几种认识。首先，最佳说明并不是任意的说明，也不是无谓的说明，而是最佳的可用说明。我们在这方面的推理实践，不管怎样，都会带给我们这样的说明：从最大程度的可证实性或最具有可行性的意义上，它才能成为最佳的。因此，需要注意，"最佳说明"有时必然意味着"最高概率的可能说明"。其次，最佳说明的推理似乎也能在不运用概率的情形下起作用。如果某个人已经知道某种东西是最可能的说明，那么还不能把最佳说明的推理看作一种有趣的推理原理。由于对最佳说明的选择往往要基于对说明的知晓，所以在对最佳说明的理解上，我们还需要考虑当把握了某种说明时，会在心中形成什么样的情形。也就是说，必须对说明的那种让人感到心理满意的地方加以考虑。这一点其实就是说明的可爱性问题。考虑到了可爱性，最佳说明就成为那种最大限度地提高我们对现象的理解程度的"最可爱说明"。这样，在最佳说明的把握上，就有必要把概率上的最可能正确说明和感受上的最可爱说明这两点相结合。目前，就选择"最佳说明"时需要考虑什么而言，基本的看法是要考虑说明的可能性或说明力，具体内容包括：①范围。强调更好的说明会解释更多不同的现象。②精确。认为更好的说明解释得会更精确一些。③因果内容。主张更好的说明给出了有关现象背后的因果机制的更多信息。④统一。坚持更好的说明会把各种现象都结合到一个统一的原理中。⑤简单或无特设。认为更好的说明给出了世界的一种更简单图景，而不需要任何的特别设定。⑥连贯。一个说明自身内在地在逻辑上越连贯或外在地与背景知识越一致，就越好。也有一些观点认为，确定一个好说明的标准在于看这个说明是否体现或符合特定的机制，如演绎－律则。

七、对最佳说明的推理的合理性的争论

对推理的好坏、强弱进行区分是逻辑学的一个重要内容。因此，对最佳说明的推理的合理性进行考察，是很有必要的。那么，如何去证明这种推理的合

理性呢? 我们不妨考察皮尔斯的观点。皮尔斯曾概括地认为,"溯因是一种弱的推理形式。我们的判断力一般只是略微倾向于结论,我们甚至很难说去相信结论为真;我们只是猜测它可能如此"①。最佳说明的推理的支持者认为,由于一个假说在说明上的优良性和它的可能性是直接共变的,所以假说提供给证据(资料)的说明质量是我们基于证据(资料)来推出其正确的一种指导。简言之,对假说在说明这方面的表现进行考虑和考察,以此来给假说的可能性进行确定,这样的操作是得当的。

最佳说明是趋真的,一个假说在说明某种现象上的成功是提高这个假说成真概率的理由。同时,辩护者认为,最佳说明的推理的可靠性能基于一种先验的根据而得以辩护。他们基于说明性推理在其中似乎起重要作用的科学实践的案例研究,提出了经验主义的论证。由于这些实践的结果通常是可靠的,所以有很好的理由认为最佳说明的推理本身是一种可靠的推理。然而,尽管辩护者普遍地认为这种观点将在多个领域具有重要作用,但从最佳说明的推理的属性来看,它是一种扩展性推理,其结论是超出前提的。这样,就像所有的归纳推理那样,最佳说明的推理是可错的。它的合理性受到一些人的质疑。他们提出了反对最佳说明的推理的一些论证,这些论证的共性在于认为不能坚持最佳说明的推理这个论题。其中,卡特赖特(N. Cartwright)和范·弗拉森是最为著名的。

在卡特赖特看来,最佳说明的推理是没有根据的,它应被具体化为寻求最佳理论说明或最可能原因的推理,通过这种推理获得的那种被归属到一个理论之下的说明,并不是一个有关成功的表述术语。因为理论可能提供了一个现象的好说明,但这并没有涉及它的正确性。也就是说,卡特赖特认为理论的正确性和其说明力之间不是一回事,科学理论的说明功能和它的描述功能,即告知真理的功能是分离的。在《物理定律是如何撒谎的》(*How the Laws of Physics Lie*)一书中,卡特赖特指出,最佳的科学说明并不是非常可能正确的说明,正确的说明也并不意味着是最佳的说明。真理并没有说明多少,因而不要有太多的期望。理论的说明力强并不意味着它给出的说明就多,也不意味着它就正确。"基本定律的错误有时也是它们大的说明力的结果。"②"没有理由认为最好组织的原则是真的,为真的原则也不会组织的太多。"③说明论者不应期望着去保证它的成功,而是要提供某种认为说明性通常是可能性的一种可靠指导,即它通常使

① Peirce C S. 1992. The Essential Peirce: Selected Philosophical Writings, Vol.1. Nathan Houser and Christian J. W. Kloesel, eds. Bloomington: Indiana University Press: 189.
② Cartwright N. 1983. How the Laws of Physics Lie. Oxford: Oxford University Press: 4.
③ Cartwright N. 1983. How the Laws of Physics Lie. Oxford: Oxford University Press: 53.

我们更接近真理的理由。①

范·弗拉森在对最佳说明的推理的反驳上，提出了著名的"一组不良情形中的最佳者"这一论证。他认为，当我们从一组竞争的说明中选择最佳可用的说明时，"我们的选择很可能是一组不良情形中最好的那个"②，也就是说，在范·弗拉森看来，承认假说 H 是证据 E 的最佳可用说明，并不足以辩护对 H 的确信，更何况它还不是唯一可用的说明。"当前科学理论的成功并不是奇迹。它甚至不能让科学家的心灵震惊。因为任何科学理论都出于激烈的竞争中。只有成功的理论存活了下来——它们实际上被看成为真实的规律。"③如范·弗拉森所说，确信充其量就是认为更可能为真，这一点可依据概率计算的贝叶斯规则得以讨论。但最佳说明的推理是违反贝叶斯规则的，所以它是一种不连贯的认识规则。因此，确信最佳的说明还要求对给定的假说进行进一步的评价。

概括地讲，当前质疑最佳说明的推理的合理性的人，是着重从两个方面进行的。首先，他们提出，应如何确切把握最佳说明的推理的含义及如何让它变得精确？就说明的本质来说，存在着各种各样的看法，但如果认为其中有些适合最佳说明的推理，那么就会带来这一问题，即一个说明如何能相对于另一个说明而得以比较，从而确定出最佳说明。其次，说明和正确性之间有什么关系？是否有理由认为最佳说明是可能为真的？或者说，最佳说明的推理是否依循着真理？通过提出和探讨这些问题，他们认为，说明上的考虑对可能性的决定并不是得当的。

针对这些反驳，有人给予了积极的回应。皮尔森（Robert Pierson）和瑞内尔（Richard Reiner）指出，情况并不像卡特赖特认为的那样，如果从一种科学方法的进化观点看，在科学的说明功能和真理告知功能之间存在着一种密切的关联④。当我们评价一个理论在说明上的力量时，它就和某种程度上的可信性相关联。若一个理论被看成是不正确的，那么它本身也作为一种不充分的说明而被拒绝。由于我们在一种充分的说明是怎么回事这一问题上并没有先验的标准，所以我们对一个理论的说明力的评价必须依赖于我们对世界的已有认识。这样，我们实际上是按照我们确信为正确的东西来不断地调节我们在什么算作是一个好说明上的标准。把科学的说明功能和真理告知功能相分离似乎回归到了对方法的一种非经验解释上。

---

① Cartwright N. 1983. How the Laws of Physics Lie. Oxford：Oxford University Press：13.

② 范·弗拉森. 2002. 科学的形象. 郑祥福译. 上海：上海译文出版社：166.

③ 范·弗拉森. 2002. 科学的形象. 郑祥福译. 上海：上海译文出版社：92.

④ Pierson R，Reiner R. 2008. Explanatory warrant for scientific realism. Synthese，161（2）：271-282.

尽管最佳说明的推理的辩护者后来提出了一种更弱的观点，比如，利普顿就持这样的看法，但有人还是认为辩护者所看作的那种更为适度的最佳说明的推理依然是比较强的。因为从一种与可能性或真理的判断相关的意义上讲，说明根本不是一种认识的范畴。尽管对最佳说明的推理的辩护试图把说明上的优点，如简单性、范围等，与较大的可能性这一认识上的优点予以关联，但反驳性的看法认为，既有益于说明的可爱性又有益于高可能性的说明性优点并不存在。此外，最佳说明的推理的辩护者认为，在科学研究中，存在着体现这一观点的案例探讨。在这里，说明上的考虑进行着与认识有关的工作。比如，利普顿对塞麦尔维斯（I. Semmelweis）调查产褥热成因的研究，就是有关这一点的非常彻底和有说服力的研究。尽管这个研究表明说明上的考虑在认识中发挥着重要作用，但反对者认为，这种作用并不能像辩护者设想和期望的那样。因为它只容许一种非常弱的说明论观点。

此外，反驳者还指出，在最佳说明的推理中，就有关说明如何指导推理这个问题而言，存在着一个需要解决的问题。这就是：假说给证据以说明，证据给假说以支持，从而使假说成真这一点并不合理，因为这里存在着一个循环论证的问题，在逻辑上并不是有效的。然而，有的辩护者，如利普顿，认为情况并非这么糟糕。首先，从被说明的东西给出了相信说明正确的理由这一意义上讲，说明是自我提供证据的。说明的合理性就在于它说明了证据（资料），正是对证据（资料）的说明才让说明性假说得到了证据（资料）的支持。尽管这里存在着循环，但这种循环不是恶性的。这一点从帕品尼（David Papineau）和皮斯罗斯那里的有关论述中就可以看到。他们认为，循环性可分为前提的循环性与规则的循环性。前者指论证的结论 C 是它自己的（等价于或包括于）前提中的一个；而后者是论证的结论 C 认为推理规则 R 在完全相同的论证中被使用会得到 C（具体地讲，C 说 R 是一个可靠的推理规则）。前提循环是恶性的，而规则循环不是，因为对一个支持其结论的论证来说，要求在其中使用的规则是推理的可靠规则，而不是阐明它们是可靠的规则。最佳说明的推理充其量是规则的循环，而不是前提的循环。因此，我们可在规则循环方面给最佳说明的推理这种基本的推理实践以辩护。作为一种说明论论证，可以依据最佳说明的推理的结论，认为其中包含的可靠推理规则是：说明的成功是正确性的一种表现。尽管这种规则是不明的，无法在形式上对它给出精确的刻画，但这种规则能由当前科学和日常的推理实践很好地体现出来。例如，引力理论很好地说明了日常对象的降落及其降落速度，可以把它看作正确的结论，因为日常对象的降落

及其速度给确信引力理论的正确性以支持；盗贼破窗入室这一假说可能说明了
窗户受损的原因，而窗户受损则可能给盗贼如何入室这个结论以论证。

其次，从这种推理在实际中的使用效果来看，大多数最佳说明的推理似乎
都产生了正确的结论。而对这种推理在实际使用中产生正确的结论这一事实的
最佳说明就是，最佳说明的推理是一种合理的推理模式，所以其中的大多数结
论才是正确的。需要注意的是，尽管我们不应期望在每种情形下都存在着产生
真理的方式，但如果最佳说明的推理被接受为推理的一种合理模式，那么一定
有理由认为它为确定正确性提供了一个好策略。辩护者还认为，最佳说明的推
理的有效性可以从其他的观点中获得支持。比如，他们认为最佳说明的推理和
贝叶斯观点之间非常吻合，从而提出利用贝叶斯观点来给最佳说明的推理以支
持。利普顿和那些强调两者之间相容性的人就从事着这样的尝试。但反对者认
为，这样的尝试并不是很有希望的，因为把最佳说明的推理和贝叶斯主义予以
协调的可能性并不大。因此，并没有充分的理由接受最佳说明的推理。

对最佳说明的推理的质疑，其实体现了在能否把它作为一种独立而有效的
推理模式方面所存在的争论。支持它的辩护者认为，这种推理模式是合理的，
非常适合于人的认识情形，因为在常识经验及具体的个案情形中，最佳说明的
推理确实存在，且发挥着非常有效的作用。那么，能否基于对其效用的一种归
纳式概括，把它看作是一种正式的有效推理方案？在我们看来，这或许还是有
待进一步斟酌的。当然，我们也不能否认最佳说明的推理的实际使用。在论证
最佳说明的推理可被合理地接受之前，有关它的细节将需要仔细地完善。鉴于
此，我们不妨采取这样一种立场，即使最佳说明的推理的结论是个概率性问题，
但有必要把它看作一种让我们通向真理的良好启示性方法。毕竟，随着当代科
学研究对象的复杂化，认识和理论的逼真性与概率性有时是比较明显的。

八、最佳说明的推理的效用性

就最佳说明的推理的效用来讲，目前的研究主要集中在这样几个方面：科
学理论的发现及其评价，怀疑论的应对与消除，以及实在论的辩护等。如上所
述，依照最佳说明的推理，在对资料（事实、观察和前提）的系列说明中，如
果有假说提供给资料的说明令人满意，超越其他的假说，那么就可以推得该假
说是有效的。比如，恒星 X 的光包括的波线像 H 和 He 的波线，但会向更长波
长的方向转变；如果恒星 X 包括 H 和 He 并远离我们这个假说很好地说明了上

面的情形，且不存在说明这个现象的其他可用说明；那么就可以认为，恒星 X 包括 H 和 He 并且远离我们是可能的。从说明上的考虑有助于确定一个具体的假说或判断有多大可能这一意义上讲，说明优先于推理并给推理以指导。由于这些说明都是基于证据的，而那个最佳的说明意味着受证据的支持是最充分的，所以得到证据充分支持的那个新得出的结论和观点就是合理的。最佳说明是它的正确性的一个证据。

由于假说和证据（资料）之间的那种说明关系会给它的合理性以支持，所以在从假说到理论的过渡上，最佳说明的推理是一种示范。皮尔斯、哈曼等人都主张最佳说明的推理是扩展的，它有助于提出新的主张和观点。利普顿把最佳说明的推理看成是一种说明论主张，强调说明上的考虑往往是形成潜在说明的重要因素，同时对说明的优良性的考察还会给从一大堆潜在的假说中选出最佳的说明以指导。① 哈克认为，最佳说明的推理能带来更好而非更可能的假说②。他指出，说一个人推出了一堆证据（资料）的最佳说明，并不只是意味着他推出的最可能假说或结论就是真的。尽管这么说并没有什么错，却无法阐明说明的作用。在描述假说的形成及假说的选择时，人们提出了很多方式，但其中有些描述太抽象，把那些活动描述成不可分析的，从而产生了一些完全不可知的模糊结果。而最佳说明的推理既涉及说明性假说的提出，又包含着说明性假说的评价。在对假说的处理上，它依照建构性来进行。一般来讲，建构是基于证据的，因而具有明显的计算特征③。比如，使用相关的计算手段，像贝叶斯定理，就能为说明的优良性判断提出概率依据，方便我们对那些以抽象形式构想的概念和观点进行验证。所以，在对假说进行的实际考察中，最佳说明的推理在描述科学创造上的那种作用，使创造和发现不再被看作是神秘的，而是被看作能被清晰地分析和确定的不同推理步骤间的一种复杂关系。这样，它就成为我们理解理论创造过程的一种新途径。

除了有利于新观点和新理论的发现外，对最佳说明的推理的效用讨论还常常集中在消除怀疑论及和实在论有关的话题上。有人认为，最佳说明的推理是应对怀疑论的一种有效办法。就怀疑论来讲，它是针对科学知识的可靠性而提出的一种观点。按照这一观点，对任何一个普遍的理论或定律来说，经验证据

---

① Lipton P. 2004. Inference to the Best Explanation. London：Routledge：67.

② Harker D. 2011. A likely explanation：IBE as a guide to better（but not more probable）hypotheses. South African Journal of Philosophy，30（4）：4.

③ 当前在科学的发现上存在着一种计算转向，见 Magnani L. 2006. The rationality of scientific discovery：Abductive reasoning and epistemic mediators. Mind & Society，5（2）：213-228.

永远都是不完备的，所以我们不能确切把握它的正确性。怀疑论问题的根源在于，证据对理论的不充分决定。一般来看，我们都会接受一种给我们所感觉的经验世界以阐述的常识信念。但在原则上，这些信念会遇到不充分决定性。因此，我们会对常识阐述提出一些激进的修改或替代。这可以按照怀疑性假说的方式来进行，例如，笛卡儿（Descartes）曾认为经验是由恶魔引起的。休谟（Hume）也探讨过类似的问题。他认为，如果我们能够确定未来的自然将和过去一样，或者说，自然有均一性，那么我们过去的经验就会给科学定律以支持。然而，除非理性自己承诺自然在未来仍具有均一性，否则，我们拥有的未来像过去一样均一的唯一保证，只能是迄今为止我们对其均一性的过去经验而已。而理性做不到这一点，所以没有理由认为未来的自然将会和过去保持一致。对自然均一性的过去经验在证据上的关联，无法为自然是均一的这一要求提供支持。如果依靠自然的未来均一性来保证从过去到未来的推断成问题，那么就不能认为从过去到未来的此种推断到目前为止总是可靠的，从过去的可靠性推断下一步机会的可靠性。休谟的这种论证至少强调，科学的错误是不可避免的。一种激进的解读认为，休漠的观点是科学知识根本不可能由经验来辩护。

当前有人认为，可以用最佳说明的推理来回应怀疑论。这方面的讨论主要有：沃格尔（J. Vogel）的《笛卡儿式怀疑论和最佳说明的推理》（*Cartesian Skepticism and Inference to the Best Explanation*），认为最佳说明的推理是在推理上的内在论框架中作为对怀疑论挑战的一种解答而提出的，它把说明论回应从一种概要转变成对外部世界怀疑论威胁的完全回应；奥卡沙考察了几种反驳依赖于最佳说明的推理来回应怀疑论的做法，认为这些反驳并没有一个给说明论回应提出了问题。因此，他指出，可以合理地认为，说明论回应是对怀疑论的一种成功回应。另外，富梅顿（R.A. Fumerton）的《怀疑论和最佳说明的推理》（*Skepticism and Reasoning to the Best Explanation*）及麦凯恩（K. McCain）的《最佳说明的推理和外部世界：对怀疑论的说明论回应的一种辩护》（*Inference to the Best Explanation and the External World：A Defense of the Explanationist Response to Skepticism*）等，都讨论了这一话题。

麦凯恩指出，"说明论回应"是对怀疑论威胁的一种著名回应。这种回应认为，存在着这样的常识性观点，即外部世界是由独立于心灵的对象构成的。这种观点实际上就是对我们感觉经验的几个重要属性的最佳说明。当我们面对类似于这样的一些说明进行选择时，肯定会依赖常识性观点，并以此来拒绝对它给予怀疑的其他竞争性阐述。也就是说，如果常识性阐述为我们的经验为什么会是那种情形提供了更好的说明，那么我们就有理由偏向于那样的常识性阐述，认为这样的阐述是自然的、无意识的，与我们的感觉经验相一致，并摆脱了具体怀疑理由的最佳说明。正是在这种意义上，洛克（Locke）和罗素（Russell）曾强调，我们应把物理对象看作是对我们在经验中发现的那种秩序和关联性的最佳说明。由于确信对我们感觉经验的那些属性的最佳说明是合理的，所以我们能拥有外部世界的知识。富梅顿对为最佳说明的推理在挫败传统怀疑论观点提供辩护方面的状态进行了评论[①]。他指出，要充分评价一种作为对怀疑论回应的最佳说明的推理的可能性，就要对它的逻辑进行讨论。经典的怀疑论证试图先在各种常识信念和可用来证实这些信念的证据之间进行一种逻辑上的切入，以表明无法合理地相信在感觉和物质对象之间存在着关联。即使这些信念真的被证实合理，那也只是在推理的意义上被证实为合理的。最佳说明的推理可被看作弥补那种空隙的一种方式。因为在不充分决定的情形下，竞争性理论间的平局能通过对比理论的说明力而打破。而且，这里的打破者是一种非随意的和真正的认识上的平局打破者，这就是最佳说明的推理。这种推理的原则允许作出一个理论超越于其他理论的选择。

最佳说明的推理在回应怀疑论时的那种作用，使其涉及科学实在论论题。一般来讲，科学有赖于科学的概念和陈述。没有像"原子核""基因""分子""原子""电子""夸克"等这样的概念，科学是不行的。而且，有极好的理由相信这些概念所指称的东西存在。这就是选择理论时，科学家赋予给经验的那种支配性作用，但这一允诺有值得讨论的问题。其中一个就是科学实在论。有观点认为，在实在论的论证和辩护上，最佳说明的推理是一种有效的方式，具体如下。

P

对事实 P 的最佳说明是 Q 为真。

所以，Q 是真的。

这其实就是最佳说明的推理回应怀疑论时，认为理论成立的重要依据。类似地，也可以这么认为：如果 Q，Q 是最佳说明，在经验上是充分的，那么 Q 所描述的情形 P 就是存在的。因为只有它存在，才能给 Q 是 P 的最佳说明，以及给 Q 在经验上的那种充分性依据以最佳说明。例如，物理对象的存在就可被看作是对我们在经验中发现的那种秩序和关联的最佳说明。这样，就可以考虑

① Fumerton R A. 1992. Skepticism and reasoning to the best explanation. Philosophical Issues，2：149-169.

依靠最佳说明的推理来论证实在论。如果把上述推理中的 P 替换为"科学在预见上是成功的，或者越来越成功，或者其技术应用越来越强大、越来越可靠等这样的假设"，而给 Q 代之以这样的陈述：科学理论推断的不可观察事物存在着，并具有科学所赋予给它们的性质。这样，从 P 的真到 Q 的真的这一最佳说明的推理结构，可能会给人以无可争议的印象。因为给 P 中那种成功的最佳说明只能是实在论假设的正确性。科学家也欢迎和接受这一点，因为他们将认识到，科学实在论哲学家所运用的最佳说明的推理这一推理形式，正是他们用作科学思考重要成分的那种推理。例如，我们推断电子存在并认为它们有负电荷的原因在于，这一推断能最佳说明密立根（Millikan）油滴实验的结果和威尔逊（Wilson）云室实验的踪迹。

由于在科学中，达到最佳说明的结论——科学理论化的那种推断形式，将科学的理论化结果确定为真的或接近于真的，所以这种推理形式是可靠的。在用它为实在论进行辩护上，格雷默尔（Glymour）、皮尔森、瑞内尔及 Y. 本 - 梅纳赫姆（Yemima Ben-Menahem）等都有所探讨。格雷默尔指出，"最佳说明的推理是辩护科学实在论的一种重要方式，这已成为科学哲学研究中备受关注的话题"[①]。在实在论的论证上，卡特赖特概括出了一种可称为寻求最佳因果说明的推理模式，认为只有在最佳的因果说明这一意义上，才可以推出实在的存在性。皮尔森和瑞内尔讨论了卡特赖特的这一观点，但否定了卡特赖特的看法，认为实在论完全可以依赖于最佳说明的推理，而无须所谓的最佳因果说明的推理[②]。斗文认为，科学实在论者常把最佳说明的推理看作是一种令人信服的推理规则[③]。这一点在卡特赖特和范·弗拉森那里被具体为最佳说明的推理支持着实在论。因此，批评这种推理就意味着否定对实在论的论证。斗文强调，用最佳说明的推理来论证实在论，这并没有什么，重要的是让它变得如何有效。

总体来看，以上论题都有助于对最佳说明的推理从不同方面进行刻画。因此，有关最佳说明的推理的具体研究，必须要探讨这些问题。并且，对这些问题的深入探讨，将有益于人们把握最佳说明的推理的内涵与作用。在我们看来，人们的推理常常涉及说明上的考虑，最佳说明的推理就是一种以说明为中心的认识论主张。它以说明为指导，描述了人们基于说明性的根据来为潜在说明所

---

① Glymour C. 1984. Explanation and realism//Leplin J. Scientific Realism. Oakland：University of California Press：173.

② Pierson R，Reiner R. 2008. Explanatory warrant for scientific realism. Synthese，161（2）：271-282.

③ Douven I. 2002. Testing inference to the best explanation. Synthese，130（3）：355-377.

作的推理，而且这种推理的结果是要得到一个说明。客观地讲，在这样的操作中，人们实际上是以一些假说提供的说明力为根据来推出这些假说的。依照最佳说明的推理，我们就会推得特定事实的最佳说明。因此，要关注说明性推理的逻辑，给出最佳说明的推理的更详细概念，就有必要从它所包含的"说明"这个概念开始。

第一章

科学说明: 科学哲学的一个基础性论题

"说明"这个词在哲学中出现得如此频繁且占有非常重要的地位,因此,在确定它的意义上,即便花费时间,也是十分有益的。

——约翰·斯图尔特·密尔(John Stuart Mill)

科学研究成果的价值往往取决于它所提供的说明,科学的进步常常通过对自然界中的一些特性提出好说明而得以实现。从某种意义上看,科学的成功并非只是发现以前未知或未被想到的现象,而是能给它所研究的现象是怎么回事予以说明。因此,在科学中,说明一直受到人们的关注。迪昂(P. Duhem)指出,说明上的知识是这样一种东西,它如此尊贵,以至于从来难以被一般的科学研究所触及。密尔也曾强调,对"说明"的意义进行确定是比较费事的。由于科学本身对这个问题难以解决,所以哲学就不得不面对。然而,说明是科学哲学中一个颇有争论的话题。从科学哲学的发展来看,人们在这件事上投入的时间和精力是巨大的。从苏格拉底时期到现代,有关科学中说明的问题一直是哲学上的重要关注。哲学家们一直想知道,科学如果丢掉对说明的追求,是否依然还能成为科学。鉴于"说明"对科学的重要性,许多人对它加以重视和探讨,从而使这个词并没有被赋予唯一的意义。截至目前,如果要让我们给出"说明"的唯一确切含义是什么,我们依然是不知道的。因为从直觉上看,并不存在一个充分的说明模型能涵盖我们对"说明"作出的所有思考。由于在科学哲学中，就什么是说明这一点存在着一些相互竞争的看法，所以斯特雷文斯指出，在科学的任务中，说明是最难的[①]。我们似乎没有弄清说明的概念必须满足什么样的核心陈述。尽管如此，我们却是非常清楚这一点的，即我们对说明的思考越多，就越多地表明这个概念对于我们的思考方式是不可或缺的。

第一节　说明与假说

在科学上，假说的主要职责与其说是"真实"，还不如说是有用和有趣。

——威尔弗雷德·特罗特（Wilfred Trotter）

说明是人们认识世界的一种方式。人们一直坚持对发生在其周围世界中的那些常常令人困惑的事件进行说明。比如，预言、神话就是其中用以说明世界的表现。对物质世界中的各种现象进行合理的说明，则是科学的一个重要任务。任何科学都不能无视对系统说明的探求。从希腊时期到现代，有关说明的论题一直是哲学上的重要关注。

一、说明

就"说明"这个词而言，它在日常生活中以一种相当频繁的方式被使用着，我们常常会遇到这样的情形：说明一个词的意义；说明哲学理论的背景；说明如何做馅饼；说明一个人为什么作出了某个决定；说明某件事是怎样发生的等。由于对世界的说明涉及知识及人的认识等问题，所以这个问题在现实中受到了人们的广泛关注。从上面的例子中可以看出，在寻求说明时，人们实际上所臆想的被说明项常常大概为"是什么"及"为什么"。其中，"为什么"似乎更为重要，因为它比"是什么"更能恰当地作为有关事物性质知识的体现。亚里士多德指出，知识是我们研究的对象，人们只有在掌握了一个东西"为什么"那样时才会认为了解了它。"要说明我们经验世界中的现象，回答'为什么'而非'是什么'这样的问题，是所有理性研究的最重要目标之一。"[②] 因此，在对说明的理解上，有必要把它看作是对"为什么"问题的一种回答。范·弗拉森认为，这一看法是对"说明"的实质性解释。他指出，说明能被看作由询问和解答所

---

① Strevens M. 2006. Scientific explanation//Borchert D M. Macmillan-Encyclopedia of Philosophy. New York：Macmillan Reference：197.

② Hempel C，Oppenheim P. 1948. Studies in the logic of explanation. Philosophy of Science，15（2）：135.

组成的互动性活动。说明和描述不同，因为它有赖于语境，是理论、事实和语境间的三方关系。其中的语境能够阐明一个对比类和一种相关性关系，它会将说明和只涉及理论与事实间双方关系的描述普遍地区分开来。范·弗拉森进一步从语用上给说明以阐述。依照这种观点，C 表示一个具体的说明语境，P 表示相关的例证背景设想，Q 表示一个为什么问题的形式。A 相对于背景设想 P 在语境 C 下提出一种语言表达 u，来向 B 科学地说明 q，当且仅当 A 相信 u 是问题 q 的一种说明性回答或至少 u 表示了这样的回答，A 以这样的倾向来提出 u，即认为它使 B（在语境 C 中，相对于 P）理解了 q，B 对 q 的理解通过 B 相信 u 是 q 的一种说明性回答或至少表示了这样的回答来实现。这样一来，能把说明和描述区别开来的，不是某种额外的属性——说明力，而只是我们对特定情形下某类信息的兴趣。因此，要阐明所谓的"说明力"的本质，就要将其作为经验上等效理论之间的决胜情形，否则，就没有任何意义。

另外，就"为什么"这个问题而言，可以看到说明的一个特征，即它主要针对的情况是人们所不熟悉的现象，并且好的说明会使那些人们不熟悉的现象变得令人熟悉[①]。一般情况下，无须对一些已为人们所熟悉的现象和过程进行说明，而是去说明人们不熟悉的现象和过程。因为那种不熟悉带来的令人惊奇常常是提出各种"为什么"问题的前提，这其实就是寻求说明的研究。在科学中，好的说明尤其表现为诉诸不为人们所熟悉的事件和过程。对不熟悉现象的说明常常在于这一操作，即作出一种类比，以表明该现象将是一个与形成人们所熟悉现象的过程相类似的过程的结果。但这还不是它的特别诱人之处，因为这并没有帮助我们理解某种现象一开始就为人们所熟悉的原因。一种更有前景的观点在于，尽管我们可能知道一个不为人所熟悉的现象出现了，但由于它可能与我们的其他信念相冲突，从而仍旧令人惊奇。所以，好的说明还应表明这类现象的出现如何在某种程度上消除了这种冲突和惊奇。[②] 比如，我们知道蝙蝠能在黑暗中非常准确地飞行，然而发现这一点却令人惊奇，因为这与我们相信的眼睛在黑暗中看不见东西相冲突。当发现蝙蝠的回声定位能力后就不会感到有什么冲突了，因而我们将不再感到惊奇。

如上所述，说明就是要找出某件事发生的原因。说明的过程其实就是一种溯因过程，给出有关一件事怎样被引起的信息。一般来讲，当我们想知道事物为什么以特定的方式发生时，就会提出探求"为什么"的说明问题，来给我们

① Friedman M. 1974. Explanation and scientific understanding. The Journal of Philosophy, 71（1）: 9-11.
② Hempel C. 1965. Aspects of Scientific Explanation. New York: Free Press: 428-430.

的困惑以解答。从本质上看，回答这些问题的目的就在于理解。所以，说明上的研究过程常常始于对理解的寻求。利普顿依据所有说明的目的都在于提供理解这一主张，认为一个好说明就是那种能对它的被说明项给出充分理解的说明。我们根据一个假说是某种证据（资料）的最佳说明来判断它是可能的，因为这个假说给出了资料的最有潜力的理解。这样利普顿就把说明的优良性和潜在的理解得以关联。刘易斯曾指出，说明具有主观上的含义，这就是依赖于某个人进行的解释活动①。在哲学中，基于理解来对说明进行刻画是相当普遍的。例如，在当前探讨说明问题的人当中，萨尔蒙、范·弗拉森、利普顿、格林姆（S. R. Grimm）等都认为，说明上的研究目标在于理解。尤其是格林姆还对不把理解作为说明的目标提出了反对。他认为，把理解排除到说明的目标以外的原因在于完全忽略了说明目标中的心理维度②。就理解来说，它应体现为一种心理状态。那种认为特定说明“正确”的感觉，即经验，是理解的心理维度。按照这样的观点，可把理解看作心理重构过程的一种结果，它要求个人能在其认知的获得中拼凑信息。对说明的重构性阐述赞成这样的观点：不管理解是作为一种理智的目标还是作为对实践加以统一的方式，它都主要体现在说明中。

当然，还有一些哲学家认为，说明上的研究着眼于其他的目标。这部分是因为说明目标的其他备选者似乎更吸引人。刘易斯指出，说明性研究的目标在于获得有关因果结构的正确信息。因果规则是自然界中的普遍规则。康德坚信，每个物理事件都有一个具体的原因，它们体现了像我们这样的认知主体使我们的经验得以组织起来的方式。因此，在说明中，因果结构是适用的。如果按照因果传统来阐述说明，说明一个现象就成为获得这个现象的因果结构的信息。亨佩尔则把说明看作一种从逻辑上进行的论证，认为对某个东西进行说明就是表明如何从一种逻辑论证中得出它。按照这种论证式的说明观点，说明项是前提，结合特定的法则，说明项就可以推出被说明项这个结论来。然而，不管是刘易斯的信息获得陈述，还是亨佩尔的逻辑论证表达，在本质上都并不与把说明看作某种理解相矛盾。因为就前者来看，获得因果结构的信息，是需要认识和理解的；就后者来看，说明某事件就是表明在给定我们对自然法则的知识时，它将是被预料到的，从而表明它并不令人惊奇，也就是说，对它有了充分的理解。

把说明归结为对为什么问题的回答，方便了说明的研究，但把为什么问题

---

① Lewis D. 1986. Causal explanation//Lewis D. Philosophical Papers, vol. 2. Oxford: Oxford University Press: 217-218.

② Grimm S R. 2010. The goal of explanation. Studies in History and Philosophy of Science, 41（4）: 337.

归结为理解，尽管是对说明的一种深层研究，却给说明的把握增加了难度。因为理解是一个涉及心理活动的概念。20 世纪以来，哲学的语言学转向，使人们在说明的哲学探讨上利用了语言分析的资源。概括起来，语言的逻辑研究促成了对说明的一种逻辑阐述，而语言的使用分析则促成了对说明的言语行为理解。从后者来看，说明可以表现为一种外在于言语的行为，就像警告和承诺那样，由说出在特定语境下怀有特定意向的话语来完成。也就是说，说明的行为使某个人的思想和信念发生变化。在这一点上，阿钦斯坦（P. A. Albert）提出了一种言语行为的说明理论。像萨尔蒙、利普顿等那样，阿钦斯坦也把说明刻画成对理解的追求，认为说明是一个人试图通过某种方式回答特定的问题来形成理解。但他拒绝了萨尔蒙的那种把理解和因果关系予以结合的狭隘关联，也反驳了对说明的实质进行的"为什么"的概括。在他看来，存在着许多不同的、我们常看作试图获得理解的问题，回答这些问题的行为可被恰当地被看作说明的活动。例如，假如斯密斯医生在对贝尔肚疼原因进行说明时，通过说挑食来说明，那么就会有某种行为出现。这些行为可被恰当地看作说明的有效构成部分。

除了在言语行为上有所表现外，说明也具有语内表现的特征。这能通过提出完成说明这样一种活动的条件而得以揭示。例如，"S 通过说出 u 而说明 q"这种形式的语句，在这里，S 表示的是某个人，q 意味的是一个问题。只要 S 带有他对 u 的话语让 q 成为可理解这一意向说出了 u——这一条件表达了 S 的行为的意义，那么 S 就通过说出 u 而说明了 q。更普遍地讲，只要 S 确信 u 表达了 q 的一个正确答案，那么 S 就通过说出 u 说明了 q。

尽管说明在这里可被富有成果地看作一种有关理解的交流活动，但仍有一种偏离标准的合理分析存在着，把说明看作为一种纯粹的认知活动，同时认为它是一种源于或有助于这项活动的特定心理表征。以这种方式来考虑，说明就成了一种普遍现象。在本质上，它可能是有意识的、审慎的和包含明确命题的知识，也可以是无意识的、直觉的和不包括明确的命题知识。例如，一个父亲听到来自隔壁房间的大声痛哭，就会冲过去帮助孩子。不管他是本能地作出了这种反应，还是基于一种明确的推理来作出那样的行为，我们都可以认为，父亲的行为是他把那种大声痛哭解释成自己女儿哭泣而引起的结果。从这一点来看，"说明"这个词，既不是像亨佩尔提出的那种元逻辑的东西，也不是像刘易斯提出的那种形而上学的关系[1]；相反，这个词被给予了一种理论地位及一种

---

[1] 刘易斯给出了"说明"的两种含义：一是依赖于某个人的主观论说明；二是不需要主体的客观论说明。这一点可见 Lewis D. 1986. Causal explanation//Lewis D. Philosophical Papers, vol.2. Oxford：Oxford University Press：217-218.

解释的功能。具体来讲，我们通过诉诸一个人拥有一种说明这一事实，说明了他的行为。

二、假说与科学假说

说明包括假说，假说是进行说明的一种具体形式。说明的过程往往伴随着假说而得以实现。假说是被提出来的、针对一个现象的说明。在对为什么问题的回答上，人们常常会提出一些假设性的陈述。这是必然的，也是有效的，因为假说是一种简单易行的认识方式，同时也是说明的一个重要环节。在说明中，假说是一种非常重要的认识资源。没有假说，就不足以为事件作出说明。所以，必须要利用好这种资源。

1. 假说

人们常把对一个问题的试探性解答或对某个可观察现象出现原因的猜测性解释称作假说。一般来看，假说是对新情况的一种预测。它体现了这样的情形：一个人在碰到新现象时，基于先前的已有观察、知识及对什么样的情形才会正确的确信，来给它提出有针对性的说明。这一点在人类的认识论探讨中是较为常见的。例如，不管考古学家在他们的研究中使用什么样的理论观点，他们都会提出一些有关古代人生活的有力假说。在哲学思考中，假说也常常得到人们的认可。罗素认为，哲学的一种效用就是在假说的领域扩展对世界丰富想象的思维。在科学研究上，这一点也是较为常见的。可以说，在科学研究中，设计和实施相当数量的实验及观察都是以验证预见或假说为目的的。在假说中，证据是需要涉及的一个重要概念。因为任何缺少有关证据这一有趣话题的预见和假说，都不足以给事物或事件以说明。康德指出，"假说就是基于结果的充分性而把有关某种理由之真的判断视为真"。这就意味着，假说是涉及推理的。密尔曾认为，任何意义上的假说都是一种推理，因为它是出于某种理由而被采纳的，并且那种理由一旦被视为理由就可认为其使假说具有某种可能性。

波普尔在探讨科学本质的语境下阐述了假说。他把假说称为"有点根据的猜想"，因为它提供了一种基于证据的建议性解答。波普尔认为，假说只有相互竞争的两类，即要么是"A"，要么是"非A"，而没有别的选择。在认为假说可行之前，需要对它加以验证。假说通常能通过实验或观察而被反驳。例如，如果你没有看到在各种清洁剂的除污能力上的差异，你可能就会假定除污效果并不由使用哪种清洁剂影响。如果有个污渍被一种而非另一种清洁剂所除掉，你就会明白这个假说被否定了。因此，波普尔提出了一种假说的可错性看法，认为如果一个假说能被证实是可错的，那么它就是合理的，这是判断它是否有效的唯一方式。波普尔的这一看法，似乎简单，但却重要。它已改变科学家陈述其假说的方式，从而使其能被证伪。很多人认为，波普尔的证伪观点是自培根（F. Bacon）以来对科学方法的唯一重大改进。

尽管有时我们在现实中把一个理论定义成被接受的假说，从而使"假说"和"理论"被同义地使用，但实际上，假说和理论并非一回事。作为说明一个现象而被提出的假说，还需要加以严格的检验。甚至有些人把"有点根据的猜想"都看成是不正确的，从而主张对其加以拒绝。对反复检验的需求是假说所表现出的一个主要特征，很多情形下，如果积累的证据支持了一个假说，那么这个假说就能作为一个现象的好说明而被接受。若难以收集到支持的证据，假说就不能成为一个起作用的假说。不同的是，理论已经经历了比假说更多的普遍检验，因而常常被普遍地接受为观察背后的好说明。当然，随着给假说以支持的资料和证据的充分收集，假说就会成为理论。例如，众所周知，1908年6月30日，在西伯利亚通古斯卡发生了爆炸，相当于约1500万吨三硝基甲苯（TNT）炸药的爆炸。对这一爆炸为什么产生进行说明时，人们提出了许多假说。其中有推测该爆炸是一种自然现象而非人为造成的假说，有认为是陨石撞击造成的假说，有核爆炸假说，有飞船假说，有黑洞撞击假说，有彗星撞击假说，有反物质假说，有飞碟假说等。这些假说中，有些有根据，有些没有根据。接下来，为了确切地说明，就须对这些论述加以评判与选择。石里克（M. Schlic）指出，研究者会对被考虑的备选假说加以权衡。实验者可以验证并拒绝一些假说，从而把好的假说选择出来。这对说明的完成来说，是非常重要的。

2. 科学假说

假说意味着预先确定的结果并不必然存在，这是假说的突出特点。科学假说也一样，它被建立在那些无法用先前可用的科学理论令人满意地给予说明的观察之上，因而是一种针对当前已接受的科学理论无法说明的现象而提出的解决方案。但要让一个假说成为科学假说，就需要能对它加以验证的科学方法。或者说，一个假说要称为科学假说，必须能通过精心设计的实验或观察被支持或被驳斥。在科学方法中，这一步的重要功能在于，从有关将来实验结果的假说中推导出预测，然后进行那些实验看看它们是否支持预测。所以，科学假说是科学方法的最初建构领域，也是科学研究工作中最为重要的智力活动手段。许多人把科学假说描述为一种基于先前的知识和观察而形成的有关一个特定现象原因的"有点根据的猜想"。它是一种可成为理论的想法的暗示。科学假说可以进一步成为一个科学理论，因为实验依据观察结果与假说是否相一致，从而基于对结果的分析，来给假说以肯定、否定或修改。科学理论是对一个或一组一直被反复验证所支持的假说的总结。一个理论只有在反驳它的证据不存在时才是合理的。因此，理论是能被否证的。而这则是科学方法的下一步。

1）科学假说的例子

科学假说在科学研究中是常见的。在这里，我们不妨举出两个有关科学假说的例子。首先，在研究白喉的早期，罗夫勒（Loeffler）获知被用于实验的动物因注射白喉杆菌而死亡时，在注射点的附近仍留有细菌，于是，他认为动物的死亡是由细菌的毒素造成的。根据这一假说，鲁斯（Rous）企图证实细菌培养液中的这种毒素是致命物质，但实验却都失败了。尽管如此，鲁斯仍坚信这一假说。最后，他给豚鼠注射了大剂量的培养液滤液。奇怪的是，这只豚鼠在注射了大量的液体后居然没有死亡。后来，他观察到豚鼠死于白喉中毒。确认了这一点后，鲁斯就推测问题可能在于培养液，很快他就查明，他的失败是培养液中细菌培养的时间不够，从而产生的毒素不足所致。因此，增加细菌培养的时间就能制成毒性很大的滤液，这一发现导致了预防白喉的免疫法的产生，并使抗血清用于治疗。

其次，在"产乳热"这种乳牛疾病的性质及原因上，人们起先是一无所知的。很多宝贵的乳牛因为没有有效的治疗方法而死亡。丹麦的施密特（Schmidt）提出了这样的假说：产乳热是一种自身中毒现象，由乳腺中"初乳小体和变性的旧上皮细胞"的吸收作用造成。因此，抱着"制止初乳形成及麻痹现存毒素"的目的，施密特为牛乳腺注射了碘化钾溶液。起初，他认为在手术过程中小量空气进入乳腺是有益的，因为能帮助碘释出。这种治疗方法非常成功。后来，施密特把在注射溶液的同时注进大量空气看作这种治疗的重要组成部分，理由是空气能把溶液推到乳腺各部。这种疗法被广泛采用，并以多种方式加以改良，不久以后，人们发现只注入空气也同样有效。

2）科学假说的作用

科学哲学中的研究表明，科学说明的进行往往与科学假说密不可分。在科学中，对说明的探讨包括对那些可以真正加以检验的说明性假说的探讨。因此，科学假说是科学哲学中的一个传统论题，它在科学研究及科学的发展中发挥着重要的作用。

首先，科学假说是构成科学研究者思维方法的有效部分。科学实践实际上包括发现及其说明这两个过程。其中的说明首先是以科学假说的形式出现的。科学假说的第一个作用与理解或着眼于获取有关事物根本性质知识的说明有关，即帮助人们看清一个事物或事件产生的重要原因与意义。因此，科学假说与科学发现是密切相关的，科学假说有利于科学发现。可以说，若无科学假说，那么科学事件和科学对象就不足以得到说明。此外，科学研究常常会经历观察—科学假说—科学实验—科学假说确证、选择—科学假说的再确证—科学理论这样几个阶段。只有经过这样几个阶段，才能较好地确立对一个事件的好说明。从形成说明的这一过程可以看出，科学假说在说明上发挥着重要的作用。它既是形成科学理论的起点，又是获得科学理论的必要前提。

其次，科学假说是一个反映科学发展的重要概念。科学假说是对新情形的一种预示，进而会提出新的实验验证，如果否定就会另辟蹊径；如果肯定，就会在科学的知识库中确立起新的理论认识，并以之为基础，来形成新的假说和实验验证，从而推进科学的发展。客观地讲，在科学研究中，验证和选择假说是比较重要的一个环节。当第一次实验或第一组观测结果符合预期的结果时，实验人员通常还需进一步从实验上搜寻证据，才能给自己的设想以确定。即使假说被一些实验所证实，它也只能被看作在进行实验的特定条件下才正确。有时研究者所要求的或需要的就是这一点，因为眼下他已有了一个解决眼前问题的办法，或者有了一个为某种理论所需要的假说，从而要为进一步研究该问题进行部署。有时假说的价值在于，以它为基点会推动研究的进一步发展，而且将这种假说尽可能地应用于各种具体情况。如果假说适用于各种情况，则可上升到理论范畴，甚至可被看作"定律"。然而，具有普遍性的假说却不能被绝对证实。在实验中，如果假说能经得起检验，特别是当它符合一般科学理论时，它就会被接受。而当第一次实验或观察的结果不能证实假说时，有时用一种能起澄清作用的补助假说来给矛盾的事实以顺应，而不是彻底地抛弃原来的假说。这种操作其实是一种修正，可一直进行下去。

最后，科学假说与科学推理密切相关。甚至可以认为，科学假说这样的说明性情形，是人类推理中的一个主要概念，它在科学新观点和新发现的产生上是非常有力的。当人们在给这个世界以思考时，常常并不满足于仅仅知道某物就是那种情形，他们还会对某种事实成立的原因给予额外的说明，否则，人对事实的认识似乎就是不完全的。因此，有必要依据证据来提出一些说明性假说，并对之加以推理操作。具体来讲，他们会依据一个假说在回答如"为什么"这种问题上的能力来给出接受那个假说的好理由。这样，就可以认为存在着一种将说明和推理相结合的说明性推理，它是支持假说的。在哲学和科学思想的历史发展及其相关文本中，并不乏见使用说明性推理的例子。例如，佩里（W. Paley）的《自然神学》（*Natural Theology*）和达尔文（Darwin）的《物种起源》（*The Origin of Species*）的结构与论证策略都依据了这种推理[①]。前者根据现存生物体中的样式证据，提出在自然界背后存在着一个强大而聪明的设计者这一假说，由于这个假说在告知我们自然实体为何有其作用和错综复杂的构成秩序方面非常有力度，所以可以在说明上推得这一假说。当达尔文反复地断定自然选择理论和物种统一理论得当地回答了特定的"为什么"问题时，他就在说明上推得了那些理论。从本质上看，这里的论证都是基于说明的，是基于说明的推理。这样的推理是对被考察的各种假说所提供的潜在说明的相对力量的比较判断，而非对说明的本质的判断。这样的说明性判断——在其中，人们寻求对"为什么"问题的回答构成了人类在寻求有关世界的知识时所必须操作的一个重要部分。

总之，科学假说是科学活动的一个重要组成部分，它在引导科学探究及促进科学新发现方面，常会起到重要作用。提出科学假说的目的是进行科学说明，给世界以理解。一旦人们在进行科学说明时提出一些假说，那他们就会在对世界已有理解的指导下，依据这些假说进行得体的推理，从而带来不可预期的科学发现。在对某个事物的出现进行考察时，一个使用假说的人，相比没有这种假说的人常常可以作出许多更为重要的观察。这不仅对假说的提出者很有意义，还可能引导别人富有成效地作出一些良好的发现。例如，沃塞曼（J. Wassermann）证实：他用补体结合试验法检查梅毒这一发现仅是由于有埃利希（P. Ehrlich）的侧链说才得以成功。这种检查法的发展还产生了另一个有趣的情形。由于得不到产生梅毒的螺旋体培养物，沃塞曼采用由梅毒造成的死胎的肝脏提取物作为抗原，他知道这种抗原中含有大量螺旋体。这一方法十分成功。后来才发现，不仅不必采用有梅毒的肝脏，而且采用其他动物的正常器官也能制造出相同的抗原。至于这种抗原为什么能产生补体结合反应以诊断梅毒症状，至今仍是个谜。只有一点是肯定的：完全是一种偶然的设想促使沃塞曼去使用肝脏提取物。虽然至今仍找不出合理的说明，但若不是沃塞曼那种错误却富有

---

① Gliboff S. 2000. Paley's design argument as an inference to the best explanation, or, Dawkins' Dilemma. Studies in History & Philosophy of Biological & Biomedical Science, 31（4）: 579-597.

成效的设想，很可能到现在还没有梅毒的血清检查法。这或许是在疾病研究方面，科学假说的信心终于战胜看似不可克服的困难所表现出的好例子。

第二节　科学说明及其理论模型

没有什么像科学说明那样更能令人心感不安。

——皮尔斯（C. S. Peirce）

说明在科学中是普遍存在的，科学的说明也一直受到人们的关注。这一点由科学的属性和任务所决定。科学探索并不满足于停留在经验定律上，"科学总是试图透过定律到达其背后去找出现象的产生机制"[①]。从日常假说到科学假说都体现了科学对说明的强烈追求。正是科学的这一追求，让我们对世界的认识和理解能力日益提高。我们知道了越来越多的东西，如过去的事件、不可观察的实体及我们直接经验背后的隐性因果机制等。科学的迅速发展，也使科学说明问题开始进入科学哲学的视野，并成为它的一个基础论题。围绕着这一论题展开的讨论具体包括：科学说明的实质及其逻辑模式；科学结论的确证与合法化。就前者来看，佩尔松（J. Persson）和耶里克斯基（P. Ylikoski）在其《再论说明》（*Rethinking Explanation*）一书中指出，"科学说明的本质是科学哲学探讨的一个重要话题"[②]。目前，有关这一论题的哲学研究的最大特征在于，将个别的经验事实及其特征归入一个更为一般的模式中，以获得更深层次的理解。毕竟，在我们的认知方案中，我们并不只满足于对新知识的渴望，我们也着眼于把我们已知的东西合并到一种连贯的总体图景下，从而提高我们的理解。具体地讲，我们有兴趣得到对我们所已知事件的说明，即我们想知道为什么。这其实是对科学说明传统看法的一种抱怨。它认为，科学说明在过去只告诉我们事物怎样发生，而没有说为什么会发生。

所以，尽管科学说明在人们所从事的科学研究中发挥着重要作用，并且人们对它有一种相当强的直观理解，但科学说明的哲学研究被证实是相当难的。科学的思想史表明，当要求给科学说明是什么以定义时，或者要求描述出一个科学说明是好的或差的意味着什么时，人们其实做得并不好。这样，科学说明的哲学研究就成为认识论中的一个挑战性话题。概括地讲，科学说明的哲学研

---

① 柯瓦雷. 2003. 牛顿研究. 张卜天译. 北京：北京大学出版社：21.
② Persson J，Ylikoski P. 2007. Rethinking Explanation. Dordrecht：Springer：ii.

究可以分为两个部分，即"科学说明的认识论"和"科学说明的形而上学"。其中，科学说明的认识论着眼于理解科学说明在人类的推理和知识中的作用。在这里，需要分析的主要概念不是绝对的说明，而是潜在说明的力量，即说明力。科学说明的形而上学则试图通过描述一个理论或假说如何必须与被说明项相关联，从而来描述说明的本质。说明的一种完整的形而上学观念将描述了那些充要条件——在其之下，一个具体的假说可被看成说明了某个具体的被说明项。可以认为，说明的形而上学探讨的目标在于回答这一问题，即"一个假说说明了某个被说明项意味着什么"。自亨佩尔和奥本海姆的经典研究"说明的逻辑"发表以来，很多科学哲学家都寻求对科学说明的一种本质分析。像格雷默尔探讨的必然性、萨尔蒙探讨的统计的相关性、亨佩尔探讨的推理和原因、弗里德曼（J. L. Freedman）探讨的熟悉性、基切尔（P. Kitcher）探讨的统一性、伍德沃德（J. Woodward）探讨的因果性等，都是这些哲学家在试图描述一个理论说明了某一事实的必要和充分条件时所使用的流行概念。尽管几十年来哲学家在试图阐明科学说明形而上学问题上的关注有一定的成效，但他们依然在科学说明的本质及有关科学说明的认识论问题上有很少的共识。

一、科学说明的内涵

如上所述，当前有关科学说明研究的最大特征表现为，将个别的经验事实及其特征归入一个更为一般的模型中。这种模型最终以科学理论形式表现出来。一般来讲，科学理论是对事件及其变化过程的实质性说明。它的重要功能就是对经验事实和经验规律给出合理的理解和预测，而不至于只是让人被动地去接受和遭遇。于是，随着人类对自然的认识，对自然现象的神话说明逐步变更为从现实的物质性世界中寻找原因。例如，古希腊的原子论试图用原子在虚空中的运动来说明事物的变化甚至人类的伦理实践。中国古代的阴阳说用抽象的要素和结构展示物质世界和人类社会的运动规律。它们的共同特征是把现象世界的终极原因归结为一种或几种形而上学的东西。这方面的突出代表就是亚里士多德的"四因说"。亚里士多德认为世界上的事物与现象的存在有其原因。这种说明世界的因果作用模型，可被看成是对科学说明内涵的第一次界定：一个说明之所以是科学的，是因为它是因果性的，探索的是事件中存在的因果关系。然而，在亚里士多德的这一看法上，存在着一些争论，其中最大的争论就是围绕"目的因"展开的。尽管目的因说明有极其自然和令人满意的地方，它似乎满足了我们那种质朴的说明旨趣，但这种目的论说明似乎是用结果来说明原因的。自牛顿以来，这种说明对哲学家来说是不可靠的。用斯宾诺莎（Spinoza）的话讲，它"倒转了自然的秩序"，用后来的事件来说明先前的事件。如果未来事件不存在，它们就不能对原先的事件进行负责。所以，自牛顿以来的科学所接受的原因性说明是直推因观点，直推因指直接在先的事件，它引起了被说明句所描述的东西。

客观地讲，传统说明中具有明显的形而上学成分。摆脱、清除其中的"形而上学"是现代经验论在科学说明上面临的重要任务。有感于诉诸形而上学实体的说明传统根深蒂固，马赫（E. Mach）曾建议，科学不要问"为什么"，而代之以"怎么样"，对事物原因的追问让位于对现象的描述，就可以使科学研究避免陷入实体形而上学的泥淖中。在这方面，弗雷格和罗素等认为，只有绕开针对科学内容的那种形而上学研究，才可能理解科学的探索。这种观点的继承者，都以不同的方式对其加以阐述和发展，从而支配了20世纪的科学哲学研究。其中，有些人主张，应通过纯粹的形式结构来对科学说明进行描述。他们认为，这种形式的结构适用于所有时代的科学。卡尔纳普（Carnap）等人首先对科学说明的一般形式进行了研究。他们试图通过逻辑分析，将科学说明的概念描绘得既精确又有坚实的哲学基础，以便为评定或改进任何实际的说明提供出标准。因此，可以说，科学中有关说明的当代思考，大多是在以卡尔纳普为代表的逻辑实证主义背景下出现的。实证主义在说明上的看法和观点，在接受有关说明的研究上发挥了作用。尤其是自逻辑经验主义的后期成员亨佩尔和奥本海姆，在20世纪40年代提出要阐明"科学说明"这个概念的研究以来，有关科学说明的理论就得到了很好的讨论。

首先，科学说明作为科学活动的重要组成部分，着眼于对科学对象和科学现象的理解。有关科学说明的近来讨论认为，科学说明应具有两层含义：一是它应为科学知识库中的一部分；二是它应成为交流科学知识的一种手段。具体来看，科学说明首先是科学本身所阐述的东西，它是有知识信息的。此外，它还要提供说明，而说明是涉及理解的。正是在理解的意义上，范·弗拉森强调，只有将说明和描述分开，科学才能被看作一种说明性事业①。基切尔将理解和说明予以紧密的关联，以至于在一种说明理论中对这种关联的阐明"应向我们表明科学的说明如何使我们的理解得以前进"②。在这一意义上，我们可将说明看

---

① 范·弗拉森. 2002. 科学的形象. 郑祥福译. 上海：上海译文出版社：137.
② Kitcher P. 1988. Explanatory unification//Pitt J C. Theories of Explanation. Oxford：Oxford University Press：168.

作是科学本身所阐述的东西，因为说明肯定是有关事物根本性质的知识。科学中最为重要的是获得有关各种事件和过程产生的根本条件的普遍理论知识，从而把人的心灵从滋生野蛮习俗和严重恐惧的古代迷信中解放出来。更一般地讲，科学逐步形成了向传统信念质询和挑战的知识氛围。与此相随，在以前不接受系统批判反思的领域，科学采纳了根据可靠的观察资料和对关于事实问题或方针问题的可能假定进行评价的逻辑方法。因此，欧墨（Omer）指出，说明其实是一种断定性论述，在这里，特定的原理都得到了遵守，从而用一个语句的信息内容和逻辑内容间的关系，来得出对一个得体的说明模型来说非常必要的条件。

其次，"科学说明"这一概念至少预设了两个对比：首先，是那些有科学特性的说明和没有科学特性的说明之间的对比；其次，是"说明"和其他东西之间的对比。所以，任何能被称为"科学说明"的解释都应当满足一些条件清单。这些条件是必然的、充分的。当所有的条件都满足时，此清单保证了一种说明的科学适当性。在构成上，科学说明是由两类具有逻辑相关性的句子构成的集合。其中，那些描述待说明事件的句子被称为"被说明句"，那些完成说明功能的句子被称为"说明句"。探讨科学说明的一般形式，实际上就是分析说明句的结构及说明句与被说明句的逻辑联系及其特征。目前在这方面，一种处于支配性地位的哲学理论就是逻辑经验论者提出的演绎－律则（D-N）模型。这种观点强调，理论究竟如何对极其不同的现象作出如此系统化的说明，是一个需要我们回答的问题。在这一点上，它把对某件事的说明看作表明如何从一种逻辑论证中来得出它。

科学家们常常认为，理论能够说明是因为它们是像欧几里得几何学那样演绎地组织起来的系统。因此，科学说明必须是一个有效的演绎论证。亚里士多德曾指出，科学说明建立在演绎论证上。从句法上来讲，说明句在逻辑上蕴涵着被说明句，说明句中必须至少包含演绎实际所需要的一个普遍定律。这个定律实际上承担了一个科学说明的说明能力。它起着把说明句中提到的特定事实和被说明句中提到的特定事实予以联系的作用。如果询问一个具体事件在科学上如何被说明，答案似乎在于我们必须确定许多普遍的概括，或似法则陈述，然后从逻辑上演绎出描述我们想说明的那个令人惊奇事件的语句。也就是说，被说明句所描述的现象处于说明句的预期中。如果我们能从一条或多条定律及边界条件中演绎出待说明事件的发生，那我们就满足了这一要求。

需要指出的是，和数学中的演绎系统不同，科学说明有时是多个假说的集合，因而未必都是演绎的。萨尔蒙甚至从另一个方面认为，并非所有的演绎论证都能被看成是说明。这就意味着，必须对说明的有效性进行考察。需要通过那些从逻辑上导出的可观测结果来对说明加以检验。亨佩尔指出，科学说明必须服从两个要求，即说明的关联得当性和可验证性。其中，前者意味着一个科学说明的说明句对被说明句来说应是适当的，或者说，说明项与被说明项的蕴涵形式是合理的。后者意味着，科学说明要对说明句的内容有所要求。因为科学说明的形式方面并不涉及我们关于生活世界的观点，所以是空泛的。我们对世界的理解，关键是要在内容上体现出来。具体来看，说明句必须是真的，它必须在经验上是可检验的。如果在说明时假说的内容在实验中或其他的数据收集过程中被观测到，那么为这些观测所检验的假说，就暂时得以被接受。满足上述这些条件的一种说明将会提供足够的信息，使人们能够预测被说明语句中的事件或类似的诸事件的出现。经验上的可检验性可用以排除一些非科学的说明，即不能由观察、实验或其他经验数据所确证或否证的说明。客观地讲，科学说明在经验上的可检验性，反映了经验论关于科学知识的认识论承诺，即它的内容必须和经验、事实相关联，能够为某个说明性的假说提供辩护。

当然，还有一些哲学家不只局限于科学说明的因果关系方面，而是不断地探讨科学说明的深层次内容。他们在说明，尤其是定律的说明通常提供的演绎系统条件下，在各种现象的一致中，来寻找说明的本质。布鲁诺斯基（J. Bronowski）在《科学和人类的价值》（*Science and Human Values*）一书中指出，科学所做的就是寻求隐藏着的相似性中的一致性……科学家就是通过探讨这样的相似性来寻求自然外观中的秩序。除了一致性外，人们从科学说明中还找了其他的东西，如目的性。它认为，尽管因果性是科学说明的关键，但它并没有解决有关说明的所有问题。例如，对人类行为与生物过程的说明，就可通过援引其目的来进行。尽管这种观点似乎并不是因果性的，却有时比物理学中的因果说明更能让人满意。因此，从科学说明的目前研究来看，其基本进路有两种，即还原论和活力论。前者是体现一种科学理论与另一种科学理论之间相关关系的观点。它指出，从科学的进化及科学对世界理解的深化这一角度看，一些理论其实只是其他更普遍理论及法则中的一些特例，因而能从它们当中推导出来。如果从这一点来理解科学说明，就可以把科学说明看成是由一些基本的要素、规则、机制等组成的东西，只要得到和弄清这些基本的要素与法则，世界上的一切现象就将得到有效而合理的说明。活力论则非常关注世界的独特性而非统一性，比如，就拿生命现象与非生命现象这样的领域来讲，活力论认为它们是不同的，应当在它们之间存在着明显的界线，不能通过把高级的运动形式还原为低级的形式而使之得到适当的说明。活力论的说明观点强调每个对象都有其特殊的形成原因，都是因其具体原因而导致的结果。说明的还原论观点如何与说明的因果论主张相协调，是一个有待进一步阐述的问题。

科学说明关联到科学发现。它是促进科学发现的一种力量，因为对科学说明的追求及对科学说明这个论题的探讨，必然会涉及推理。比如，物理学对机制有着明显的承诺，所有的物理过程都可以用体现于其中的推理得到说明，从而产生给所隐藏的东西以揭示的结果。这种揭示就是科学发现，它在本质上也是说明性的。任何一种科学发现的成果，其实都是科学说明的一次进步。一个科学发现越具有独创性，就会具有更好的说明力。一般来讲，在提出一种好的说明之后，科学家不仅会感到知性上更适意，而且还经历了一种非常活跃的满意或非常真实的审美愉悦。从这一意义上看，科学说明在特征上有两个非常突出的方面。就第一个方面而言，"理解"一个现象的科学家几乎总处于一种预测的状态。他可以有信心地认为：在如此条件下，某种情形将会发生。如果他有相当完美的理解，就可能会增加这一点：如果你以如此方式来改变条件，那么结果也将以某种方式发生变化。科学说明表现出来的特征的第二个方面则可以直接从前面的评价中得出。因为如果科学家知道如何通过更改参与的环境去改变结果，那么他在完成控制上就会得心应手。控制自然现象，使它们更有效地服务于人，显然是科学的主要目标之一。实际上，如果科学家能预测一个现象并对它予以控制，他就非常可能说他"理解"了该现象。如果他能在数学方程上表达它，并且能把所讨论的现象和一大堆别的现象相关联，那么他就可能令人满意地考察这个说明。就当前来看，科学说明逐步向非常完整、确切、不可反驳的方向发展，像抽象变量中的数、图表和等式被一些人看作构成了所有现象的完整说明。因此，有人主张，科学说明了一切。随着当代科学对物理世界方面的主要关注的成功，人们开始把科学说明转到生物世界，包括所有的精神和感情现象等的论题上，开始对生命的本质进行分析。科学能够说明一切，这一认识越来越变得令人信服和敬畏。

二、科学说明的理论模型

科学始于观察，它追求的是规律、定律、定理及具有普遍性的理论。因此，在科学说明中，一个重要的概念就是合法性。在许多情况下，科学说明的实际目的不在于说明某事为何必然发生，而是力图说明某事的发生是"合乎情理"的。从这种意义上看，科学说明的真正意图就是为"被说明项"作辩护。正是在这样的辩护中，科学体现出了自身的价值性。一般来讲，如果一个说明能做到让人确信被说明项是"合乎规律的"，那就可被称为令人满意的科学说明。科学说明的"合法性"需由在科学说明实践中所确立的一些理论模型来体现，因为这样的模型都依据着说明的某种属性或说明的某种优良性确立起来，来给说明的实质以特定把握。所以，要理解科学说明，探讨这些理论模型是非常有必要的。

从本质上看，形成有关对象世界的科学说明理论是科学的重要目标之一。在科学研究中，人们常常着眼于发展出某些尽可能被广泛使用的说明理论和普遍方案。之所以这样的原因在于，科学的说明理论能被用来给科学说明是什么以描述。同时，它还充当了体现科学说明应当怎样的一种模型或设想。首先，科学说明的理论模型是对说明性信息的持久存储，它将在针对科学说明的那种最有前景的客观主义阐述中发挥作用。比如，在科学说明中，一种常见的简单模型就是公式。使用公式来进行阐明和定义，会比其他阐述更加准确地"拟合了"某些自然过程。这种模型的便利之处在于，它们通常会进行一些必要的简化操作，忽略某些人们已经了解到且和模型中提到的其他变量相比无足轻重的原因变量，从而在即使我们知道世界上的事物与它们并不真正符合的情况下，仍可以将其看作是一种有效的表述手段。其次，科学说明的理论能够体现说明作用的一般操作就是识别出引起可观察现象背后的不可观察过程或机制。由于科学致力于提出一种与我们的经验有明显逻辑关联，并能完成检验的客观世界的观念，所以科学说明就得满足必要的关联性要求，尤其要提供被说明事件自身所表现出来的那种关联性。也就是说，对所说明现象间的逻辑关系的寻求是科学说明必然要涉及的。就像弗里德曼认为的那样，现象间被把握到的那种"给被说明的现象以理解"的关系，是"科学说明的主要问题"。[①]客观地讲，这里的"关系"，实际上就是科学说明的理论赖以形成的那种支配自然变化的潜在机制。

在理解科学说明时，诉诸法则至关重要。因为科学说明的核心在于实现科学理解。而有效的科学理解包含着让被说明项去适合一种更广泛的法则和法则网络。这具体地通过把被说明项与一套从属于被说明项的自然法则相关联来实现。就法则而言，亨佩尔认为，它是古典科学在抽象逻辑或数学研究上所提出

---

① Friedman M. 1974. Explanation and scientific understanding. Journal of Philosophy，71（1）：13.

的一个概念。法则是满足特定条件的规则，它们构成了一种公理系统。这种系统和那些充当了把该系统应用到一组自然过程中的方法，一同构成了我们的知识。一个系统被应用时，往往会给什么构成那个领域的知识以确定。这样，在以说明形式给出有关自然中令人惊奇现象的知识时，就会常常涉及法则。逻辑经验论者认为，法则并不隐含地或明确地指向特定的对象、地点或时间。而是具有这样形式的命题："所有的 A 都是 B"或"如事件 E 发生，那么事件 F 就发生"。基切尔在论述这一点时，认为说明是命题间的一种关系，它和推导密切相关。所以，理解科学说明时，有必要关注说明句中所包含的法则和定律。比如，在对彩虹的说明上，我们可以给出这样的说明，即彩虹现象是作为太阳的白光在诸如产生于云层中的球形水滴中的反射和折射的结果而出现的。这样的说明用有关光学定律可被表述为：每当喷雾和薄雾水滴为观察者后面的强烈白光所照亮时，就会预见到彩虹的出现。在这里，即使我们没有见过彩虹，由物理定律所提供的说明性知识，也会构成预知或相信彩虹将在特定环境下出现的良好根据。我们将此称为科学说明的得当性要求，即所引证的说明性知识提供了很好的理由。依据进行科学说明时所主张的思路、模式和法则，可划分出科学说明的几种理论模型。

1. 科学说明的因果模型

有关科学说明的第一个被普遍接受的理论模型是因果模型。依照这种模型，世界上的任何事物与现象都有其形成原因和结果，事物就是一个在特定原因作用下由潜在变成现实的结果。亚里士多德认为，说明在于发现某事物为什么发生及需要回答其原因的"为什么"问题。所以，说明的模型形成主要应基于因果性关系。在他看来，因果性知识是一类高级知识，这种知识能被称为科学。他强调，在给事实以理解和给为什么的原因以理解这两个问题之间，存在着明显的区别。后一类理解，把说明看作与发现现象的原因密切相关。尽管两类理解都通过演绎三段论来进行，但只有后者是科学的，因为它涉及那种为所有的因果序列都共享的定律。这样的定律之所以能起到说明的作用，就在于它们报告了因果相关性，或者自然界中的某种和因果有关的必然性。亚里士多德通过比较以下两种演绎三段论，阐述了这两类理解间的差异：

（1）行星并不闪烁；不闪烁的东西是近的；因此，行星是近的。

（2）行星是近的；近的东西是不闪烁的；因此，行星是不闪烁的。

亚里士多德认为（1）论证了这一事实，即行星是近的，但并没有给它以说明，因为这并没有阐述它近的原因；相反，（2）是说明的，因为它给出了行星不闪烁的原因，即它们是近的。像（2）这样的说明性三段论在形式上类似于像（1）那样的非说明性三段论。两个都是这种形式的证明性论证：所有的 F 都是 G；所有的 G 都是 H；因此，所有的 F 都是 H。它们之间的差异在于"中项"G。在（2）而非（1）中，中项陈述了一种原因。就像亚里士多德说的那样，中项是原因，并且在所有情形下，它都是人们所寻求的原因。到笛卡儿，因果性说明得到了进一步的发展，认为说明应通过把被说明的事件归入常见的法则之下来进行。如果科学说明是因果的，那么它肯定包含或假定了法则。以玻璃的易碎性为例，在这个事件背后，存在着一个支持它的法则。这个法则体现了易碎的玻璃分子结构和它被撞击后粉碎之间存在的那种因果关系。就像休谟强调的那样，因果性就是由法则制约的序列，每个因果序列都受法则的制约。因果关系只有在一个或多个法则把相关的事件纳入其中时，才能成立。由于除了以例证所表现出的普适的法则外，所有因果序列并没有其他观察上可以探测的共同的、特别的性质。所以，容易得出科学说明需要定律这一结论。例如，要想知道天空为什么是蓝色的，人们就需要关于边界条件、定律等方面的信息。相关的边界条件包括地球大气主要由氮和氧的分子组成的事实。气体分子会按英国物理学家瑞利提出的一个数学方程来散射照射到它上面的光，这已成为一条定律。任意波长的光被一种气体分子散射的量，取决于其"散射系数" $1/\lambda^4$，即 1 除以其波长的 4 次幂。由于蓝光的波长是 400 纳米，其他可见光的波长要比它长些，所以蓝光的散射系数要比其他可见光的散射系数大些。这样，地球大气的分子向地面散射更多的蓝光，而其他颜色的光则要少些，于是大气看起来是蓝色的。

科学说明的因果模型主张，说明一个现象就是给出相信这个现象如何出现的原因[①]。比如，恐龙为什么在 6500 万年前消失？在这里，我们对一个说明的要求似乎等同于什么引起了那种消失。此外，我们还需知道，对一个说明来说，什么样的因果信息才能使它成为一个好说明。像旗杆的长度能成为阴影长度的一个好说明，这在于阴影由阳光和旗杆之间的相互作用引起。可以说，这既是该情形下的因果性方向，也是说明的方向。说明是有方向性的，我们可以用旗杆的长度和太阳的位置、光学法则等来说明阴影的长度，但我们不能反过来用阴影的长度说明旗杆的高度。在这个观点中，还体现着这一点，即说明会给出

---

① Hempel C. 1965. Aspects of Scientific Explanation. New York：Free Press：337.

我们相信一个现象如何成为可能的理由。一种非常令人满意的说明常把一个似乎偶然的现象，看成在某种条件下是必然的，这似乎真的为相信它出现提供了强有力的理由。而且，因果模型认为，在科学理论的说明应用和预测应用之间存在着一种自然的联系，因为在这两种情形下，理论将通过给信任提供根据来发挥作用。

既然人们通常认为科学说明应以"因果性"关系为基础，那么对"因果性"这一概念进行具体的分析将是有益的。近来，科学哲学和人工智能领域都给"因果性"以大量的关注。尤其是在因果模型语境下，有关因果性的研究引起了对因果关系的阐述。例如，萨尔蒙曾以统计上的关联性阐述了说明。这样的关联性也许是重要的，因为它们给潜在的因果关系提供了证据。然而，他和其他哲学家一起，逐步认识到统计上的关联本身不能充分地阐述说明：一种充分的阐明将要求把因果性也考虑进来。这就有可能使说明可以用这些阐明的形式来得以描述。在"因果性"的讨论上，人们时常将其与"充足理由律"相等价。充足理由律是相信对每一事件都存在着使它这样而非那样的充分理由。这对科学说明来说是一个相当强的表述。因果性的一种较弱表述是"事件之间的联系性"，即相信"任一事件的发生总是与另一些事件相关联"。这样的认识把确定性法则看成是涉及属性的持续关联。休谟就有过这样的看法，他曾把因果性关系还原为相似性关系、暂时的连续性及空间上的临近性。在这里，"因果性"表现出这样的特征，首先，它是"单向性"的。无论是从时间上说还是从逻辑上说，对"原因"和"结果"的谈论必定包含着由"原因"到"结果"的先后次序，这种次序是不能颠倒的。其次，"因果性"隐藏着"必然性"，我们不能把完全不相关的事件看作具有因果关系。也就是说，我们相信原因与结果之间的联系并不是随意的、易变的，而总是有章可循的。但需要指出，这种"必然性"与充足理由律并不等同。科学说明往往只是找出内含着必然性的联系，而不是去找内含于必然性的联系。这就意味着，在科学说明所提供的"联系"中，总应该包含必然性的因素，但也难免有偶然性和不确定性。这样，在科学说明中，除非是对于"理想状态"的思想实验，对于任意一个现实的、具体的现象来说，要对之进行"科学说明"，罗列出真正的"充分必要条件"，往往也是做不到的。科学说明只能做到尽可能地使理由"充足"，从而令人信服。

那么，究竟如何体现科学说明论题下的因果关系的"必然性"？在那些从科学说明所报道的因果关系中寻求因果说明本质的人看来，这样的关系越来越多地可以以认识的统计方式来把握。例如，吸烟和肺癌间的关系，以统计学的方式来表达，就成为吸烟使患肺癌的概率增加 40%。但这一点被认为体现了因果关系。从实质上看，因果性是事件间的一种关系。相信存在着因果性就是相信，对任何事件而言，总能找到一个与之密切相关的事件。在这里，我们用"可能世界"表示可能出现的各种事件，因果关系中的所谓"必然性"，指的是从"凡事都能找到原因"的角度考虑：对任意可能世界 $w \in W$，若 w 是现实的，必然至少存在一个 $w' \in W'$，w' 是现实的；或者，从"凡事都会产生结果"的角度考虑：对任意可能世界 $w' \in W'$，若 w' 是现实的，必然至少存在一个 $w \in W$，w 是现实的。这样，我们就可以称 w 与 w' 之间的关系为"因果性"，可能世界集合 W 与 W' 之间的关系为"必然性"。也就是说，对任意两个被认为具有"因果关系"的事件而言，"原因"对于"结果"既不是充分的也不是必要的。当 $w \in W$ 成为现实时，W' 中可能是 w' 也可能是其他的 w'' 等成为现实；当 $w' \in W'$ 成为现实时，也可以追溯到多种不同可能的"原因"。但毫无疑问的是，在这种设计中，w 与 W' 之间确实存在某种重要的联系。按照上述思路，对科学说明的思考过程就成为：

（1）试图说明现象 a；

（2）找出一个包含现象 a 的类"A"；

（3）存在着一个普遍定律 f：事件类"B"到"A"间存在"必然性"的联系；

（4）有一个或一组事件 b 属于 B；

（5）实际发生了 b；

（6）因为 b，所以 a。

尽管因果说明的理论模型曾一度是科学说明方面的流行看法，然而，在这一观点上仍然有些争论。首先，存在着一些并没有诉诸因果模型的科学说明，如我们在前面提到的目的论说明。同时，还存在着不提及有关因果法则的巧合性说明。例如，当一个弹球碰撞另一个致使它运动，认为这是因果的，没有问题，因为在这两者之间存在着将原因与结果相连接的运动力学定律。与此不同的是，当足球守门员戴着手套，成功地挡住了一次射门，这则是一个巧合而非因果的。因为它并不要求我们在提出任何一个因果性主张时，需要知道一个或多个连接原因与结果的定律。在科学说明中，我们也可以这样做，在即使不知道相关定律的情况下，去认为某些陈述提出了原因。

其次，因果性概念就像说明一样有问题。把因果性看成是说明的关键并没有解决有关说明的所有问题。从总体上讲，因果模型并没有说明这一区别，即知道一个现象出现和理解它为何出现。按照这一模型，理解现象为什么出现其实就是有理由相信它会出现。但一般而言，当我们知道它出现的时候，我们已经拥有了这样的理由。因此，在我们寻求一个说明时，我们不只是在寻求我们相信它的原因。同时，我们还需知道，对一个好说明来说，有关因果的何种信息是需要的。说明可能为相信提供了理由，但这还不够。因为原因常常如此之多，很多说明根本不能为相信那个现象出现提供任何真正的理由。就像利普顿所举的例子那样，假如你问我在我房前的雪地上为何有些奇特的痕迹，看到这些痕迹，我可能会向你解释有人穿着踩雪鞋刚从这儿经过。即使我没有看到这个人，这也会是一个很好的说明。我相信我给出的这个说明的根本原因在于那些痕迹的存在。这其实是一类"自我验证的说明"。[①] 在这类说明中，存在着一种特别的循环性，穿着踩雪鞋走过的人说明了雪中的痕迹，同时这些痕迹又给有人从这里通过以证据。然而，自我验证的说明表明了说明的因果模型有问题，因为把现象看成相信说明有误的原因之后，就会把说明看成是相信现象的原因。换句话说，如果因果模型正确，那么自我验证的说明就是不合理的。然而，自我验证的说明在现实中是完全能被接受或者说是普遍存在的，所以因果模型是错误的。对说明来说，给出相信某事的原因既不是必要的也不是充分的。于是，就出现了一种替代因果形式来对说明进行分析的模式。

2. 科学说明的覆盖律模型

在说明中，"法则"这个概念常常会起到非常重要的作用。由于被引用的法则常常会给被说明项以"覆盖"，它将为被说明的事件有望出现这一预期提供很好的理由。因此，在说明的阐述上，存在着这样的看法，认为凡是包含着法则的论证方式，都可以被看作有关说明的覆盖律模型。很多哲学家认为，使用覆盖律模型就可以彻底解决说明的所有问题。目前，说明的覆盖律模型包括演绎-律则模型及与之相关的归纳-统计（I-S）模型和假说-演绎（H-D）模型。

科学说明的演绎-律则模型最先由亨佩尔和奥本海姆在一篇论文中提出，后来又得到进一步发展。这一模型与因果模型密切相关。它是说明的因果理论的最大竞争者，避免了因果模型的一些缺点。首先，与科学说明的因果模型不同的是，演绎-律则模型考虑到了以自身为证据的说明，即认为使我们演绎出现象的那些前提，常常也给我们提供了相信这个现象出现的原因。其次，在对知道

---

① Hempel C. 1965. Aspects of Scientific Explanation. New York：Free Press：370-374.

和理解之间存在的那种区别的说明上，演绎-律则模型同样要好于因果模型。我们知道一个现象出现却又无法理解它为什么出现的原因在于，我们通常并不知道那些蕴涵现象的法则和前提。而演绎-律则模型能给我们提供这一点。因此，演绎-律则论证至少给了我们一些新的内容。除此之外，演绎-律则模型也是最重要和最有争议的说明模型。长期以来，有关科学说明的哲学文本几乎都由演绎-律则这种理论模型所支配。当代有关科学说明的讨论，其中有相当一部分是内格尔、亨佩尔等支持这一模型分析的人与汉森（N. R. Hanson）、图尔敏（S. Toulmin）、费耶阿本德（P. Feyerabend）等批判这一模型的人之间的对话。在亨佩尔看来，"说明是一种大意为这样的论证，即被说明的现象，凭借特定的说明性事实而被得以预期"①。尽管在给说明以模型方面，亨佩尔之前已有很多先驱人物，如波普尔、密尔，但亨佩尔是让说明变得精确的第一人。正是那种试图给说明提出一种逻辑上精确定义的事业心，形成了对科学说明中各种问题的洞见——这些问题并不具体针对物理科学，而是涉及普遍的说明概念。可以说，这是逻辑经验主义把逻辑重构方法引入科学哲学中所取得成果的一种例证。

亨佩尔的演绎-律则模型是说明需要遵从的最小要求的一种充分论述。按照这一模型，我们对某一现象的说明是通过把它从一组前提中演绎出来而实现的，这组前提至少包括演绎时所必需法则中的一种。②这种模型是想把握单个事件的任何确定的科学说明形式。它认为，科学的说明包括两个主要部分：一个是被说明项，即"描述了将被说明的现象"的语句；另一个是说明项，即那类被拿来说明现象的语句。③对说明项来说，要成功地给被说明项以阐述，就要达到以下条件。首先，"被说明项必须是说明项的逻辑结果"，并且"构成说明项的语句必须是正确的"。④这就意味着，说明在形式上应是这样的，即在一个得体的演绎论证中，被说明项是能从说明项所包括的前提中得出的结论。这是演绎-律则模型中的"演绎"部分。其次，说明项必须至少包括一个自然法则，并且从如果缺失这个前提，那么被说明项的衍推就无法有效这种意义上讲，说明项包括"自然法则"必须是这种衍推的一个基本前提。这是该模型的"似律性"部分。说明的演绎-律则模型体现出明显的必然性要求，对法则和蕴涵关系的诉求，其实就是它把握必然性在说明中的作用的那种尝试表现。

---

① Hempel C. 1965. Aspects of Scientific Explanation. New York：Free Press：335.
② Hempel C. 1965. Aspects of Scientific Explanation. New York：Free Press：336.
③ Hempel C. 1965. Aspects of Scientific Explanation. New York：Free Press：247.
④ Hempel C. 1965. Aspects of Scientific Explanation. New York：Free Press：248.

在形式上，科学说明的演绎-律则模型是这样的：

C_1，C_2，C_3，$\cdots$，C_n

L_1，L_2，L_3，$\cdots$，L_n

$$E$$

其中的前提 C 和 L 是两类陈述，它们分别表示最初的条件和似法则的概括。而 E 这个结论则意味着被说明的事件。在这里，科学说明中的说明句应包括普适性的科学定律。当被说明句描述一个或一类经验性事件时，说明句还要加上描述初始条件或边界条件的语句。从亨佩尔给出的上述论述中可以看出，演绎-律则模型把说明看成是特定形式的论证。这样的说明，总是从一组至少包含着一个科学法则的命题陈述中，演绎地推导出被说明的事件。在这种意义上，覆盖律理论把说明看成非常类似于预测。换句话说，对一个确定事件的说明总是一种得当的、包含着法则的演绎论证，它的结论是被说明的事件出现过。

此外，有必要把和演绎-律则模型有关的归纳-统计模型和假说-演绎模型提出来。亨佩尔曾预料到需要发展在概率上和演绎-律则模型相对应的观点，这就是说明的归纳-统计模型。他认为，演绎-律则和归纳-统计这两种说明模型具有相同的结构，像演绎-律则说明一样，归纳-统计说明也是一种包含着法则的论证，它预期被说明的事件可能会出现。就说明而言，主要的提议是这一主张，即说明某件事就是给出有关它如何被引起的信息，而归纳-统计是发展起来的一种使用概率理论来阐述这一点的深邃分析。说明的归纳-统计阐述，在很多方面对应于说明确定性事件的演绎-律则阐述。两者间的唯一差别在于，演绎-律则说明中的法则是一种普遍概括，它将成为蕴涵着被说明项的演绎论证形式。而归纳-统计说明中的法则在形式上表现为统计上的概括，是一种给被说明项以高概率的归纳论证。

假说-演绎模型是另一种与演绎-律则模型有关的说明模式。萨尔蒙指出，在有关说明问题的争论开始之前，很多人就已认为用覆盖律模型可以解决说明的所有问题。而现在，大多数人则认为科学说明不只是从普遍的假说中进行推导，而且还要对其加以确证。科学说明的假说-演绎模型就体现了科学的理论化与科学检验之间的这一关系。依据亨佩尔的理解，假说-演绎模型和演绎-律则模型是同形的。[①] 因为它们拥有一个共同的基本预设，即理论的演绎本性和预见

---

① Hempel C. 1966. The Philosophy of Natural Science. Englewood Cliffs：Prentice-Hall：chapter 2.

本性都非常重要。假说-演绎模型认为，可以通过从一个假说演绎出的证据（资料）来表明证据（资料）支持了假说。当一个假说或理论与其他陈述共同在演绎上蕴涵着一个证据（资料）时，就会得到证据（资料）的支持。更进一步讲，假说或理论作出的成功预测，会给它们的合理性以支持。这样，假说－演绎模型就体现了理论如何协同可经验或可观察的内容来给出一种说明的情形。具体办法为：把理论当作被演绎地组织起来的假设性概括，然后从中推导出一些东西，并用这些推导出来的内容来给假说性的概括加以确证。因此，假说－演绎模型其实是对理论与经验如何撮合在一起的解释，它有许多吸引人的地方。首先，它考虑到诉诸那些有关不可观察实体和过程的假设的支持。这样，即使一个假说因为事件是不可观察的从而不能被事件所支持，它也能被事件的那种可观察的逻辑结果所支持。其次，这个模型能让我们把对演绎的说明指派给对归纳的说明，这是一个引人注目的可能，因为我们对演绎原理的理解要比我们对归纳原理的理解透彻得多。最后，假说-演绎模型似乎真的反映了科学的活动，这大概就是它成为科学哲学探讨内容的缘由。当然，假说-演绎模型还存在一些缺点，主要表现为：假说-演绎模型只是为了强调，即使形式标准存在，它们也不能独自把可能性授予服从它们的说明；另外，它在假说的证据上有些宽容，几乎把所有的证据（资料）都看成是假说的证据。

对科学说明的演绎-律则模型及与之相关的模型有了进一步的认识后，我们再来探讨演绎-律则模型的不足和缺点。客观地讲，演绎－律则模型在当前面临着一些批驳。首先，有反驳认为，这一模型太强。尽管有些科学说明渴望获得演绎-律则地位，但完全满足这个模型要求的说明是比较少的，很多并不包含法则且不允许演绎的日常说明，并非都是不完全的或只是个概要。其次，有人认为这个模型有点弱。就像假说-演绎模型留下的由可用证据（资料）证实的那些假说并不确定那样，演绎-律则模型也不能对某个给定现象的那类可接受说明进行确定。这方面的主要反驳是：琐碎性——亨佩尔的阐述考虑到了事实自身的"说明"；优先性——一个事实可被演绎地归到几个独立的法则之下，但这些法则中只有一个可能真正说明了事实；对称性——一个法则可能阐述了特定事实间的一种对称关系，因此 X 可能从加上 Y 的法则中推出，而 Y 可能从加上 X 的法则中推出，因此亨佩尔的模型允许每个事实去说明另一个。其中，说明的相关性和非对称性是对这一模型的著名批驳。[①] 这两个问题，揭示了发展一种不

---

① 范·弗拉森. 2002. 科学的形象. 郑祥福译. 上海：上海译文出版社：152.

提及因果关系的说明理论的困难。

在克服亨佩尔提出的对说明的演绎-律则和归纳-统计阐述方面的困境上，哲学家们投入了大量的努力。亨佩尔也对此进行了反思和回应。首先，即使覆盖律理论无法成为科学说明的一种普遍阐述，但不能认为所有的说明都不拥有那种由覆盖律理论所描述的形式。其次，上述反驳提出了纯语用的问题，即算作科学说明的东西随语境而变化，说明并不是某种内在于科学的东西，而是人们考虑科学理论并用它们回答科学讨论之外问题的东西。他的模型支持了很多被证明是无用的说明，但一个说明是否具有实际价值，在亨佩尔看来，是某种可以由哲学分析来决定的事。尽管这是一个非常有说服力的回答，但它并没有被普遍地看成是一个适当的回答。因此，几乎所有着眼于改进亨佩尔理论的后续努力，都接受了上述批评是合法的。另外，亨佩尔的模型需要一种使用了至少一个法则性概括的说明。他仔细地将法则性概括和偶然性概括进行了区分，认为后者是可能为真的概括，但这种真并不是因为自然法则。例如，"我的全部衬衫都沾上了咖啡"可能是真的，但我希望这只是一个偶然的事实，而不是一种自然法则。在科学哲学中，尽管认为说明就是把事件归到自然法则之下这一覆盖性主张具有广泛的吸引力，但这一要求能否变得和亨佩尔在说明上的认识观点相一致，则应受到怀疑。原因很简单，在于没有人阐明一种认识上得体的标准，以把似法则的概括和偶然的概括区分开。从本质上看，这其实就是休谟的归纳问题，即并不存在有限数量的观察去证明自然中的规律在于一种自然的必然性这一主张。在缺乏这样的标准时，亨佩尔的模型似乎违背了说明的认识观点及说明能以纯粹的逻辑形式来被理解这一观点的精神。

三、科学说明发展的当代特征

尽管我们可以基于科学说明的模型来设想当代科学说明发展的理想进路，然而，要提出一种概括、规范的说明模型，似乎是有难度的。因为以上考察的说明模型，只是把握了说明的某些个别之处：一些说明表明了事物必须按它们所应当发生的形式出现，一些说明是从法则中得出的演绎，一些说明表明了事物是如何关联在一起的，还有一些说明则给出了确信的理由。然而，实际上，有些说明可能根本没有这些特征，有些说明则具有上述的所有特征，却没有一个能被接受。所以，并不存在一个给我们的说明活动以非常普遍描述的理论。科学说明依然是一个引起相关讨论的话题，并形成了一些相互竞争的看法和策略。我们可以把说明理论的当前发展看成在很多方面反映了自逻辑实证主义衰落以来哲学分析的碎片化状态。具体来讲，在有关科学说明的当前发展上，表现出以下几个特征。

1. 注重说明的语义分析

历史地看，说明是和因果有关的。很多人以因果方式来思考说明，他们认为，说明一个事件或现象就是确定它的原因。因此，因果本质就成为说明的长久问题。沿着这一线索，人们可以合理地尝试反思说明的本质。首先，这一线索形成了一种探讨说明的公理化进路。它承诺公理化可以解释这一点，即理论是如何通过揭示潜在的机制来进行说明的。公理化进路常常具有形而上学上的吸引力。例如，可以认为宇宙的底层在构成上和运动上是简单的，一切更复杂事物的多样性，都是事物在底层上的简单性的结果。这一论题意味着，关于各个层次的因果定律都存在着成真的理论，每一层都依赖于更简单的对象、更小尺度、定律数量更少的层次，根本性的定律蕴涵不太根本的定律。这是一种通向下述结论的简明步骤：应当存在唯一正确的关于这种理论的公理化，此理论反映了实在的结构。

但随着科学哲学在 20 世纪的发展，说明的概念开始受到更为严格和更为具体的分析。有人强调，应对说明、证据、知识、真理等科学的真正概念进行分析，特别是对它们的"意义"进行分析，可以通过这个来理解科学探索及其结果的本质。这一点既是哲学的语言学转向的结果，也是科学哲学家试图理解现代理论科学本质的结果。倡导公理化解释的逻辑经验论者不会表达上述公理的形而上学观点，因为他们试图避开有争议的形而上学争论。在这里，不太讨厌形而上学的哲学家会发现，这样一种观点的动机是采纳理论的句法模型；相反，拒斥这样一种形而上学图景的哲学家可能找到了一种理由来采纳理论的语义进路。所谓语义进路，就是试图通过考察指称、真理、意义等概念来说明实在论问题。它并不承诺任何潜在的简单性，也不试图把并不根本的理论还原到更为根本的理论上去。就理论来看，它最初应是一组假说，是反映某种相似性和统一性的一组模型，在不同程度上满足了世界上的特定事物的集合。同时，理论也是一组越来越复杂的模型的集合。有人认为它是形式定义加上关于世界上什么样的事物满足这些定义的一些主张。他们把这样的分析称为对科学理论的"语义"解释。这种解释的优点在于，它在某种程度上关注科学中模型的作用和重要性。从语义的观点来看，假说和理论是可以用任何语言来表达的命题，它们的效用是世界或其中的某些部分在某种程度上满足一个或多个模型。模型一般依据定义而为真。比如，理想气体根据定义只不过是其行为符合理想气体定律的气体。关于模型的经验问题或事实问题是，它是否足以在科学上有用地"适用"于某物，以至于可以说明和预测其行为。像足以适用于或充分满足于太阳系的牛顿模型就是一个假说，它在科学上能适用于某物。

语义进路的另一个优点在于，它能克服公理化进路的缺点与不足。在科学的某些领域，对一些定律而言，可能并没有合适的公理可用，或者公理化可能不成熟，这就限制了正在表达中的思想的发展。因此，在这种情况下，建议一个领域的思想可以或者应当以公理化的方式进行合理重构，可能是没有好处的。有人声称生物学中的进化论就与此类似。也就是说，这一领域的变化是很快的，难以把它的内容形式化为一种标准的表述。种群生物学中的许多孟德尔模型和后孟德尔模型都被放在了一起，称为进化论。但按照许多生物学哲学家的看法，在理论上还不曾有比这些模型更为普遍的东西。当我们试图把自然选择理论抽象成一种公理系统时，常会受到进化生物学家的拒斥，认为这不足以完全适当地反映达尔文理论及其后来推广的丰富性，尤其是竞争有机体之间的最适者生存和繁殖的理论观点，容易丧失其说明力。如何定义适合并使理论的公理化不至于平庸，还是一个难题。似乎并不存在一个一致认可的、囊括了进化生物学家提出并采用各种遗传模型的进化论结构。这些理由促使生物哲学家接受了语义观点，认为它更恰当地捕捉了生物学中理论的特点。

尽管公理化解释和语义进路在侧重点上有所不同。但在理论所涉及对象的存在上，它们有着共同的承诺。语义进路告诉我们，分享某些共同特征的一组模型被世界上的事物所满足，理论就是这样的实质性主张。它是构成模型的一系列定义加上这样的主张：存在着事物，它们充分好地实现、满足、体现着这些定义，使我们能对其行为的预测达到某种精度。把一个模型用于真实的过程是这种实质性主张的真理性本身所固有的承诺。但这种主张不能只是用来组织我们经验的一种工具或有用的器物。因此，像公理化解释一样，理论的语义进路对科学中普遍主张的真理性负有责任，担负着给理论如何为真以说明的责任。

2. 关注说明的动态特性

与那些围绕着理论及方法来阐述说明的做法所不同的是，有些哲学家喜欢以一种基于人们实际上从事说明的那种方式，来确立说明的理论。例如，阿钦斯坦挑战了来自亨佩尔和萨尔蒙的著作中的那类有关说明的类似观点。他的基本看法是，在概念上优先的是说明活动，活动的结果只能以指称这样一种活动的形式来进行分析。他给说明活动以这样的分析：通过说出某个语句 u 来说明 q，就是以一个人这样做时的意向说出 u，通过形成那种被 u 所表达的知识命题使 q 可理解，这是对 q 的一个正确回答。那么，理解 q 是什么呢？有人可能说某个人理解 q 当且仅当他能在原则上说明 q，但这肯定是明显循环的。然而，阿钦斯坦认为他的阐述能避免循环，并认为能通过独立于说明性的概念来给理解以阐述。①

在科学说明的理解上，范·弗拉森提出了一种称为"建构经验论"的观点，认为理论能够实现说明的作用。理论科学能够实现说明的原因在于，它可被正确地解释为一种模型建构的创造过程，而不是一个识别引起可观察现象的不可观察过程或机制，以发现有关不可观察世界中真理的过程。在避免逻辑实证主义那种致命的过分性的同时，他强烈地反驳了对理论术语的实在论解释，认为当代科学实在论建立在一种对说明的本质的可怕误解上。在对他的建构经验论进行阐述时，范·弗拉森认为，说明并不是在所有科学中都普遍存在的特殊关系。他提出了说明的认识理论，这种理论利用了为什么问题的逻辑和对概率的一种贝叶斯式解释。像亨佩尔那样，范·弗拉森试图把说明作为一种纯粹的逻辑概念来阐明。然而，这样的逻辑关系并不是结论的前提，而是如何去回答的问题。因此，他提出了说明的一种"语用的"陈述，在其中算作说明的东西将随语境而变化。因此，范·弗拉森并不认为说明是某种内在于科学的东西。他否认科学推理包括对理论的说明力的评价，而是认为说明是人们考虑科学理论并用它们回答科学讨论之外的问题。尽管范·弗拉森的说明理论以把说明看作一种交流过程这一观点为基础，但他仍把说明的概念阐述为问题和回答之间的一种逻辑关系，而不是作为两个人之间的日常交流关系。日常语言哲学倾向于强调后者，拒绝传统的认识论和形而上学，从而关注有效交流的要求。该学派认为，哲学问题的出现并不是因为日常语言有缺陷，而是因为我们在某种程度上忽略了语言的交流功能。一种基于认知科学的方法则认为说明是一种纯粹的认知活动，并主张说明是一种源于这种活动或在这种活动中有所帮助的特定心理表征。在认知科学中，争论的焦点在于，说明应被看成是信念修正的过程和结果还是被看成在一个神经网络中模型的活化。

有人认为，当前哲学家在说明的本质上的分歧近乎令人绝望。然而，在我

---

① Achinstein P. 1983. The Nature of Explanation. New York：Oxford University Press：ii.

们看来，并非这样。大多数科学哲学家认为我们现在对说明的理解要远比亨佩尔那时的理解好得多。迄今为止，有关说明的争议和分歧基本上可被归结为两类。首先是形而上学的分歧，即在接受一个说明上，一个人应作出什么样的本体论承诺。实在论者和反实在论者对此持有不同的意见。其次，存在着元哲学的分歧。自然主义者和非自然主义者仍就有关说明的哲学理论进行研究时的适当性存在着争议。这些争论尽管不可能很快得以解决，但幸运的是，对说明的逻辑和认知结构的进一步研究，并不以那些争论的解决结果为前提，而是从活动方式的视角来关注说明，让有关说明情形的研究成为一种扩张性的研究。毕竟在 A 中的一个好说明的标准未必在 B 中是充分的，因而应以一种多元论的观点来看它。这种研究的哲学家要得到科学说明的更深认识，就需要更多的资源。当前，这种对更多资源需求的具体表现就是语境论的观点。该观点主张，科学说明的本质及好说明的标准部分地依赖于说明的语境。因为对最佳说明的确定，常常依照着对照类来进行。在说明某个人为什么会那样做或在说明为什么会出现那样的情形时，可以通过假定出特定的事件，来更好地表明他那样做或出现那种情形的原因。范·弗拉森把主题与对照类之间的这种关系称为"相关关系"。科学家在提供说明时，他们所接受的理论与实验方法也确定了一种相关关系。正是对这种关系的采用，让说明成了科学的说明。比如，就吸烟和肺癌间的关系而言，由于某些吸烟者没有患肺癌，而某些肺癌患者从不吸烟，所以在这些事实如何与"吸烟致癌"这个陈述的正确性进行调和的说明上，就可以作出这样的提议：吸烟致癌，当且仅当在我们已掌握的所有背景条件下，吸烟与低于平均值的肺癌偶发之间没有相关性，而在一个或多个我们所掌握的背景条件中，吸烟与肺癌较高的偶发性之间是相关的。这就是语境的，它具有明显的动态性。在科学史上，库恩（T. S. Kuhn）就曾提出过这样的看法。他曾把牛顿的引力理论作为例子。假如牛顿对引力的处理并没有给出直觉上的机制而只是一种数学上的关系，那么牛顿的理论是否说明了物体的降落？有些回答是否定的，但随着时间的演变，牛顿观点的一部分，即正确的数学法则真的可算作说明。因此，库恩认为，说明的观点将随着我们的科学观点及有关宇宙的变化活动而演变。相比于静态的评价标准，库恩还在一篇有关物理学史的论文中，认为不同的理论或范式常常自己评判什么算作一个好说明的标准。

3. 强调说明的深层哲学问题

尽管说明理论作为科学哲学中的主要研究领域曾得到了比较好的发展，但客观地讲，在说明的问题上，仍存在着一些需要解决的概念问题及需要探讨的哲学论点。其中，一个具体的关注就是假定远离经验的不可观察实体和过程（原子、场、基因等）的实在性论题。目前这一论题的困境在于：一方面，坚定的经验论者拒绝把不可观察的实体作为一种原则性问题；另一方面，诉诸不可观察实体的理论显然产生了变革性的结果。这样，科学哲学家就在未丢弃被认为对科学理性非常重要的经验主义原则的情况下，着眼于寻求某种方式来刻画那些理论的明显价值。而这一点涉及说明探讨上的深层问题。

当代的说明理论可以在一种实在论或反实在论的意义上来处理说明。对说明的一种实在论解释认为，一个说明所设想的实体或过程实际上是存在的——说明是对外部实在的一种文字表述；相反，一种认识上的解释，则认为这种实体或过程并不一定在任何字面意义上存在，而只是有助于组织人类的经验和科学实验结果。也就是说，一个说明的意义只是有利于一种一致性经验模型的建构，而不是为实在提供一种文字描述。所以，有观点认为，说明并不涉及真理（正确性）。这样，非常常见的一点就是在理论的字面真和它说明已观测到的现象的力量之间进行区分。尽管真理和说明力之间的这种区分很重要，但它容易被多重解释，因此，这依然是混淆的一个来源。

在哲学中，"正确性"和"说明"这些术语常常是实在论和认识论上的解释。按照一种实在论的解释，一个理论的正确性和解释力其实是语言与外部实在的一致性。一个正确且是说明性的理论，给我们以有关世界因果结构的深刻理解。然而，按照一种认识上的解释，这些术语只表达了理论整理我们的经验的力量。在对我们的经验的整理上，与一个错误的非说明性理论相比，正确的和说明性的理论会有更大的力度与范围。因此，在这个术语的实在论意义上，否认科学理论是说明性的人可能或不可能否认它们在认知的意义上是说明性的；相反，断言科学理论在认识的意义上是说明性的人，可能或不可能声称它们在实在论的意义上是说明性的。未能区分"说明"的这些含义，能并且确实促进了本质上是纯粹语义的分歧。

使用真理和说明之间那种区别的常见方式是认为涉及不可观察实体的理论可能说明了现象，但它们并不是正确的。另一种方式认为，这些理论是正确的，但它们并没有真正地说明现象。尽管这些陈述表面上是矛盾的，但它们都可以支持科学理论的本质这一相同的基本观点。很容易理解这一点，因为"真理"和"说明"这些术语正被不同地在每个陈述中使用。首先，"说明"被认识论地使用，而"真理"被实在论地使用；其次，"说明"被实在论地使用，而"真理"

则被认识论地使用。但两个陈述说的几乎是同一件事，即科学理论可能被接受为具有一定的认知价值而无须接受它所指称的不可观察实体是实际存在的。这一观点被看成是反实在论。20世纪早期的科学哲学家迪昂，按照后一种解释表达了他自己的方法：物理理论并不是一个说明。在他看来，物理理论是一个从少数的原则演绎出来的数学命题体系，目标在于尽可能简单地、完整地、确切地表达一套实验法则。依照迪昂的理解，说明就是为了看到无所遮蔽的实在本身，从而剥去如同一个面纱覆盖于实在之上的外衣。因此，说明是形而上学的任务，而非科学的任务。他指出，科学并不是理解实在的，而只是给出外观的秩序。

然而，分析哲学尤其是逻辑经验主义的兴起，使迪昂所接受的那种古典形而上学不再流行。这种观点不再是说明性的，因为形而上学以它和经验的无关性而被看成是无意义的。对逻辑实证主义者亨佩尔来说，回答"为什么"这一问题，并不像对迪昂那样，包括了一种对超越所有经验的实在的诉求。亨佩尔使用了说明的认识含义。对他而言，"为什么"是一个为了获得对我们的将来经验以预测性控制所需要的表述，科学理论的价值应以它产生这一结果的形式来得以衡量。亨佩尔指出，首先，科学说明不能说明一个具体事件的所有方面。被说明的总是特定描述下的一个事件；其次，它们不能留下未被说明的东西，但在其前提中必须提及一些基本的事态，如引力法则，这种事态无须进一步说明，而是作为一个公理出现，从而停止了无限的说明倒退。

随着逻辑实证主义的衰落及现代理论科学的总体成功，哲学家们开始认为，对有关不可观察实体和过程实在性的持续怀疑，是毫无意义的。于是，不同种类的实在论观点得以明确阐述，并在此背景下，说明的几种不同的因果理论得以发展。它们主张，说明就是赋予一种原因。在实在论的传统中，萨尔蒙的因果说明理论是最具影响力的。他最初发展了一种基本的认识观点。依据这一观点，说明就是给相关的因素进行罗列。然而，后来萨尔蒙把这一点及所有的认识理论看成是不充分的，从而予以拒绝。其理由在于，所有的认识理论都不能表明说明如何产生了科学的理解。这是因为科学的理解不只是一个对未来有所合理确信的问题。

此外，萨尔蒙还探讨了这一问题，即缺乏因果相关性和因果关系的不对称性，从而无法在正确的因果过程和虚假的过程之间作出区分。具体来讲，他通过拒绝休谟的那种作为事件连接链的因果关系概念，并通过阐明一种在认识论上将取代它的持续因果过程和因果互动，辩护了因果关系实在论。这个理论本身是详细的且不宜压缩的。它并不像一组用来产生一个具体现象或事件的说明的指令那样，作为对"说明"这个术语的一种分析。在这里，一个人收集在统计上相关因素的清单，并通过使用各种方法分析这个清单。这样的程序造成了这些统计关系和经验验证的因果模型的创建，从而确定这些模型中的哪个是被证据最好地支持的。萨尔蒙的理论认为，直到一个现象的基本因果机制被阐述后，才可以取得一个适当的说明，就此而言，它是一种深刻的简化论。萨尔蒙的说明模型随后会产生心理事件这一点并不清楚，但似乎并不能还原成对一个独特的因果关系组的有意义的说明。萨尔蒙的理论至少在一种意义上类似于亨佩尔的观点，这就是，它们都是良好说明的完美形式，而不是科学家或普通人有可能在常见世界中获得的一切。这种理论化显然有它的地位，但它也受到那些把说明主要看成是个体间一种交流方式的人的批评。按照这一观点，简单性和交流的方便不只是实用的，而且对人类理解的创造来说，也是必需的。

4. 突出说明的统一性要求

　　尽管在科学说明的理论上，形成了各种不同的理解和概括，然而，就科学说明对现象的阐述来讲，实际上却体现出某种统一性。萨尔蒙倡导因果性是说明的主要概念，同时也把统一性看成是科学说明的重要要求。他有时把因果性和统一性看成是一个科学说明所必须具备的两个方面。而基切尔则试图避免使用因果观点来分析说明，而是以统一性来告诉人们有关说明的总体情况。他和弗里德曼指出，科学说明应体现出统一性要求，认为科学说明的实质就是通过把不同的现象放在具体的原则之下，将它们予以关联后提供一种统一的阐述。可以概括地讲，说明的统一性要求的核心在于，认为科学说明应不断地减少那些我们必须接受为基本事物的数量。这一点能体现出一个说明的优良性。一般地，一个拥有较大说明范围而非只说明很少现象的理论，更可能被我们所接受和理解。弗里德曼认为，"一个具有很少独立现象的世界，比有更多独立现象的世界更可理解"[①]。当我们明白某一现象如何与别的现象结合成一个统一的整体时，就可以说我们理解了这个现象。由于科学说明上的统一性要求涉及世界上那些结合在一起的事物是怎么回事这一情形，所以它是一个形而上学概念。其中，结合在一起的事物这一点构成了统一性的基础，可把它看成是说明的必然性优点，表明了很多说明的合理性似乎是通过表明某些必然性或消除某种显而

---

① Friedman M. 1974. Explanation and scientific understanding. Journal of Philosophy, 71（1）: 15.

易见的偶然性来实现的。

在对现象进行阐述时，科学说明所体现出的那种统一性趋向，实际上就是巴特博斯（Bartelborth）称为的那种系统化力量，能凭借给我们以更多的理解来使它成为更好的说明和更可能的说明。就作为说明形态之一的假说而言，它在说明上拥有的统一性越大，说明或预见的事实越多，这个假说就会变得越可能。一个假说给说明提出的统一性也会增加该假说的可爱性，因为一个成功地说明了大量不同事实的假说，与其他只说明了少数几类事实的竞争性假说相比，会有更大的吸引力。反过来，可以认为，一个可爱的说明必然拥有那种阐述大量现象的能力。牛顿力学理论就是这方面的一个好例子，它说明了很多不同现象的运动。

一般来看，考虑的命题越少，进入被说明现象的不必要假说和进行预测的机会就越少。当从许多不同的角度来着手处理一个统一的理论时，就会促进对该理论的验证，因为在现实世界中，会找到这一理论的更多实例。比如，牛顿的万有引力理论可以在许多研究领域被观察到，就可以通过许多种方式对其加以证实。说明的统一性要求与认为理解世界就是知道现象表现的多样性背后的整体性这一观点相一致。这一看法既考虑了知识和理解之间的差距，又考虑了知识与毫无困难的、以自身为证据的说明的合理性之间的差距。一个人在对一种完整的说明哲学说了些什么一无所知的情况下，或许能描述说明在人类推理中的作用。我们知道某物就是那样的情形，而不需要把它合理地与其他我们已知道的东西结合在一起，这样，就存在着无须理解的知识。就拿休谟的理论来讲，它并不要求我们知道，而只要求存在一条或多条已知道的或尚未被发现的定律可以对此负责。统一性要求考虑到了说明的自我印证情况，并给以自身为证据的说明以阐述。从形式上看，依据说明的统一性要求，如果事件 B 表明另一事件 A 在某种程度上是必然的，那么 A 的出现可以以 B 为依据得以阐述，也就是说，B 给出了相信 A 的理由，从而让人给 A 以确定。

5. 突出说明的规范评价

如前所述，在给某个事件或现象以说明时，人们往往会提出一系列有关其产生原因或其结果的判断。这些判断有时表现为假说，有时表现为基于证据的推断。不管表现为哪一种情形，都涉及是否与实际拟合这一问题。因此，假说或推断中的哪一个会给实际情形以最好的表述，是当代有关说明的理论研究所无法回避的问题。这就意味着，需要对假说和判断进行评判、选择。另外，由于说明是一项完全内在于科学的事业，所以有关说明的理论将在我们对什么构成了科学研究的看法上产生重要作用。因此，探讨说明的质量并寻求、确定出好的说明就成为科学研究的重要目标，这一点直接影响和决定着科学的进步。那么，好的说明究竟是如何产生的？在好说明的评论与确定上，应当遵循什么样的标准和规范？在寻求说明的一种认识论时，这些问题一直受到给说明以关注的人们的普遍讨论。对科学哲学家来说，他们对研究潜在的说明是更强的或更弱的意味着什么这一问题尤其感兴趣。在这方面，他们着力于阐述"说明力"这个概念。这一点是非常重要的。因为人们不停地作出一些有关假说的说明力的判断，并用这些判断去发展对某些假说的偏爱：基于假说给证据的说明力来推出一些有利的假说，甚至推出特定的假说是正确的。

说明力探讨的一个重要话题就是分析假说的说明质量。在这个话题的研究上，存在着两种方向：一是强调形而上学的追求；二是强调经验上的追求。形而上学的追求着重于寻求和确定可观察现象的背后存在着什么样的机制，它把说明力看成涉及事物根本性质方面的知识。这对科学及其发展来说非常重要。科学哲学的传统之所以把科学看成是人类理性的典范，其原因就在于这一点。因此，在对科学说明的理解上，有必要关注那些法则性的东西。毕竟，科学家接受的或拒斥的说明本身，不能成为科学说明应当坚持什么标准的唯一来源。因为他们在说明的判断上也会犯错误。经验上的追求，则着重于探讨说明在经验上是否丰富和充分，是否能够得到经验的有效保证。从科学史的发展来看，我们起初把握说明性知识本质的唯一线索就是科学自身的说明性实践——在这里，经验和规则都得到了重视。但当亨佩尔提出说明的演绎-律则阐述时，情况似乎发生了改变。亨佩尔只强调，在科学家被认为有一种说明时，去描述他们倾向于什么样的规则与逻辑关系，而不问这样的规则和逻辑关系是否能够提供正确的理解。这就意味着，在科学说明的判定上，存在着一种弱化经验性的倾向。在演绎-律则模型以后的说明模型的发展中，经验标准又发挥起重要的作用。其实，有关科学说明的理论，被不同的人赋予不同的任务：有时认为它是对科学的作为的描述；有时又认为它充当了有关科学应努力成为什么的一种模型或观点。并且，在某些特定说明的有效性及科学说明整体上应当怎样等问题上，科学家也没有达成一致的看法。然而，不管突出和强调哪一方面，科学说明的理论都能在指导说明上起到一定的规范作用。

尽管科学哲学家至今没有解决如何在竞争的假说中进行选择的问题，但随着研究的深入，他们还是积极致力于发展一些评价说明的标准，以表明什么样的说明是更好的。目前，在好说明的概括上，常用的术语就是"最佳说明"。一种普遍的看法认为它是说明的优良性情形的综合体现。"说明的优良性"这个术语是指那些用以衡量假说的说明力的具体属性。常被引用和讨论的、用以辨别一个假说在说明上好于另一个假说的属性有简单性、连贯性、统一性、稳定性、创造性、启示性等。这些属性在形成潜在说明及从中选出好说明方面发挥着重要的规范作用。[①] 有关说明性的判定问题，已成为科学哲学中非常热门的话题，许多人在这方面都有过论述。

---

① Lipton P. 2004. Inference to the Best Explanation. London：Routledge：67.

寻求最佳说明的推理：一种
指导推理的说明论

对理论的经验适当性和真实性之间关联的标准表述当以最佳说明的推理最为
著名。

——利索 (Lisz)

科学说明之所以成为科学哲学的重要论题之一，很大程度上源于这一事实，即科学有赖于对证据（资料）对理论的影响进行判断。具体来讲，科学家必须对一个观察和实验结果是支持、反驳已知假说还是与已知假说根本毫不相关进行判断。在这一意义上，科学哲学的主要目标之一就在于对那些将证据与理论连在一起的判断和推理给出一种原则化的阐述。这样，说明和推理就成为科学事业中具有交叉重叠关系的研究。在已知所有可用证据的情况下，科学家可能会接受正确的或接近正确的假说，而抛弃错误的假说。有时，可以在演绎的基础上形成这些有根据的判断。那种延伸到古代、对演绎论证结构富有成效的研究，使这个方案得到了很好的发展。如果实验上的结果和某个假说格格不入，那么证据（资料）之真就会演绎地蕴涵着假说之假。除此之外，还有归纳推理可以利用。但归纳推理不像演绎推理那样。在很多情形下，证据（资料）和假说之间的关系是非论证的或者是归纳的。当依据可用证据（资料）推出的一般假说正确时就会这样，因为证据（资料）之真并不在演绎上蕴涵着假说之真，即使在证据（资料）为真的情形下假说也可能为假。尽管这些问题的主要内容由休谟提出，并且众多认识论者和科学哲学家都努力探索过，但现在人们对归纳推理的把握依然不尽如人意。目前，这方面的谈论比较多的是寻求最佳说明的推理。

最佳说明的推理是一种由说明引导的推理，也是说明性论题研究上的一个新进展。就说明来看，它不应是演绎的。因为在一般情况下，即使信息缺失，也将使一个演绎的证据成为完全的。比如，要说明苹果为什么掉在地上，拿出引力定律来说明就是，所有的事物都要受引力作用，苹果也不例外，所以它掉在地上。这就有可能使在缺失这个苹果掉在地上的具体信息的情况下，让苹果掉在地上的证据很充分。但这并没有给出苹果掉在地上的具体原因，例如，为什么都受万有引力的作用，却只有这个苹果掉在地上，而不是全部。因此，说明不应被恰当地看作演绎的过程，而应被看作一种能形成给事实以说明的假说的过程。这种过程实际上可看成是通过说明这一概念来进行推导。在现实中，推理常常包含着说明，说明上的考虑常常会影响到人们的推理。人们推得一些假说，往往依据的是这些假说提供的说明力，或者依据给证据（资料）以说明的假说的质量来决定是否接受假说。比如，当我们看到一群人在停车场等车，我们会认为10点钟的校车还没有来。当我们快到家门口，看到家里的灯不亮时，我们会推测家人还没有回来。在这两种情况下，偏爱一个假说的原因在于它能说明一些已观察到的事实，认为阐述最多证据的那个假说性说明是最可能为真的。说明上的考虑不仅遍及人们的日常推理，而且也存在于像法律、科学和医学这样的知识实践中。因为有关说明性的推理主张在对发现过程的分析上是非常恰当的，尤其和传统的假说-演绎方法相比更是这样，成为好于假说-演绎的推理观点。法庭形成判定的过程其实是"基于说明"的证据评价。公诉人推断某个嫌疑人犯了罪，是因为这样的看法最佳说明了指纹、血迹及其他的相关证据。我们推断证人说实话，是以我们对证词的最可能说明为基础的。审判者推出有关罪犯如何犯罪的一种可能陈述，是因为它给证据以最佳说明。当科学家观察到天王星的摄动，他们会推得存在着至今还未被观察到的行星。考虑到患者的那些症状后，医生会诊断患者患有某种疾病，因为那种疾病会给患者的症状以最佳说明。由于就像佩里认为的那样，说明性推理在人类的认知中具有广泛的使用，经由说明性推理人们获得了许多有关世界的因果历史知识。因此，在哲学领域，对它的有关讨论也非常流行。哈曼对"最佳说明的推理"的命名与阐述、雷肯的形式分析、查尼科（Charniak）和麦克德默特（McDermott）对

"说明性的推理"的概括，以及辛迪卡对从认识论及人工智能领域来审视这种推理的重要性的强调，都是这方面的具体表现。尤其是在当代哲学的重要话题，如不可观察事物的存在性、笛卡儿式怀疑论的讨论与推进上，几乎所有的哲学家都用到它。

第一节　说明性推理的提出与典型研究

最佳说明的推理是一种特别的自然推理。

——哈曼（G. Harman）

在我们说明现象时，我们的观念背景往往会提供一些相互竞争的假说。其中，会有这样一个假说：与其他假说相比，它是更有优越性的。因此，这一假说常常会被推得是正确的。这不仅反映了科学和日常生活领域的信念形成情况，而且也体现出信念的进化机制，这就是"最佳说明的推理"。就像查尼科与麦克德默特概括的"说明性推理"那样，最佳说明的推理也可被看作一种与众不同的说明性推理。概括起来，在对这种推理进行的肯定性研究上，大致有三个重要的标志。一是皮尔斯从理论上探讨了作为"最佳说明的推理"前身的"溯因推理"。认为溯因推理就是根据事实提出假说，再以这些事实为前提推出一些结论，作出预言，然后根据实验来检验这些预言的真假。如果预言得到证实，就可以在一定程度上接受这一假说，让其成为理论。二是哈曼率先提出了"最佳说明的推理"这一名称，并把它确定为溯因推理。但他的定义并不完全对应于皮尔斯关于演绎、归纳和溯因的三分法，而是认为最佳说明的推理是一种涵盖所有归纳推理的非演绎推理。三是利普顿对最佳说明的推理的系统研究，从三个方面充实了最佳说明的推理这个框架性程序，对这种推理的实质及与这种推理相关的一些问题进行了阐述。这些研究，已让最佳说明的推理成为现代科学哲学有关科学发现和创造及非演绎推理的一个主要论题。

一、皮尔斯的论证分类与说明性溯因推理的提出

常见的看法认为，推理可以是演绎的或归纳的。如果演绎推理的前提为真，那么结论也保证是真的。而归纳推理是非论证性的，即使前提为真，结论的真

也并没有得到保证。与此类似，在《论证的自然分类》一文中，受康德思想的影响，皮尔斯把论证分为分析的和综合的两种，认为分析论证是演绎的，和经验、观察、事件无关。分析论证的逻辑后承并没有什么内容，对外部世界并不主张什么，只表明人们在使用一定可感和可视信息时存在着哪些规定和约定。综合论证是非演绎的，它包括归纳和溯因。这两种论证的命题是有内容的陈述，具有某种说明能力，只能通过观察、实验和数据收集来加以辩护。尽管皮尔斯在不同论证上的看法，尤其在归纳和溯因上的看法，随着他在逻辑上的研究过程而发展，但他对论证的分类，实际上反映了人们在应对研究过程中的各种情形时，可能需要的基本推理。

皮尔斯通过对论证的形式区分，向我们第一次表明存在着三种相应的基本推理形式。在他这里，推理意味着"对一个信念的接受是其他知识的结果"。他认为，"证明性推理是可能性推理的有限情形"。证明性推理正面的确定性是概率1，反面的确定性是概率0。这一点反映在皮尔斯所给出的那个三段论中。他认为，可能的三段论可被表述为：

M中的比例 r 拥有 π，是一种偶然的特征；

这些S是从M中随机抽取出来的；

因此，S中的比例 r 可能拥有 π。

如果在有限的情形下，比例 $r=1$，并且如果我们把 π 看作性质P，即如果所有的M拥有某种性质P，那么这种可能的推理就成为上述情形中的有效论证三段论：

所有的M都是P

所有的S都是M

所有的S都是P。

类似地，如果比例 $r=0$，可能推理也会成为上述第一种情形中的有效论证三段论：

没有M是P

所有的S都是M

没有S是P。

上述两种有效论证三段论都是第一种情形中可能推理的有限情形。这种推理是演绎推理。用皮尔斯的话讲，概率推理的第一格包含了"作为它之下的一种特殊情形的所有必然推理。它实际上是演绎"①。在这里，演绎推理是得出一种有关对象或事件在一类样品中具体特性的推理。

在皮尔斯那里，认为还存在着其他的推理形式，具体情形为：

这些 S 是从 M 中随机抽出的；

这些 S 中，ζ 比例的拥有偶然属性 π；

因此，M 中可能有接近 ζ 比例的拥有偶然属性 π。

对皮尔斯来说，这也是有效的三段论。但这种论证的形式反映了归纳推理的结构，是归纳推理的有限情形。比如，从人群中随机抽出的对象样品的性格推出人的性格；从被观察到的每只乌鸦都是黑的这一事实，推出下一只也是黑的；从太阳过去每天都升起这一事实，推出它明天也升起。这样，在皮尔斯那里，归纳被看作导致普遍规则或法则的可能性知识的推理形式。

然而，皮尔斯强调，归纳本身不能为我们的研究提出可以在一种现象的群体中普遍适用的可能法则、规则或统一性，而只能推出那种比例，即在其中，已被选择的属性 π 存在于那个群体中。这个比例给我们一种可能而近似的普遍规则。这样，归纳只能以一种给定的近似程度来猜测、证实或证否法则、规则在全体中的适用情形。简言之，它只能用来验证一个有关某群体一般特征的猜想，但无法为归纳验证提出一个猜想。因此，皮尔斯强调了在演绎和归纳之外的第三种推理，它为待说明的事实提出一些说明性假说和猜想——包括有关普遍法则或规律的提议在内，因而有着比较强大的扩展力。这就是溯因推理。

溯因论证的形式对应于可能三段论的第二种表现：

M 的本质的所有东西都有随便提取的属性 π；

S 具有属性 π；

我们可以暂时地认为 S 是 M 的本质。

皮尔斯对溯因的阐述是在推理论证的分类中进行的。他认为，这种形式的推理常被看成是这样的，即由属于某一类的许多特征在某一对象上的出现，来推断该对象和那个类的关系。在操作时，常常需要一个假说，来对已知的事实进行说明。在现实中，人们都会在说明时推出一个给某现象以说明的假说来。一个典型的例子就是说明草地湿了。就草地湿而言，有可能天下雨。天下雨是草地湿了的好说明。但这要取决于特别的情形，下雨未必是对干旱季节高峰期

① Peirce C S. 1992. Reasoning and the Logic of Things. Kenneth Laine Ketner, ed. Cambridge: Harvard University Press: 138.

草地湿了的好说明，在这里，喷水系统可能是草地湿了的好说明，尤其是在草地湿了而街道干着时对草地湿了的好说明。可以看出，这里存在着寻求一个好的说明性假说的推理。在这种推理中，体现着对假说的自由创造，而这些假说产生了预测，对于它们可通过进一步的观察来加以验证。例如，上述提出的那个洒水假说可通过观察道路是干的而得以证实。

皮尔斯所谓的那种推出一个说明性假说的溯因推理，可在因果说明中经常见到。它从已知结果（前提）推出一个将说明或最佳说明结果的因果命题（结论）。比如，从犯罪现场发现被告的 DNA 这一事实，就可以推出被告曾出现在现场。就像枚举归纳那样，这个结论也不是有保证的。尽管非常可能，但也有可能是假的，如可能有人向现场移植了被告的 DNA。但是，这种推理与归纳有区分。在这里，我们已接受了一个假说从而只去验证它的结果。在日常生活或方法论研究的经验过程中，我们常常会遇到未被说明过的新奇现象。当我们遇到这些新的、寻求说明的令人惊奇的事实时，我们就会提出一个将说明该事实的猜想，并暂时把这个猜想看作一个可为我们验证的假说。溯因的建议就在于这样的猜想，即一个普遍的规则，如特定类型事件的普遍特征可能说明了待研究的事实。

从皮尔斯的论述中，可以把溯因推理的形式表述为：

令人惊奇的事实 C 被观察到；

如果 A 为真，C 就是事实；

因此，有理由猜想 A 是真的。[①]

从说明的观点看，上述形式的推理可被表述为：

D 是资料的一个集合（事实、观察和前提）。

H 说明了 D（如果真，就说明了 D）。

不存在其他能和 H 一样好地说明 D 的假说。

因此，H 可能是真的。

例如，观察到在不同地层和地域分布的化石、动物和植物在形态上的相似和差异、物种的地理分布与它们对各自环境的适应。物种进化的自然选择假说给这些观察以说明，并且和自然选择一样好地说明了这些情形的其他假说并不存在，那么就可以推得物种通过自然选择来进化这一点是正确的。可以看出，

---

① Peirce C S. 1998. The Essential Peirce：Selected Philosophical Writings，Vol.2. Bloomington：Indiana University Press：231.

这种推理的核心主张在于，一组被观察到的资料会给那个很好地说明了该资料的假说提供证据和辩护。与其他作为说明的备选假说相比，如果某个假说给观察资料的说明更好，那么它得到观察资料的支持就会更强。这样，溯因推理就成为一类从体现某物的证据（资料）过渡到对给那个证据（资料）以好说明的假说进行确定的推理形式。由于在溯因中，说明性的假说得以形成并被评价、接受，所以在这种意义上，它就成为一类形成说明性理论的推理。目前，溯因的说明性特征及受说明的指导来进行推理操作的那种表现，和以寻求最佳说明为目标的推理有相似性。鉴于两者都是由说明指导的推理，有人认为溯因就是最佳说明的推理的前身，而最佳说明的推理是溯因的现代形式，它们在本质上是一回事。关于这一点，我们在后面谈论最佳说明的推理与溯因推理间的关系时还要涉及。

二、哈曼的"最佳说明的推理"命名与属性确定

自皮尔斯提出了溯因这种说明性推理后，有关说明性推理就在理论上得到确定。哈曼首先把这样的推理命名为"最佳说明的推理"。在形式上可以将这种推理的形式明确为：

观测到某一令人惊异的现象 C；

若 A，则 C 可得到说明；

所以，A 是正确的。

他指出，"最佳说明的推理"大致对应于"溯因""假说的方法""假说的推理""消除法""消除的归纳""理论推理"等术语之下的观点与主张。他认为，应当把最佳说明的推理确立起来，因为它能涵盖所有的非证明性推理。如果把我们的非证明性推理简单地描述成枚举归纳，就会掩盖这一事实，即我们的推理使用了特定的辅助定理。当把我们的推理描述成一种寻求最佳说明的推理，就会给这些辅助定理以揭示。另外，通过提供给我们知识的非证明论证前提中的那种正确的辅助定理，如"这个论证的结论是证据（资料）的最佳说明"，就能最佳阐明一个人拥有知识的特定必要条件。也就是说，通过最佳说明的推理，能给一个人拥有知识的必要条件是什么以最佳阐明。在这里，最佳说明的推理的结论不但被解释成认识者完成那个推理所得到的一种新信念，而且成了知识的一种新例子。

哈曼把最佳说明的推理确定为非演绎推理的一种基本形式。在对它进行阐述时，他着重结合了归纳，认为这种推理常常能在简单归纳这样的情形下得以辩护。首先，哈曼讨论了作出有根据的枚举归纳的条件。他简单地指出了这样一些标准，"当所有的 A 都是 B 这个假说是这样的情形，即某人为了使我们认为所有的 A 都是 B，而去保留那些已被观察到的样本，那这个假说就成为更好的、更简单的、更可能的假说"①。简单地讲，一个归纳所得到的假说的有效性，取决于证据对它的支持情况及其自身是否是更简单的、更可能的。这其实也是对最佳说明的推理的阐述，认为最佳说明是更简单的、更可能的，是得到证据最佳支持的。哈曼指出，在最佳说明的推理中，"一个人从这一前提，即与其他的假说相比，如果某个给定的假说将给证据提供'更好'的说明，那么就可以推出那个给定假说是真的这一结论"②。这一概括，至少提出了涉及说明性推理的几个话题。首先，当我们拥有一些给定的经验资料时，就会形成几个和它们相容的备选假说。与这样的观察相一致的假说，可能有几个，甚至无限多个，但所有这些假说并非都是说明性的。这就自然地提出了什么是说明性假说，或者更简单地说，什么是说明这个问题。其次，我们推出的假说是说明性的，但我们并不简单地因为形成这样的假说而罢休。我们要求推得给证据的说明要胜于任何替代假说。这就产生了这样的可能性，即尽管我们不能绝对确定一个说明是什么，但我们至少能作出有关更好或更差说明的相对判断。这就意味着，当面对两个或更多针对证据（资料）的说明性假说时，我们会基于某种相关的标准来判断它们的相对优良性。

其次，哈曼阐述了最佳说明的推理的重要属性。在他看来，认识者中存在着一种广泛的一致性，即要求我们的确信必须既正确又有根据。这就意味着，知识的一种必要条件不只是我们的最终确信是正确的，而且辅助定理或者说前提和结论间的中间命题也要正确；否则，如果中间命题"是有根据的，但却是假的，那我们就不能被正确地看成知道了结论"③。哈曼称这种对知识来说的必要条件为"辅助定理为真的条件"。这些常常隐含的辅助定理是那种从证据到最佳说明性假说的推理的重要组成部分。揭示和评价这样的辅助定理，是对来自推理的知识进行分析的重要方面。揭示"辅助定理"在推出说明性假说中所起的作用，就成为最佳说明的推理的重要属性之一。

总体来讲，哈曼所阐述的最佳说明的推理，揭示了科学家会为证据形成几

① Harman G. 1965. Inference to the best explanation. Philosophical Review，74（1）：91.
② Harman G. 1965. Inference to the best explanation. Philosophical Review，74（1）：89.
③ Harman G. 1965. Inference to the best explanation. Philosophical Review，74（1）：92.

个备选的说明性假说，然后通过诉诸一些给说明的相对优良性以判断的标准，来推得那个最佳说明的情形。而且，他对这种推理的阐述试图表明，扩展性推理并不只是枚举归纳。因为扩展性假说实际上常常会诉诸那种不作为证据部分的概念。也就是说，这样的假说会包含着一些在对证据进行陈述时并没有出现过的术语。然而，需要指出的是，哈曼的最佳说明的推理模型在阐述那种寻求说明性假说的扩展推理上还有些问题。首先，这个模型并没有解释说明性假说是如何出现的。它把备选的说明性假说看成是给定的，并表明我们的认识能力会推出最佳的那个，但这并没有分析借以使科学家构想那些假说的推理过程。之所以这样的主要原因在于，它把说明性推理看作抽象的而非实际的科学实践。其次，这个模型并没有在推出几种可能的说明性假说和推出一种最佳假说的两类推理过程中作出非常明显的区分，从而轻率地把寻求说明性假说的推理描述成寻求真理的推理，而不是寻求假说的可能性的推理。

三、利普顿的"最佳说明的推理"的发展与系统化

利普顿对最佳说明的推理给出了一种系统性论述。在这里，他综合了皮尔斯和哈曼的相关看法，把最佳说明的推理概括成一种有关给说明性假说以接受的论述，认为这种推理在本质上是归纳的，具体体现为从一组备选的假说中选出一个作为可用证据最佳说明的假说。就"最佳说明的推理"的名称来看，它涉及"说明"和"推理"两个概念。在认知活动中，人们常会依据推理形成有关事物的新观念，并对事物为何就是这个样子进行说明。对人的认知生活而言，这两种活动是至关重要的。推理是更深入地了解世界的一种方式；说明则表明了世界上的东西是什么样子及之所以这样的原因。

在推理与说明的关系上，一般的看法认为，推理优先于说明。首先得确定能接受哪些假说，然后再用所接受的假说给某个观察以说明。而按照最佳说明的推理的观点，说明则被看作是优先于推理的。它的特别之处就在于依据说明来推理。具体来讲，就是依据假说对证据的说明程度，即最佳性，来确定假说的合理性。这样，推理最终就会在"最佳说明"这一状态下进行，推理的合理有赖于对资料或证据的说明状态。如果一个假说能对证据作出最佳说明，那么就可以推出该假说为真；反之，则错误。在这里，那个推出最佳说明的过程可能通过关注所涉及的说明包括的比较本质而进一步得到阐述。假如有人想说明什么引起了某个事件的发生，如有人吃了红椒饼后，出现了剧烈的心痛情况，

对此，不同的人会提出不同的说明，从而在说明的过程中必然涉及推理。因此，可以把最佳说明的推理概括成：说明上的考虑是推理的指导，当我们面临一组全都涵盖了资料或证据的相互竞争假说时，给它们以最佳说明的那个假说最有可能为真的。从这一意义上讲，最佳说明的推理就成为一种受说明趋于真理这一观点支配的推理，或者是一种得到最佳说明正确性的推理。在现实中，我们可根据可获得的证据和观察，尝试性地提出假说 H_1，…，H_n，以此来对我们考虑的现象 P 进行说明。如果假说 H_i 在给现象 P 以说明方面，是 H_1，…，H_n 这个假说集合中最优的，就可以认定 H_i 是一个有关 P 的更合理概括，从而推出给 P 以最佳说明的 H_i 为真。利普顿指出，最佳说明的推理是一种在日常生活和科学中都通用的推理。如果我们观察到 a，b，c，…是真的，并且有一个假说 H 能给这些观察到的事实以最好说明，那么 H 就可能为真。他把这种情形描述为一种非证明性演绎，有时称作"假说演绎"。在进行这样的推理时，一个人从特定的假说说明了证据（资料）这一事实，来推出那个假说为真。科学理论的确证本质上也是一种寻求最佳说明的推理。一般来讲，对证据（资料）来说，总会存在几个给其以说明的假说，在一个人有根据地作出确定其中某个假说的推理之前，他肯定会拒绝或否定那些备选假说中的一些，从某个已知假说给证据提供了比其他假说更好的说明这一前提，推得那个假说正确这一结论。利普顿明确地把这种推理方法看作类似于皮尔斯称作的那种假说性的推理过程。

利普顿认为，可从日常生活与科学研究中实际进行的那些归纳推理中分离出两个不同的问题加以探讨：一个是确证问题，另一个是描述问题。就确证问题而言，重要的一点在于，不管是哪一种可能的推理模型，都无法克服休谟给人们在使用归纳时所提出的那种针对归纳合理性的怀疑论证。一般来讲，我们在确证归纳上的唯一方式就是依据它在过去的成功来表明它是可靠的。可以肯定，认为归纳推理在过去正确，因而未来继续正确这一点，仍是一种归纳的主张。这就意味着，在对归纳的确证上，除了使用归纳以外，并没有诉诸归纳以外的资源和方法。这种确证常被看作是循环的，因而无效。就描述问题而言，我们究竟用什么方式来从事推理，这并不是每种推理模型都能恰当地给予说明的。事实上，在已被提出的并被讨论的几种推理模型中，都各自存在着一些无法说明甚至违反归纳实践的缺点。针对这两个问题，利普顿提出了这样的论证设想，即最佳说明的推理是可被用来部分地阐述归纳实践的最适当模型。

以最佳说明的推理来描述归纳实践，蕴含了给最佳说明的推理的合理性以证据的企图：若这种描述的论证成功，那么归纳实践被预设为是高度可靠的就理所当然地归属于最佳说明的推理。为了阐明归纳实践的实际作用机制，利普顿构想了一个对比的因果说明模型，以此来指引推理。他借助于科学史上的一些案例研究，详细地论述了科学家如何以该说明模型来指引推理，从而最终找出现象发生的原因。此外，利普顿还对著名的假说-演绎法和贝叶斯定理提出了批评，指出前者在说明一个假说如何被验证时，存在着过于严苛或过于宽松的毛病，致使其不能有效地描述归纳的实践；而具有规范效力的贝叶斯定理，其实际的作用机制则依赖于说明上的考虑。

利普顿在刻画最佳说明的推理时，比较独特的一种处理表现在他作出了一个重要的概念区分，即把"可爱的说明"（即提供较多理解的说明）和"高度可能的说明"（即最可能成真的说明）区分开来。同时，他还认为说明的"可爱性"决定着它的"可能性"，我们总是以一个说明的可爱性程度来判断该说明为真的可能性。这个可被称为"指引性"的论题，是利普顿在最佳说明的推理阐述上所坚持的核心主张，也是那些反对最佳说明的推理的人所攻击的焦点之一。比如，在给上述那个剧烈心痛的情形以恰当的说明时，常常会有赖于一个人的推理兴趣。例如，当事人的家人感兴趣于说明他为什么会在那种情形下而非其他情形下疼痛，而医生则感兴趣于说明为什么是这个人肚疼而不是其他患者。在这里，每种情形下的说明不仅通过挑出一个因果观点起作用，而且还通过挑出它与备选可能性的一个比较来起作用。那么，"可爱性"真的是"高度可能"的指引吗？对说明可爱与否的判断是否真的因人而异？就算对说明是否可爱的判断是客观的，那我们有理由相信最可爱的说明就是最可能为真的说明吗？另外，我们有理由相信正确的理论就在那些备选的理论当中，从而给最佳说明的推理的推论结果以确信，这可靠吗？此外，以最佳说明的推理来推得不可观察的事物及其运作机制是否比推得可观察的事物及其运行过程更不可靠？这些都是利普顿围绕着最佳说明的推理所作出的探讨。他在上述几项论题与论证上的结论都是成功的；但他证明最佳说明的推理的那种努力，则因为消极的论证策略而无法积极化解对这些论题进行挑战时所提出的质疑，并因缺失积极的论证而使说服力有所欠缺，所以他的那种努力只能给最佳说明的推理在描述上的合法地位以支持。

第二节 最佳说明的推理的内涵与特征

最佳说明的推理还是一个口号，有必要对其进行详述。

——利普顿（P. Lipton）

不可否认，最佳说明的推理是一个非常吸引人的口号，自哈曼第一次把它引到哲学世界中来，它就在科学哲学家和认识论者中非常受欢迎。然而，如果对涉及最佳说明的推理话题的文本进行考察就会发现，在这个口号代表着什么这一点上还没有太大的共识。多数情形下，它的确切意义还未得到普遍的确定。因此，有必要分析那种能使我们统一它的用法的东西。这可以通过提出最佳说明的推理的所有概括应当具备的一些基本特征来完成。此后，我们就可以诉诸能被放到一种基本方案下的最佳说明的推理形式，来得到设法避免这个概念常见含糊的一种最终概括。

一、最佳说明的推理的内涵

自有"最佳说明的推理"这个术语以来，在如何理解这个观点上，依然存在着大量的含糊和争论。因此，有必要给出最佳说明的推理的一种确切分析。在我们看来，最佳说明的推理并不是一个自然意义上的名称。因为它是一种基于假说为事件或资料作出说明的程度来对假说进行确定、选择、接受的一种推理模式。所以，要给出它的一种正确理解，就应注意这一事实，即最佳说明的推理是对那种接受假说的过程的充分描述。

最佳说明的推理是用说明性理论的说明力及其在预测上的成功，来对其自身进行评价的过程。具体来说，可以把它看成是一个既高度扩展（即增加内容）又能为给它以评价的说明性观点提供一种得当辩护的操作。在对最佳说明的推理的内涵进行分析时，我们可以按照它的基本构成概念来进行。因为从基本概念上看，看"最佳说明的推理"这个表达中的构成词就会发现，首先，最佳说明的推理主要意味着一种推理。依照这种推理，一个人能从相信或接受特定的命题，过渡到相信或接受另一个不同的命题，承认该命题的可能性。其次，从最佳说明的推理包含的"说明"这个概念来看，它应是一种说明性主张，着眼于得到一个说明。最后，从"最佳"这个术语上看，这里还存在着一种对说明进行选择的隐性比较。因为就给证据（资料）的说明而言，可能会有其他的竞争说明。这样，似乎就有必要给出一种分类秩序，以确定这些说明的优劣。而最佳的说明在各方面表现出来的那种优良性，决定着它的合理性空间。最终，通过最佳说明，一个人就能从确信特定的现象出现或特定的情形发生，过渡到确信对它的特定说明，并通过这些说明，能从确信或接受特定的现象出现，过渡到承认特定的说明是可能的或者是正确的。

这样，在对最佳说明的推理的理解上，我们可以从两个重要的方面进行，即"模式"和"过程"。就模式而言，它预设了最佳说明的推理能被看成是一种比较特别的推理模式或推理规则，它具有自己的形式结构，是一种受说明指导的推理。在人工智能领域，更为常见地把最佳说明的推理看成是一种形式规则。这种规则为：如果假说 H 是真的，就得出了 E；E 是那种情形；所以 H 为真。可以看出，这种规则实际上类似于充分条件假言推理的肯定后件肯定前件式。从逻辑上讲，这个式子是无效的，但它却能在现实中成立，因为就像康德和奎因（Quine）认识到的那样，事实真理和逻辑真理是不同的。说一个人推出了一堆证据的最佳说明为真，并不只意味着那个人推出了最可能成立的假说或结论。尽管在这一点上是没有争议的，但对最佳说明的推理这一阐述有些简单，因为这无法阐述说明的作用。从说明上的考虑有助于确定一个人判断具体的假说或结论有多大可能这一意义上讲，说明先于推理出现并给推理以指导，使推理成为由说明决定的那种推理。这样就可以对最佳说明的推理作出一种过程分析。就这种过程而言，它强调认识者是为了获得"最佳说明"而去进行那些系列操作的。这些操作能很好地依赖于形式结构，但这并不是把最佳说明的推理看成为一种过程那一主张的根本特性。

对最佳说明的推理的那种过程表述主要来源于哲学领域。以复杂的过程形式来对最佳说明的推理进行刻画，和"最佳的"这个概念密切相关。我们认为，"最佳的"这一概念使最佳说明的推理被等同于一种排除性归纳，因为最佳说明的获得包括对异常情况的排除。毕竟，最佳说明是免于异常情况的说明。可以说，最佳说明的推理隐藏了一种具有不确定前提的分离三段论，即这种形式的演绎推理：$(H_1 \lor H_2 \cdots \lor H_n) \land \neg H_1 \land \neg H_2 \cdots \land \neg H_{n-1} \equiv H_n$，在这里，$H_1$，…，$H_n$ 是对特定待说明项的可能说明，但我们不能完全有信心认为这个析取系列是完全的。所以，"最佳的"这一概念使最佳说明的推理体现出两个步骤。首先是形成证据（资料）的潜在说明。在这里，认识者的实际考虑和兴趣是有重要影响的。同时，推理也是有所作用的，它将给什么算作潜在的说明以指导和限制。其次是从潜在的说明中进行选择，来选出最佳说明，将之作为真实的说明或真理。从潜在的说明中选择，也随着语境和兴趣而变化。为了保证选择的优化，在科学哲学领域，人们确定了几个有助于在竞争说明中给选择以指导的标准。这些考量说明优良性的标准有：一致的，更简单的，深刻的，说明了更多的和不同类别的事实，更少有特设性等。在这种意义上，最佳说明的推理就可以被看作是这样的操作，即通过它，研究者以多少有点直觉的方式，依赖简单性或可能性等属性，从给定的可能说明库中，来选择他最偏爱的、针对特定现象的那个最佳说明。

通过关注说明所包括的比较属性，来对推出最佳说明的过程进行阐述，这完全是一种非形式的看法。因为每一情形下的说明不仅通过给出一个因果观点起作用，还要通过将它与备选的可能说明进行比较以后来起作用。如果有人想说明某个事件的发生是由什么引起的，那么肯定会从事件的因果历史中来寻求一种恰当的因果说明，在这方面，他的兴趣将产生一定的作用。由于事件常常会表现出多种原因，不同的人也会对同一事件提出不同的说明，比如，对一个人肚疼的说明，其家人感兴趣于说明他为什么在这种情形而非其他情形下肚疼，而医生则感兴趣于说明为什么是这个人而不是其他人肚疼，所以从过程来看，最佳说明的推理和一个人的推理兴趣有关。

二、最佳说明的推理的特征

如上所述，最佳说明的推理这一独立的逻辑推理模型涉及推理和说明两个概念，它的最大特征在于：允许以一个理论超越其他理论的形式来对其加以选择，从而依照"最佳说明"这一目标来进行非证明推理。依据说明这一概念来进行有规律的推理，显然要以对说明有了一个相当强的直观理解为前提。因此，从本质上看，最佳说明的推理是一种有关说明的观点，它是说明性论题的进一步发展。这一观点认为，推理的合理性在于它的结论是证据（资料）的最佳说明。在推理和说明之间的关系上，人们一般会认为，推理常常先于说明。推理将给什么算作潜在的说明以指导和限制。科学家必须先推理，以确定接受哪个假说；然后，当要求给某个观察以说明时，他将动用他已接受的推理库，讨论这些推理以寻求比较合适的说明。然而，这样的观点严重低估了说明的认识作用。而按照最佳说明的推理，只有通过询问各种假说性说明可获得证据的程度，才能确定哪些假说值得接受。最佳说明的推理认为说明优先于推理，从而部分地颠倒了人们在推理和说明上的看法。我们可以把最佳说明的推理的核心观点概括为：说明上的考虑是推理的指导，推理有赖于为说明证据（资料）而提出的假说的优点，它由对说明上优点的判断所驱动。科学家依据得到的证据（资料）提出的假说如果很好地给证据以说明，推得被说明的现象，那么最终会给出相信说明正确的重要理由。由此可以看出，最佳说明的推理是扩展的，它的前提并不能充分地预期它的结论。因此，这种推理不是演绎推理，不能把它看作一种演绎的过程。

另外，最佳说明的推理是一种通向说明的认识论观点。为了充分理解这一观点，就有必要了解人类通过推理在寻求有关世界的知识时，所做的那些活动。对一种完整的认识论来说，认为只分析某种情形就是他们了解某事是那么回事时所包括的内容，其实并不够。还应说出，在说明某事为什么是那么回事时，包括着什么样的内容。也就是说，有必要描述和评价人类在推理时使用说明的方式。或者说，去阐述说明如何指导推理。就这一问题而言，似乎在最佳说明的推理中存在着一种明显的、需要解决的循环性。按照最佳说明的推理，假说说明了证据（资料），因而会得到它们所说明的那种证据（资料）的支持，观察到的证据（资料）支持假说的原因在于观察也给假说以说明，存在着证据（资料）说明假说的情形。比如，观察到外面天冷，我们会判断汽车将不能发动。因为这个观察给汽车不能发动的假说以很好的说明，从而使这个假说自然而然地得以成立。从被说明的东西给出了相信给以最佳说明的假说正确的理由这一意义上讲，说明是"自我提供证据的"。这种方式使很多证据得到了自然的说明。所以，我们可以把最佳说明的推理看作一种自我印证的观点。尽管形式上的自我印证决定了最佳说明的推理不是一种证明性推理，但这种自我印证的循环性并非恶意的或者是有问题的。因为对最佳说明的推理来说，在证据和假说的关联中，说明所需要的那种方向性并不重要。关键在于，对说明的判断驱动着推理。由于最佳说明的推理阐述了说明如何指导推理，从而很好地被当前的科学和日常推理实践所支持——这已成为最佳说明的推理的不可或缺的论证。众多的科学假说常常被它们所说明的观察支持，这是科学中的一种常见情形。例如，引力理论说明了日常对象的降落及其降落的速度，而降落及其速度等这些可观察的事件确证了相信该理论在日常条件下是正确的。在对推理的指导上，说明就成为一种工具被用来获得正确的信念和结论。

总体来讲，最佳说明的推理有双重属性：一方面，它对科学的实际研究来说是合理的；另一方面，对科学研究的合理证明来说又是需要的。换句话说，它既被看作实际科学推理过程的正确描述，又被赋予通过它而达到结论的认识保证的那种属性。所以，对当代科学哲学来说，探讨最佳说明的推理在这两个方面的优点是有重要意义的。

三、最佳说明的推理的意义

人们认为，不管是在科学中还是在日常生活中，最佳说明的推理都具有良好的启示性效用。首先，最佳说明的推理可被看作有关科学理论产生方面的一种模型，具体刻画了科学理论的产生过程。最佳说明的推理以某个已知的结果为出发点来确定与其相关的说明，因而又可称为"寻求最佳说明的推理"。推理的合理性就在于它的最佳说明性。某个理论能被坚持的原因在于推出它是证据的最佳说明。这样，理解"说明"这一概念所具有的优点就成为把握最佳说明的推理合理性的关键。由于科学旨在解释世界，所以"说明"就成为我们把握科学的一个核心概念。"正是对系统化的、可由实际证据支配的说明的热望催生了科学；而依据说明性原则对知识进行组织和分类，正是科学的独特目标。"① 最佳说明的推理把说明上的考虑作为推理的指导，进而说明上的考虑终究会被最佳说明的推理看作理论形成上的指导。从理论的确证与选择来看，最佳说明的推理把说明力看作判定理论正确性的证据。理论自身的说明效力为接受该理论提供了理由，说明力从而在一定的意义上成了理论选择的标准。

在科学活动中，为了阐明已获得的证据、观察或现象是怎么回事及为什么出现，诉诸最佳说明的推理，就会形成这样的思路：E（evidence，包括观察的结果或出现的奇异现象等已获得的东西）→ H（hypothesis，即依据证据而提出的并着眼于给证据为什么是那么回事以解释的假设性表述）→ BE（best explanation，在对证据为什么是这么回事进行说明时提出的所有假说中，有某个假说在逻辑与经验上都给了证据以说明，并且该说明是所有这些说明中最好的）→ TH（true hypothesis，由此就可以依据该假说在说明上的最佳性来推出它是正确的）→ ST（scientific theory，从而可以将这个正确的假说看作科学的理论）。因此，可从形式上将这一推理过程理解成对科学理论如何形成的一种描述。我们从可获得的证据出发，在为我们的背景信念所决定的众多可能性中，找到最能说明证据为什么是这样而不是那样的原因。对科学家来说，那个被选

① Nagel E. 1979. The Structure of Science. New York：Hackett：46.

出来的说明就可能成为他的理论。所以，最佳说明的推理已成为科学家提出理论、进行理论创新的重要形式。从这一意义上讲，可把最佳说明的推理看作一种发现模型，它给科学理论的产生过程以具体的刻画。

其次，最佳说明的推理会有助于阐明归纳推理所存在的不完全决定难题。从本质上讲，最佳说明的推理是一种非证明性推理，但这种推理具有独特的作用，即阐明非证明性推理。在哈曼看来，提出"最佳说明的推理"这一概念的目的就是涵盖一切不具备演绎有效性的非证明推理①。自休谟以来，试图证明非演绎推理合理的讨论都集中在归纳上。传统的归纳理想意在为基于证据的新信念形成提供一种规则。这一规则包括描述和确证两个方面。归纳性说明声称要解决的就是这两种问题。描述性问题只按我们推理活动所表现的样子来进行描述，对我们如何做某件事进行说明，说明我们的非证明性推理的实际原理所采取的形式，从而表明这些原理是不是得到真理的可靠指导。描述的方案常常是一种黑箱推理。在这里，我们试图以自己观察到的证据和推理的表层模型为基础来重建潜在的机制。而确证性问题则可被看成是这样的：我们所用的非证明性推理的原理能够形成知识，能使我们从真前提得到真结论，表明我们认为的好说明事实上确实如此，表明我们的推理方法是合目的的好方法。在解决确证问题上，真理常被看作是理解这一点的自然形式。我们常常期望我们的推理方法是"向真的"，即能把我们带向真理。对演绎推理来说，一个好的论证就是那种"如果前提真，那么结论也一定真"的论证。在已知所有可用证据的情况下，科学家可能会接受正确的或接近正确的假说，而抛弃错误的假说。如果实验上的结果与某个假说不一致，那么证据之真就会在演绎上蕴涵着假说之假。但对归纳推理来说，"如果前提真，那么结论也一定真"并不可靠。因为在很多情形下，证据与假说间的关系是非论证的。证据为真并不在演绎上蕴涵着假说为真，即使在证据为真的情形下假说也可能为假。而且，我们给出的那些合理的归纳推理有时会把我们从真理带向谬误。也就是说，不管证据和假说相容与否，证据都不会蕴涵假说的真假。尽管休谟提出了这一问题，并得到了许多科学哲学家的探索，但在归纳推理的把握上依然不尽如人意。

最佳说明的推理在非证明性推理的阐明上具有普遍意义的原因在于：它自身是一种说明性的推理，具有广泛的适应性和合理性。归纳推理只是达到最佳

---

① Harman G. 1965. Inference to the best explanation. Philosophical Review，74（1）：90.

说明的推理的一类例子，"所有的归纳推理都是达到最佳说明的推理"[1]。皮斯罗斯和雷肯也赞同这一看法。自 20 世纪末以来，学者们就最佳说明的推理是否能成为归纳活动的一种合理说明进行了深入的探讨。例如，范·弗拉森、奥卡沙、萨尔蒙、利普顿等都是这方面的代表。支持者认为，就最佳说明的推理的最终目标来看，是要作出某假说为真的判断，其根据就是对假设说明证据的相对评价。因此，最佳说明的推理会有助于归纳推理不完全决定性这一难题的阐明。首先，在说明上，存在着不同的效力标准，如简单性、说明的数量、更少的特设性，以及对因果关系与结构的更深理解等。其次，最佳说明的推理对所看到的东西给予了说明。依照最佳说明的推理模型，一个人得到的结论不仅是对手头资料的一种概括，同时还是他相信进一步将给资料以说明的那类东西，这一结论由于是对证据的最佳说明从而会受到证据的蕴涵。例如，你可能注意到星期一那家超市的人要比其他时间少，你通过归纳得出结论，认为星期一市场上一般不会拥挤。然而，你可能对你所观察到的情形根本没有说明，即没有对为什么超市在星期一顾客不多给出说明。而最佳说明的推理则会把星期一市场上人不多这一情形作为证据，围绕"人不多"这一事实提出假说，来对其原因进行说明。其中，那个能经得起竞争的、给该事实以最佳说明的假说，会得到事实的支持和辩护。因此，可以说，最佳说明的推理用推理来进行说明，从而使推理自身也得到了说明。在恰当地揭示证据和假说间的关系上，最佳说明的推理与阐明非证明性推理的其他模型，如实例模型、假说-演绎模型相比，是有改进的。就它能给所观察到的情形或者说给自己的发现以说明这一事实而论，它合理地辩护了非证明性推理的可靠性。就像利普顿概括的那样，"最佳说明的推理准确地描述了支配我们推理活动的主要机制，同时也为表明这些活动为何可靠提供了一种方法"[2]。这样，最佳说明的推理就成了非证明性推理的一种例证，它为我们的归纳活动和说明活动提供了一种令人满意的、说明上的统一，是我们的归纳活动的最适用说明。

最后，最佳说明的推理还在我们的日常认识活动中占有重要地位，它在我们根据常识及科学的信念等形成有关世界知识的过程中普遍存在，是我们获得有关世界的信念的一种有效途径。最佳说明的推理的这种作用可被概括为这样两个方面。首先，可用它来表明相信个人在认识上的所为是合理的。连贯论者

---

[1] Harman G. 1968. Enumerative induction as inference to the best explanation. Journal of Philosophy，65（18）：529.

[2] Lipton P. 2004. Inference to the Best Explanation. London：Routledge：6-7.

把最佳说明的推理作为一种信念修正，即保持信念体系连贯的规则。例如，哈曼、本约（Bonjour）等都把说明上的关联作为一个信念体系连贯性中的重要因素。在本约看来，对一组信念经过长时间后仍旧连贯原因的最佳说明在于信念的内容大部分都是真的。其次，它也被用来证明认识理论本身是合理的，表明对证明的说明与真值有关。除了把最佳说明的推理看作是修正的基本规则外，认识论者还用它来坚持他们的证明理论，他们常用最佳说明的推理来表明那种证明与真理有充分的关联。比如，基础主义用最佳说明的推理来表明基本信念是如何得以证明的。摩瑟（Moser）在他的证明论中就具体地使用了最佳说明的推理。在他看来，基础是主观的非概念内容，当命题是非概念内容的最佳说明时，经验的非命题成分就能证明命题。也就是说，感觉经验在缺乏命题内容的情况下能将合理性赋予它们所提出的信念。当然，对最佳说明的诉求并不局限于传统的连贯论者或基础主义者，任何想把真理看作一种实在论概念来保证真理和认识上的合理性之间那种关联的人都能使用它。毕竟，就像利索指出的那样，人们已认识到，理论的经验适当性和真实性之间联系的标准表述以最佳说明的推理最为著名。正确性与最佳说明之间具有缜密的关联，最佳说明是理论筛选上的经验标准，所以具有趋真性。雷肯认为，信念的说明贡献确立了它的合理性，而认识合理性的外在特征就是真理。这就涉及有关最佳说明的推理的另一个论题——对科学实在论的辩护。

说明的选择与确定：最佳说明的推理的核心问题

作为科学家，必须得接受那些最可能说明事实的有效假说。

——彼列（撒旦）的牧师致普尔博士（The ArchVicar of Belial to Dr Poole）

最佳说明的推理是科学命题推理方面的一个重要原则，它常常在科学假说和理论的发现与确证语境下得以使用。正是这样的使用，让这种推理模式在过去的几十年里，得到了很大发展。一般来讲，科学有赖于对假说（理论）与证据（资料）之间的关系进行确定。"最佳说明"就是表述这种确定的一个概括性术语。在这方面，任何得到赞成的理论术语、理论概念、理论实体或对理论正确性的论证，都是最佳说明的具体表现。在科学实践中，人们常常着眼于寻求这样的假说和理论：说明了可观察现象，与已接受的科学知识相一致，是简单的，或者为不同类的现象作出了统一说明。并且，科学家根据正确说明了可观察现象、与已接受的科学知识一致、是简单的，或者统一了对不同类现象的说明，去选择和确定他们的假说，并依据这些来给他们接受的理论以辩护。这在科学研究中是比较常见的。可以说，选择和确定最佳说明是科学实践的一个重要构成部分，这是最佳说明的推理的合理性的重要依据。

第一节　说明的优良性依据与最佳说明

最佳说明可区分为最可能的说明和最可爱的说明。

——利普顿（P. Lipton）

　　尽管人们断定最佳说明的推理比较重要，但目前它还没有被给予充分的研究和很好的定义。就像利普顿指出的那样，最佳说明的推理理论"更多地是一个口号，而不是一种已经详细阐明的哲学理论"[①]；格拉斯也认为最佳说明的推理是一个未经明确的概念，"它所面临的两个主要挑战之一就是应如何给它以确切的理解，从而使其变得精确"[②]。在我们看来，对上述问题的回应，可以不通过论证最佳说明的推理来进行，而是提出一种方式，让它变得更加连贯。这一点是至关重要的，因为在一个人能给最佳说明的推理作出正确的辩护或反驳，或者在把它和其他的理论方法进行比较之前，他应当对最佳说明的推理实际上意味着什么有所了解。在这方面，应当使用形式的和规范的方法，而非历史的和实践的方法。具体来讲，就是不要基于最佳说明的推理是否真的被科学家利用或者它是否是描述科学理论的一个更好方法来刻画它，而是应基于如何评价说明的优良性来进行刻画。因为最佳说明的推理已在实践中得到了广泛的使用，并在人工智能领域和哲学中引起了人们的很大关注。但作为一种说明论观点，它还面临一些困难。其中的一个主要困难就在于，去给它的发生机制作出一种让人普遍接受的阐述。最佳说明的推理强调，说明上的考虑指导着我们的推理，说明能在推理体系中起到一种基本作用。它实际上是依照和围绕着选择和确定"最佳说明"来进行的推理操作。这种推理不但能被用于形成作为其过程组成部分的潜在说明，来为使用者提出一组说明，而且会提炼出其中的那个最好说明，确定它是否应被看作是可能的而予以接受。在这一过程中，要让最佳说明的推理变得更确切，就有必要对其中的"最佳说明"这个概念进行阐述。在这方面，常常诉诸说明的优良性。一个假说在说明上表现出来的优良性显示了该假说的说明力。因此，分析假说的说明力，给出假说可接受程度的衡量标准，对理解和把握最佳说明的推理来说，是相当重要的。这不仅是体现最佳说明的推理的合理性的关键，同时也是发挥其认识作用的重要基础。

---

① Lipton P. 2004. Inference to the Best Explanation. London：Routledge：57.
② Glass D H. 2012. Inference to the best explanation：Does it track truth？ Synthese，185（3）：417.

一、说明的优良性依据

在阐明最佳说明的推理时，要涉及的一个根本内容就是判断假说的说明性能。这一点是非常必要的，石里克曾指出，研究者必然要对被考虑的备选假说加以权衡。因为它体现了科学哲学中所探讨的理论选择这个重要话题。进行这样的操作，就得需要某种依据，这让我们拥有一种测量说明质量的标准，以此来对竞争的说明进行比较，从而给出竞争说明的次序。对备选的假说加以测量和权衡，其实是对这些假说所具有的说明力进行判断。在对这样的判断进行描述时，所使用的一个术语就是"说明上的优良性"。麦克尼斯（Adolfas Mackonis）指出，"一个假说的说明力就是由那个假说所显示的说明的优良性"①。它是识别和判断一个假说好于另一个假说的依据。在利普顿看来，"说明上的优良性"是说明上的考虑所涉及的一个概念，它在形成潜在说明及从它们中选出最好的说明中发挥着作用。②甚至有人把那种最好的说明看成是一个最大限度地显示了说明上的优良性的说明。"最佳性不是一个直接针对正确性的判断而是对可接受说明的优良性的一种总括性判断。"③说明的优良性有时在术语上被称为"认知的""认识的""推理的"或"理论的"优良性——这些术语基本上是同义的。其中，"认识的"和"理论的"这些术语也用以表示说明的优良性的具体类别。目前，在有关最佳说明的推理、溯因、说明及理论选择的文本中，人们提出并分析了说明优良性的不同标准。常被引用的针对说明的优良性而提出的评判标准是连贯（一致）性、简单性、范围性、深刻性等。

1. 连贯（一致）性

当面对一组备选的可能说明时，我们就得在其中进行挑选，以确定出那个最佳的说明。针对这种确定的一个重要要求是体现说明性假说或理论与其相关背景知识间的连贯（一致）性。这是用以评价一个说明的质量的主要尺度，同时也是针对充分性假说或理论的第一个重要要求。④连贯（一致）性包括两个方面。首先，一个充分的假说或理论要内在地一致。如果不一致，或者说它自身在逻辑上有矛盾，它就不可能是正确的。其次，它还要外在地一致，即与我们

① Mackonis A. 2013. Inference to the best explanation, coherence and other explanatory virtues. Synthese, 190（6）：978.
② Lipton P. 2004. Inference to the Best Explanation. London：Routledge：67.
③ Josephson J R, Josephson S G. 1996. Abductive inference：Computation, Philosophy, Technology. Cambridge：Cambridge University Press：15.
④ Glass D H. 2007. Coherence measures and inference to the best explanation. Synthese, 157（3）：277.

收集到的证据（资料）要一致。在这里，背景知识是需要涉及的一个相关概念。

　　一般来讲，背景知识是一种知识体系。当讨论一个具体的问题时，它常常被看成是理所当然地正确或近似于正确，从而不会引起争议。就最佳说明的推理而言，背景知识应包含它当中的"最佳说明"在形成时的那些引启情形。这样的引启一般是已出现的事实和实例前提，因而是正确的。故应以和背景知识相同的方式来看待它。这样，当形成一个最佳说明的因素被看成是背景知识的构成部分时，与背景知识的那种连贯就意味着一个说明性假说和其形成要素之间的连贯。即使给最佳说明的推理以否定的范·弗拉森，在他的那种语用的说明理论中也指出，对说明性回答的一种评价，能够一样或更好地"通过诉诸在那种语境下被接受为'背景理论'的科学部分来进行"[①]。如果没有这样的背景知识和背景理论，就缺乏一种推理的前提，从而也没有了最佳说明的推理。在这一意义上，对最佳说明的推理的有效性证据来说，背景知识是不可或缺的。它所决定的假说在"说明上的连贯是一个推理得以进行和辩护的工具"[②]。当然，背景知识未必包括所有的已知事实。但它却是表明一个说明是否优良的必要因素。由于任何合理的假说都需要与其背景知识相连贯（一致），依赖于背景知识形成的假说性说明似乎也是有根据的说明。因此，在理解假说的说明力时，连贯（一致）性被看作体现了一个假说在说明上的常见优良性。作为假说在说明上的最基础优良性，它有时足以挑选出最好的说明来。一个假说或理论越连贯（一致），它就能成为越好的说明。从此意义上看，"最佳说明"和"最连贯（一致）性"等术语意味着相同的东西。说明和连贯性概念之间的关联是这样确立的，即通过指出，阐明"是比……更好的说明"这个关系式所需的条件，实质上和阐明"是比……更连贯"这个关系式时所需的条件一样。萨迦德、哈曼和皮斯罗斯都认可这一点，认为最佳说明就是最连贯的说明。

　　连贯（一致）性体现了假说与其证据间的一种关系。因此，它在说明的构造上起重要作用，在有利于诱导一套潜在说明的同时，也是选择假说时的一种经济性考虑，是所有说明评价的起点，会给其他说明上的优良性是否适当以评论。确定了连贯性的一种合理测量后，就可以提出几种情形，以阐明这种方法超越对"最佳说明"的其他解释的一些优点。就像格拉斯认为的那样，在对"最佳说明"这个术语所意味的内容进行刻画时，可以基于连贯性的测量标准。

① van Fraassen B C. 1989. Laws and Symmetry. Oxford：Oxford University Press：141.
② Psillos S. 2002. Simply the best：A case for abduction// Kakas A C，Sadri F. Computational Logic：Logic Programming and Beyond. Heidelberg：Springer：619.

因为它对说明的一种充分阐述而需要的两种成分进行区分是有帮助的：对什么构成了说明的一种阐述；比较竞争说明的一种合适方法论。萨迦德发展了一种可称为"有限满意"的连贯性概念。他指出，为了落实连贯性，并把连贯性方法应用于具体的问题，我们需要阐明一个具体领域的相关要素，来对它们所体现的连贯性进行综合评价。在这里，连贯性源于把相关要素的一个集合以某种最佳地满足正面（连贯性关系）和反面（不连贯性关系）限制的形式分成 A 和 R。具体来讲，就是把一组要素分为 A 和 R 两种不同的子类，其中 A 包含着被接受的要素，R 包含着被拒绝的要素，这样就可以考虑在给定集合的要素配对间存在的连贯性和不连贯性关系。例如，如果假说 H_1 说明了证据 E_1，那么 H_1 被接受，E_1 就被接受；如果 H_1 同 H_2 矛盾，那么 H_1 被接受了，H_2 就被拒绝了。

　　对作为最佳说明的推理前身的溯因来讲，苏尔茨认为背景知识有着不同的作用表现。在这里，他把溯因区分成创造性溯因和选择性溯因两种。其中，对假说的溯因是创造性溯因，它会引入新的概念和模型。与一个人在已知的说明库，即背景知识库中寻求说明的选择性溯因相比，创造性溯因常常会显得不同寻常。因为它除了涉及提出质疑的启示性知识外，并没有假定什么背景知识。加贝和伍兹认为，"在解决溯因问题时，对原创性思考的需要和溯因者的无知程度是成比例的"①，换句话讲，对创造性的需要是和背景知识的缺乏成比例的。在一种带来新颖观点的创造性溯因中，尽管一个人不能以手边的背景知识来阐述溯因的引启，但这并不意味背景知识在创造性溯因的情形下不必要，而只是说在这一情形下，背景知识不足以提供一个足够好的说明。背景知识依然是有效的，因为在新颖说明的判定上，一个重要的要求就是强调它不应和背景知识矛盾，而是尽可能地和它一样连贯。在石里克看来，连贯性具体涉及保守性，即与现存的被识别的知识体系的适合程度。但保守性作为一种和背景知识一致的属性，更喜欢那种小到足以适合溯因的引启或起码不比备选说明中的任何一个更大的变化。

　　为了进一步阐述说明的连贯性，在此有必要了解巴特博斯（Bartelborth）在《连贯性和说明》一文中提出的那种"连贯理论"②。该理论的主要内容是他所称作的体系性连贯和关联性连贯。概括地讲，这两种连贯都体现出关系上的连贯性，从而阐明了信念 p 多好地适合一个信念体系 X。这一点可由"溯因"和"嵌

① Gabbay D M，Woods. 2005. A Practical Logic of Cognitive Systems：The Reach of Abduction-Insight and Trial. Oxfordshire：Elsevier Science Ltd：64.
② Bartelborth T. 1999. Coherence and explanation. Erkenntnis, 50（2/3）：218-222.

套"表现出来。对溯因来说，p 与 X 吻合得越多，意味着：①就有越多的来自 X 的命题能由 p 所说明或推出；②说明会越好。对嵌套来说，p 与 X 吻合得越多，意味着：① p 常能从 X 被推出或说明；② p 的说明就是越好的。在"溯因"中，p 是说明项；在"嵌套"中，它是被说明项。这样，"嵌套"就覆盖了被称为溯因的东西。同时，被巴特博斯称为"溯因"的东西呈现出最佳说明的推理的含义，它也可被理解为皮尔斯意义上的归纳。因此，他的关系连贯性概念就包含着皮尔斯的溯因和归纳。而且，演绎也以总体的推理关联形式被包括进来；在"溯因"中，"被说明或被演绎"显然意味着"被顺应或被预见"，而在"嵌套"中，"被推导出"可能必须在"定理的演绎"意义上来理解。

需要指出的是，即使与背景知识相连贯体现了说明上那种最重要的优良性，而且背景知识被看作是正确的，但这并不意味着说明性假说不会有矛盾。实际上，说明性假说会有矛盾，并且这样的矛盾最终还会改变背景知识，库恩提出的范式变化就是这种改变的一个例子，较少的实质性调整也许是可能的。例如，在异常溯因的引启情形下，当背景知识预测了那些和溯因的引启相左的事实时，那种调整就有可能。同时，还需要指出的是，连贯性有几种表现。类似性就是其中的表现之一。类似是一种连贯，它有助于推出背景知识，从而使新知识并不完全不同于已被看成为真的知识。萨迦德将此看作说明的连贯性的构成原则之一。尽管这个概念和由连贯性体现出的统一性近似，但它还不是一种统一，因为它只使用了一个类似的说明，而不是相同的说明。和类似有关的是一个说明性假说的可理解性优点，即一个新的说明会使用常见的概念与模型或某种已知的东西。另外，说明项在因果、时间、结构等方面优先于被说明项也是连贯性的一种表现。

2. 简单性

真正的科学是简单的。关于同一话题的理论，越简单就越具有可信性。因此，简单性经常被看作说明的优良性的判断依据，受到人们的深入探讨。目前，人们在简单性上的探讨，已使它成为说明的优良性探讨中比较复杂的情形。比如，仅就数量来讲，苏博尔（Sober）谈论了两种简单性（语义的和语形的）；尼因洛托提到了四种简单性（本体论的、语形的、结构的和方法论的）；毕比（Beebe）列出了六种不同的简单性（一种心理的、两种本体的、三种说明的）。概括起来，由于所有的假说都是在语言中表达的，所以简单性可作为一种语言探讨议题，能被归结为语形上的简单性和语义上的简单性两个方面。说一个假说是简单的，是说该假说要么是以简单的形式表达的，要么是说该假说表达了简单的事实。前者意味着要选择在逻辑上更为简单的假说。逻辑上简单的假说，其实质在于减少一个假说的结构构件，如符号、词汇、公理、附加的假说、理论假定等；而后者常常被看成是语义上的简单性，这种要求基本上体现的是本体论上的简单性，要求减少一个假说所假定的实体数量。

说明上的简单性强调，在其他方面都一样的假说，越简单、越节俭，就越有可能成为好说明。例如，在科学史上，哥白尼的"日心说"之所以能够说服后人，一定程度上是因为他的解释要比托勒密的"地心说"更简单，省去了很多烦琐的公式。拉瓦锡（Lavoisier）的燃烧理论断定了氧气的存在，这足以说明燃烧后的物质重量为何有所增加。另外，普利斯特里（Priestley）的燃素理论断定燃素存在。这样，为了说明相同的现象，就需要一种附加的设想，即燃素是有重量的。拉瓦锡的理论需要的附加设想更少些，因此，在对燃烧现象的说明上，它是比燃素理论更好的、更简单的说明。就像有人强调的那样，越简单的假说，是一目了然的，也是更"吝啬"的，它作出的假定会更少一些，这就使它更具有可验证性。因此，更简单的说明更易于被验证；而更复杂的说明则包括了更多的辅助性前提及背景假设，所以要比简单的说明出错的地方更多。利普顿曾依据说明的优良性把说明划分为最可能的说明和最可爱的说明。说明的可爱性是相对于理解而言的，它的第一个特征就是简单性：一个说明越简单，就越利于我们的理解。因为一个简单的说明，只包含着非常少的复杂的命题，而我们更倾向于把握一个具有这种属性的说明。好的说明应当是无特设的说明。如果 A 作为 B 的一个说明被提出来，那么 A 就不应和 B 的其他说明及资料隔离开，而成为特定的。一般情况下，无须作出特别的假定，就能使现象得以说明。因此，必须做到像奥康姆（Ockham）那样，"如无必要勿增实体"。因此，不应假定存在着那些对说明现象而言不必要的东西。反过来，可以认为一个作出了不必要假定的理论是不合理的。考虑的命题越少，进入被说明现象的不必要假说和预见就越少。从假说越少就可能越好这一意义上看，简单性类似于下面所讨论的统一性。因为统一性常常以同样的资源去说明更多的事实，而简单性要求是以更少的资源去说明同样的事实。

一般来讲，在科学探讨中，作为结论的假说，必须能对我们所面对的奇特事件作出说明。另外，作为结论的说明性假说，必须能够接受检验。但在科学研究中，往往会有不止一种假说能满足这两个规则。这样，就有必要对这些假说进行选择。当从竞争的说明中选出最佳说明时，简单性是常被引用的一种指导标准。在这方面，皮尔斯较早地注意到了在选择假说时实现经济推理的简单性概念。"针对一个被说明的事件，我们往往会有很多的说明性假说。在这些说明性假说被看成为知识前，必须要对其进行验证，而验证是需要时间和精力的，所以经济性将成为最重要的考虑。"①也就是说，推理的结论有时是难以确定的，因而推理是有成本的，要经济地进行推理。如果一个说明性假说是简单的，以某种很小的代价加以检验，那就值得我们在归纳的程序中对它优先选择。因为当我们考虑到那些更少设想的假说时，简单性就会表现出特定的趋真性，即有利于真理。这样，更简单的说明并不只是更可爱的，而且也是更可能的。皮尔斯指出，"我们必须考虑让假说成真的那些东西，它们包括纯本能的与推理性的"②。前者指的是假说的简单自然性；后者是说，如果我们知道有某种事实使给定的假说在客观上为真，那我们就得对它进行归纳检验。如果并非这样，即假说与我们的先入观念不一致，那就得考虑假说的自身属性，其中的一个就是简单性。"在溯因推理中，这尤为重要。因为我们不要期望给定的假说能被证明是完全令人满意的，我们时刻得考虑假说一旦被否定时的情况。这样的考虑会使我们注意假说的三种性质，即谨慎性、广阔性和非复杂性。"③这里的"非复杂性"就是要求去选择更为简单的假说。

3. 范围性

在对一个假说或理论进行评价时，被它所说明的各种现象的数量也是一种重要考虑。因为按照利普顿的理解，一个可爱的说明将拥有那种阐述大量现象的能力。这是说明的优良性的另一表现，这种优良性就是范围。具体来讲，假说或理论明显可应用于大量的现象。如果两个假说或理论在充分性上做得一样好，但其中的一个有更大的范围，那它显然就是更好的。我们更可能接受和理解一个有更大说明范围而不是一个只说明很少数量现象的理论。皮尔斯指出，在溯因中，对假说进行选择时，"广阔性"是值得关注的一种属性④。所谓广阔性，是指对一个事件的说明性假说要尽可能广泛。这着重包括：假说的内容要丰富，

---

① Peirce C S. 1933. Collected Papers of Charles Sanders Peirce, Vol.4. Charles Hartshome, Paul Weiss, eds. Cambridge: Harvard University Press: 602.
② Peirce C S. 1998. The Essential Peirce: Selected Philosophical Writings, Vol.2. Bloomington: Indiana University Press: 108.
③ Peirce C S. 1998. The Essential Peirce: Selected Philosophical Writings, Vol.2. Bloomington: Indiana University Press: 109.
④ Peirce C S. 1998. The Essential Peirce: Selected Philosophical Writings, Vol.2. Bloomington: Indiana University Press: 109.

信息量要大，话题要多，角度要广，从范围上说明了更多的现象。以更大的精确性说明了现象，对潜在的机制提供了更多的信息，或者简化了我们的世界的总体图景。这样的要求更有可能使一个假说指向其他的经验领域，从而拥有更大的说明力。

假说或理论的说明范围也可被表述为统一性。有人将此称为多产性，它意味着假说可能在说明将来进一步的现象上的前景，或者说，它能说明多少现象。当然，这里所提到的说明的对象，是指相同理论下的，而不是不同理论下的大量不同、不相关的需要说明的现象。理解和验证一个说明的统一性，并不是一件费劲的事。因为这可以通过许多种方式来进行。当我们从许多不同的角度进行处理时，通过给我们以更大的理解来提高可爱性和可能性，就可以促进对一种统一理论的验证。此外，和简单性类似，假说在说明上的统一性带给我们可能性。一个假说或理论能说明的事实种类越多，统一明显不同的东西越多，它就越有说明力，是更好的说明。在现实世界中，存在着统一理论的很多实例。例如，牛顿的万有引力理论可以在许多研究领域被观察到，就是因为它的统一性。"牛顿力学是统一性的一个好例子，因为它说明了很多不同现象的运动：行星、卫星、彗星、潮汐等。然而，通过对水星的近日点、引力场中光线的弯曲以及在一个强引力场中谱线的红移等现象的说明，广义相对论被证明是更一致的。量子力学远远超越了任何竞争的对手，因为它对某些原子的光谱频率、磁现象、物质的固体状态及各种其他的复杂现象，像光电效应和康普顿效应等，提供了说明。"①

总之，对作为统一的、广泛的、一致的、有一种大的范围或说明了一系列事实的假说或理论而言，存在着两个主要的要求。首先，它必须至少阐明两类不同的事实，且越多越好。如果一个假说或理论成功地说明了很多不同的事实，那么这将使只说明了少数事实的其他竞争假说或理论变得不再吸引人。一个假说或理论说明及成功预见的事实越多，其统一性就越大。因此，可以把统一性的这种属性称为体现化力量。其次，统一性不能是假说或可观察陈述的简单结合，用不同假说或可观察陈述的联言情况，来提高结果集合中的那种势位，并没有构成真正的统一性，因为这并未给已知的东西增加任何内容。

---

① Thagard P R. 1988. Computational Philosophy of Science. London: Massachusetts Institute of Technology Press: 80.

4. 深刻性

一个说明性假说在内容上越深刻，就是更好的说明。就一个说明的深刻性而言，有两个主要因素。首先，如果 H_1 阐述了一种产生溯因引启的因果-律则机制，或者涉及最佳说明的推理的发生机制，而 H_2 则没有，那么 H_1 会比 H_2 更深刻。其次，如果由 H_1 所假定的机制比 H_2 所假定的机制更具体、更精确、更基本、更富有信息，那么 H_1 就比 H_2 更深刻。如果从给出信息的理解上看，相对于法则 L，如果 u' 比 u 使 q 在更大程度上可理解，那么 u' 就成为 q 的一个比 u 更好的科学说明。就一个人应如何评价说明的深刻性而言，萨迦德提出，这应当关系到说明的发生机制。对一个说明 H_1 来说，在给其以评价时，应当给出它的产生机制 M，而一个更深刻的说明则是要给出比 M 更为基本的机制。例如，对汽车运动的说明，可以认为它是因受发动机的机械力作用而运动的，机械力对汽车本身的作用机制会给这个说明以辩护。但当给出能量的转化机制时，就会拥有汽车如何运动的一个更为深刻的说明。然而，在说明时，无须给这种机制本身以理解。例如，对牛顿来说，重力是天体为什么有轨道且沿着它们的轨道运动的一个非常好的说明。这个说明对牛顿来说，即使他不能解释重力本身是如何造成的，也是个很好的说明。而对他的一些反对者来说，则不是很好的。但如果他知道什么引起了重力，他将有理由说服他的反对者，让他们相信重力引起了特定的天体运动。因此，即使一个更深刻的说明对某物的说明并不是必要的，但一个更深刻的说明通过提供额外的一些理由，将会成为一个比并不深刻的说明更好的说明。

对说明上深刻性的偏爱源于一些给最佳说明的推理以支持的人所表现出来的对因果机制说明的偏爱。由于这种偏爱，那些代表着深刻性这一说明优良性的术语，常常被普遍地和说明的因果机制阐述相关联。然而，皮斯罗斯提出，不要坚持一个具体的说明概念[1]。在他看来，最佳说明的推理理论不应使用对说明的一种唯一阐述，而是应使用说明的所有阐述。因此，说明的深刻性应被看作是说明的这一能力，即不管使用什么样的说明概念，对说明的阐述依然会更进一步。而且，对说明的不同阐述能提供一些标准，用这些标准来确定一个真实的说明是否出现。如果一个说明并没有提供任何阐述，即缺乏深刻性，它就是不够好的。

---

[1] Psillos S. 2002. Simply the best: A case for abduction// Kakas A C, Sadri F. Computational Logic: Logic Programming and Beyond. Heidelberg: Springer: 606–607.

　　总之，对说明进行评价是科学说明和科学推理的重要组成部分。在判断和选择优良说明方面，不同的领域可能使用着像范围、精确性、统一性、简单性等可能的备选者。分析这些有关说明的属性的不同评判依据是非常必要的，因为这会给出一幅有关不同的测量标准以确定对证据负责的实际说明形式有多好地起作用的图景。当然，除了以上几种比较典型的说明的优良性表述外，在好说明的确定上，可能还需要其他的一些优良性依据。例如，夏佩尔（Shapere）认为，好说明必须是：成功的、摆脱了具体怀疑的理由。所谓成功的是指：①这一假说必须说明信息域中全部的项；②这些说明是精确的。但一个成功的理论并不一定是正确的，这就需要第二个条件——免于具体的怀疑理由。另外，还有说明在经验上的可证实性，说明的稳定性、预测力、创新性及启发性等优良性依据。不过，这些依据一般是不常用的。就像皮斯罗斯认为的那样，只有在以上所罗列的几种优良性无法给那个最佳的说明以决定时，才需要说明的其他优良性来帮忙。①

二、最佳说明的推理中的"最佳说明"

　　就目前来看，尽管人们已在说明的优良性上达成了一些共识，并在确定良好说明的操作上拥有了一些共同的依据，但阐述"最佳说明"这个概念是比较难的。哈曼在描述最佳说明的推理时强调，应把所有的归纳推理都看成是一种寻求最佳说明的推理，这给我们提供了一种策略，即可结合对归纳推理的考察，把"最佳说明的推理"这个表述看作是一种技术上的行话，来确定它的特征和属性。此外，尽管探讨最佳说明的推理的文本不断出现，如利普顿的著作就是当前对这一问题进行翔实阐述的典型，但对我们该如何判定一个说明性假说是"最佳的"这一关键问题还没有深入的阐明。原因在于："最佳说明"是一个比较性的概念，它是基于竞争的假说而来的。而对竞争假说进行比较和评论是比较难的，并不存在评判说明的良好操作；此外，理解和分析说明的优良性属性有时是很难的，在这方面并没有一种让人能普遍接受的统一阐述。从潜在说明中选择最佳说明，会受到实际的考虑和兴趣变化的影响。例如，在统一性及简单性的分析上并非没有争议，有些人甚至对这些是否真的就是分析科学说明的真实情形提出了质疑。对于同一个说明，如果以某种方式来进行分析，有时会

---

① Psillos S. 1999. Scientific Realism: How Science Tracks Truth. London: Routledge: 219.

被看作是简单的，但如果以另一种方式来进行分析，就是复杂的。就像莱勒指出的那样，要给出"更好的说明"这个概念以有用的分析是"无希望的"。考察"最佳说明的推理"这个术语，就会从它的构成词发现：我们进行的是一种推理，但这种推理着眼于寻求说明。它有赖于说明证据（资料）的假说的优良性，但这个说明并不是任意的，而是看待证据（资料）的最佳方式。"最佳说明"这一表述蕴含着两个非常重要的东西。首先，在论证中一定存在着对证据（资料）的其他可能说明，即竞争说明。其次，这个论证也认为，独创性的说明要好于其他的竞争说明。因此，似乎存在着这些说明的分类秩序。这样，最佳说明的推理就体现出一种选择的成分。它提供了从一堆已确定的说明中选出一个最佳说明的指导纲领，使我们作出一些隐含的比较和考量。我们认为，对最佳说明的推理这一推理形式进行检验的实际情形，就能显示出评价说明性假说和理论的一些标准。这些标准除了弥补哈曼对最佳说明的推理给予解释的漏洞以外，还为科学理论的辩护提出了一种广泛解释。

在对"最佳说明"的理解上，我们认为，首先可以把它看成是一个表述说明质量优良性的概念，是对说明上的优良性加以综合考虑后所产生的说明力状况的表述。说明和说明之间往往是有区别的，一个说明是否优良，其质量是否良好，常常是在认识的意义上来进行谈论的。从上述那些说明的优良性来看，既包括经验上的优良性，又包括逻辑上的优良性。就前者而言，说明性活动的目标在于谋求那些在经验上优良的理论，这些理论会成功地顺应预测到的数据。识别一个假说被相关的经验数据所证实，其实是表明说明在经验上优良性的操作。有人认为，说明上的考虑在诉诸经验验证的情况下，对假说的接受就是充分的。也就是说，如果一个假说在经验上被确定是最佳说明，那么与其竞争者相比，在一种说明的质量验证中，它的表现应当是最佳的，会因拥有很好的说明力，从而被认为是合理的，除非有理由说它被一个更好的说明取代，或者有理由确信竞争者是更好的。^① 就后者而言，它的最大特征就是非经验的或理论上的形式协调和无矛盾性。但这样的优良性并不排除经验上的优良性对说明的可爱性进行评论时的那种帮助。因此，这些优良性都能成为选择一个假说的认识依据。就像利普顿概括的那样，在形成潜在说明并从中挑选出那个最佳说明的过程中，说明的优良性发挥着重要的作用。^②

---

① Psillos S. 2002. Simply the best：A case for abduction// Kakas A C, Sadri F. Computational Logic：Logic Programming and Beyond. Heidelberg：Springer：622.
② Lipton P. 2004. Inference to the Best Explanation. London：Routledge：67.

其次，"最佳说明"这一概念的内容是有其独特所指的，它只表述说明在认识上体现出的优良性。就像巴恩斯强调的那样，在对说明的优良性进行把握时，不应把最佳说明的推理语境下的那种认识上的优良性与审美上的优良（优雅的、漂亮的）相提并论①。即使利普顿使用"说明上的可爱性"而非"说明力"这个术语，从而体现出一定的审美意味，但在最佳说明的推理语境下，它表示的只是所给出的理解。也就是说，作为说明上可爱性迹象的那种优良性，应当提供的主要是理解而不是有关审美方面的愉悦。更进一步讲，在选择理论时，就美学上的优良性而言，由于可把它们看成是从一些说明上的优良性中派生出来的，所以我们就应从说明上的优良性中将它们排除出去。这一点是我们在确定最佳说明的含义时需要把握的。

最后，"最佳说明"往往正确地表现了世界上所有经验的因果依据及类似的不变性。由于对世界的理论把握往往是以获得这样的不变性为目标的，所以可将"最佳说明"看作具有最高理论程度及正确性的优良性。这些具有最大理论优良性的说明，也会显示出最大程度的经验优良性。更进一步讲，如果所有的说明上的优良性都是逻辑的，那么在所有的可能世界中，依据这些认识上的优良性来形成最佳说明将表现出明显的演绎特征，从而在经验上也是充分的，这是有益于正确性（真理）的。当然，还存在着一些形而上学的、非逻辑的说明优良性。对这些优良性而言，如果它们有利于真理，那是因为世界的本体结构允许这些优良性有利于真理。在对最佳说明趋向于正确的探讨方面，图梅拉（R. Tuomela）的《正确性和最佳说明》(*Truth and best explanation*) 一文在科学增长的语境下对正确性与最佳说明给予了阐述。他指出，正确性概念是一种认识上的概念，它有赖于一个人的观点和背景知识。尽管图梅拉并不认为某种认识上的正确性和最佳说明是相互等价的概念，而是认可约瑟夫森（Josephson）的观点，即"最佳有可能不直接是一个对正确性的判断，而是对可获得的说明的优良性的一种简易判断"②，但他却辩护了这一主张：正确的理论和作为最佳说明的理论之间是一致的。图梅拉还以日益更好的说明这一概念考察了知识的一种常见增长，尤其是科学实在论的观点——认为科学着眼于给出世界的更确切和似真性图景。利普顿在"最佳说明"的理解上，提出"说明上的可能性"和"说明上的可爱性"两种情形的区分。其中，最可能的说明是最可能为真的说

---

① Barnes E. 1995. Inference to the loveliest explanation. Synthese，103（2）：273.

② Josephson J R，Josephson S G. 1996. Abductive inference：Computation，Philosophy，Technology. Cambridge：Cambridge University Press：15.

明，而最可爱的说明是最受人喜欢、能给人以最多理解的说明。对于这两者，都可以按照说明的优良性依据来进行判定。

当然，"最佳说明"这个术语的可能含义或许比这里的理解还要丰富。我们在这里的目标只是想表明，对最佳说明的理解有必要结合说明上的优良性来理解。有关说明上的考虑在选择假说时发挥着重要作用。从众多的可能说明中给最佳说明以确定的那种评价过程的最重要，同时也是最大胆的主张在于，把最佳说明和正确性看成是相关联的——如果一个假说真的给现象以最佳说明，那就有理由把它看成是正确的。尽管在这一点上并不是没有争议，但它在应用上的成效，即在所有的可能世界中，其结论是正确的这一点，让人们对最佳说明的推定过程很有兴趣。比如，达尔文通过自然选择形式对物种进化理论这一作为最佳说明的论证就是这方面的一个好例子。他指出，"近来，有人认为这是一种不可靠的论证方式。但它却是一种用来判断生命普遍事件的方法，常常被伟大的自然哲学家所使用"[1]。惠威尔及更早的莱布尼茨和笛卡儿等人，很早就讨论了依据假说所提供的说明来给假说以确定。在他们看来，可以接受一种寻求最佳说明的观点，即依据某个假说要比另一个假说给证据的说明更好而对其加以接受。实际上，人们对某个假说或理论的坚持，常常是通过将其看作对证据的最佳说明而得以实现的。科学史上，使用说明上优良性的例子并不少见。在物理学上，惠更斯（Huygens）就是通过表明他的光波理论如何给光的直线传播、反射、折射现象以最佳说明，而论证了这一理论的正确性。如果我们把最佳说明和正确性相关联这一点忽略掉，那么围绕着最佳说明所进行的归纳推定就会失去所有实际的或为人们所断定的那种价值，不再是在寻求最佳说明的指导下进行的推理，而只成为猜测性地提供假说的溯因或成为只在一种成功的证实后才能接受一个假说的假说-演绎论。

第二节   说明上的优良性对最佳说明的确定

> 最佳说明的推理是一种受说明上的考虑指导的推理。
>
> ——利普顿（P. Lipton）

"最佳说明"因其是对说明性假说的优良特征的一种综合表述，从而成为决定最佳说明的推理合理性的核心概念。客观地讲，正是这个术语，让最佳说明

---

[1] Darwin C. 1962. The Origin of Species. New York：Collier：476.

的推理拥有了许多优点。也正是这一概念的具体要求，影响和决定着最佳说明的推理作用的发挥，让它在科学发现中的那种启发性表现好于假说-演绎等推理模型。这样，正确理解这个概念就成为把握最佳说明的推理的关键。由于针对同一个事物，尤其对不同寻常事件的发生来说，可能会因为人的实践、认识的限制和影响，总会出现许多层次不同的可能说明。因此，区别这些说明，分析它们的质量，确定哪些说明是好的、哪些是差的，就非常有必要。在对"最佳说明"进行确定时，说明上的优良性往往发挥着重要的作用，已被看作衡量一个说明是否优秀的重要标准。[①]

一、连贯（一致）性对最佳说明的确定

如上所述，连贯（一致）性常常是被用以依据假说或理论的自身属性来衡量它们给出了多少说明的一种描述。因此，我们可以用它来告知一个假说或理论在何时对证据的说明超过了另一个。在现实中，我们往往通过指出某个假说或理论能说明的事实来表明它比另一个不能这样的假说或理论更一致。简言之，如果一个假说或理论在说明上至少给两类事实以说明，就可以认为它的表现是一致的、稳定的。如果一个假说或理论说明了更多类的事实，它就比别的假说或理论更一致。比如，达尔文就曾在《物种起源》中，引用了大量由进化论所说明的事实。他指出，"不能认为一个错误的理论会将以像自然选择理论那样如此令人满意的形式说明了上面所表明的大量事实"[②]。在科学史上，这方面的一个突出例子就是牛顿力学，它为行星、卫星等的运动都提供了说明。还有就是广义相对论，它通过说明水星的近日点、重力场中光的弯曲及光波线在强重力场中的红移等，而被证明是更一致的。可以看出，一个能以令人满意的方式说明大量事实的假说或理论可能是不会错的。

对此，不妨做这样的分析：让 T 是一个包含一组假说 $\{H_1, \cdots, H_m\}$ 的理论；让 A 是一个附加假说 $\{A_1, \cdots, A_n\}$ 的集合；让 C 是一个已被接受的条件集合 $\{C_1, \cdots, C_j\}$；让 F 是一组事实类的集合 $\{F_1, \cdots, F_k\}$。那么，当且仅当 T 和 A、C 联合说明了 F_i 的成员且 $k \geqslant 2$ 时，T 才是一致的。为了得到一种比较性的看法，让 FT_i 成为由理论 T_i 所说明的事实类集合。这样我们就可以在比较上相一致的

---

① 需要指出的是，在这里，使用"标准"这个词，并不意味着它是确定最佳说明的必要或充分条件。我们将会看到科学推理的复杂性，排除了最佳说明的这种条件的出现。标准是判断的标准，它必须相对于其他评价说明性假说的标准来被衡量。

② Darwin C. 1962. The Origin of Species. New York：Collier：476.

两个不同定义间进行选择：① T_1 比 T_2 更一致，当且仅当 FT_1 的集势比 FT_2 的集势更大；② T_1 比 T_2 更一致，当且仅当 FT_2 是 FT_1 的一个恰当子集。这些定义不是等同的，因为 FT_1 可能要比 FT_2 大，而同时 FT_2 的一些要素不在 FT_1 中。换句话说，T_1 有可能比 T_2 说明的事实类多，但仍有些事实只能由 T_2 说明。在这两个定义并不一致的情形下，一定要按什么理论说明了最重要的事实来判定最佳说明。

将一个假说或理论看成是一致的，并不只是认为它"适合于事实"，而是首先强调这个假说或理论说明了事实，其次是它所说明的事实不是从一个领域中拿出的。这两种属性使一致性和一些被称为"说明力"、"体系力"或"统一性"的其他概念相区别。有观点认为，说明力在某种程度上可由考虑一个假说的演绎结果来得以评价。但像"A，所以 A"这样的演绎，表明了并非所有的演绎都是说明。而且，就一个假说或理论的说明力的评价来讲，被说明的是被组织的和被分类的，这一点是根本的。因为事例的类别所体现的就是一种一致性。坚持认为假说或理论之间存在着竞争的人，都会拥有科学史背景。他们通过把事实归并到特定的事实类中，然后依据说明不同事实类的方式，来判定一个假说或理论的一致性。把事实归到类别中的那种组织将是一个历史语境的问题，因此说明也是一致的。要想使一个假说或理论是一致的，就得给一致性一个边界，要求它不但说明了一组事实，而且还阐明了它不能说明的事实。举个来自皮尔斯的例子，我们可根据说明，如某个人懂拉丁语，穿黑色白领衣服，独身等全异事实的假想，推出他是天主教神父。因此，格拉斯指出，皮尔斯的溯因推理能作为一种保证连贯性和一致性的方法而起作用。在推出最佳说明的过程中，重要的不是被说明事实的数量，而是种类。客观地讲，上面所探讨的假说或理论的一致性概念是静态的。它认为事实类的总数，即总体的证据，是给定的。这样，对最佳说明的论证就会引用一组被说明的事实。但这个要求是无法让人满意的，因为一个假说或理论满足限制条件的方式在于详细说明一个完全不同领域的事实。例如，心理分析方面的理论是不能说明黄金价格问题的。这样，认为一个一致的假说或理论给不同的事实以说明的另一种方式就是把它看成说明了不同领域的法则。在上面对一致性的定义中，没有使用法则这个概念的原因在于，并非所有支持假说或理论的事实都是法则。例如，拉瓦锡的法则是燃烧物中增加的重量等于它燃烧时失去的重量。

在对说明性假说或理论的接受性进行考察时，还需要考虑一致性的一个动态概念。动态的一致性是这样的，如果理论 T 在时间 n 比它首次被提出时更一致，那么它在 n 时就被看作是动态地一致的。可将这一点理解为，如果表明 T 所说明的新事实类存在着，那么它就是一致的。具体来看，概括（x）（$Fx \supset Gx$）是一致的，如果在对象集 a 中存在着一个变化，那么这个概括就和 Fa 一起说明了 Ga。萨尔蒙认为，事例的类别变化是比较重要的，因为它有助于消除备选假说。这通过让我们表明一个假说比其他的假说更一致而达到。格雷默尔也指出，为了弥补在一个或更多假说或在证据中的错误情形，就需要变化，以此在彼此之间进行消除。问题在于，难以给一个动态的一致性比较概念以确切陈述。大致上讲，当且仅当 T_1 成功地给它自己增加了比 T_2 更多的事实类，那么 T_1 就比 T_2 更动态地一致。在这方面，成功的预测——假如这个预测涉及的事态是用来作出这个预测的理论以前没有涉及的，并且假如这个预测也是一个说明常常可被理解为动态的一致性的一种迹象。在一个令人熟悉的领域，成功的预测对假说或理论的说明价值或接受性的贡献是相对较小的。例如，哈雷用牛顿理论来预测由他的名字命名的彗星的回归，便是这种理论说明力的一种标志。

二、简单性对最佳说明的确定

简单性和说明密切相关，它是对说明的一个基本要求。就说明的简单性而言，它其实是对一个优良说明的最为重要的限制。简单的说明包含的设想和命题会更少，因而有利于我们的理解。在物理学的光波理论历史中就存在通过简单性来给最佳说明以论证的表现。惠更斯通过表明他的光波理论如何说明了光的直线传播、反射、折射现象来对这一理论进行论证。但牛顿的粒子理论曾使光波理论一度黯然失色，当托马斯·杨（Thomas Yen）增加了衍射定律后，使这种理论能说明有色光的很多现象。后来，奥古斯汀—简·菲涅尔（Augustin-Jean Fresnel）在一系列论文中，通过论证波理论在说明反射和折射事实上和粒子理论一样，并且认为在包括衍射在内的许多事实上，只有波理论能简单地作出说明，从而攻击了粒子理论。这样，就把波理论作为最佳说明推导出来。另外，在拉瓦锡对燃烧的氧化理论的论证中，简单性也是最明显的因素。但包括在这一情形下的简单性和基于句法和语义考虑的简单性概念并不相关。拉瓦锡认为，燃烧在于有氧参与，因而燃烧物质的质量会有所增加而不是降低。为了说明这一事实，燃素理论的坚持者就必须作出这样的设想，即假定被释放的燃素有"负重量"。由于氧化理论在没有作出这样假定的情况下，就给证据以说明，所以它就能被推定为最佳说明。可以看出，在使用简单性来对说明进行确定时，拉瓦锡是这样进行的。理论 T 对事实 F 的说明要求一组给定的条件 C 和一组辅助的假说集合 A。C 是没有问题的，因为它的所有成员在独立于 T 或 F 的情况下都是被接受的。但需要给 A 以进一步的检查。因为辅助假说是一个陈述，它并非原来理论的构成部分，而是为了帮助说明 F 的一个成员或 F 成员中的一部分，而被假设出来的。这样一来，简单性就成为理论 T 为了说明事实 F 而需要的那种集合 A 的大小及其属性方面的功能。具体来讲，氧化理论 T 给金属在燃烧时重量有所增加而不是减少这个事实 F 以说明，需要一组条件 C，包括给金属加热到什么样的温度，以及在什么样的环境下，它才会燃烧等。同时，还需要一组辅助假说 A，比如，燃烧物中吸收了什么样的气体，气体和金属在燃烧中是如何结合的等。而那种燃素学说认为"燃素"主导着燃烧，被燃烧的物质在燃烧时会同它分离。这样，燃烧就成了一种分解的过程，燃烧的产物在理论上应比可燃物的质量轻。因此，要说明金属燃烧的重量增加这一事实，燃素理论就必须作出更多的设想，这样的操作无疑会让它变得复杂，以至于包含一些特设的假说。

一般来讲，特设的假说是一个只说明它所引入的那些现象的假说，而简单的理论则是一个包含有很少特设假说的理论。苏博尔从假说在说明时所需要的特设信息这一角度阐述了这一点。在他看来，说明的简单性其实是有关信息的。对问题 Q 而言，如果 H 在回答 Q 上比 H′ 需要的信息更少，那么 H 就比 H′ 更有信息，拥有更大的信息量。在从假说过渡到被说明项的过程中，一个说明需要的原始条件越少，该说明就越简单。这样，如果被说明项 E 能从理论 T_1 和原始条件 C_1 的结合中推导出来，而从 T_2 推导 E 时除了需要条件 C_1 外，还需要 C_2，那么与 T_2 相比，T_1 就给出了一个更为简单的说明。另外，如果 T_2 假设了 T_1 所不曾假设的实体存在，那么 T_1 就比 T_2 在本体上更经济，从而更简单。因为本体上的经济性就是简单性。尽管拉瓦锡曾认为他的理论好的原因，不在于它在本体上更经济，而是因为它比燃素理论更一致、更简单，这似乎认为经济性和简单性不是一回事。但我们认为，尽管并不需要在所有的情形下都要给存在的燃素是怎么回事以描述，但它毕竟是一个极其形而上学的概念，所以在对燃烧的说明上，它作为一种特设的情形并不是有益的。既然最佳说明所依赖的那些优点至少有一部分涉及形而上学方面，所以对其加以确定时，也应把本体上的经济性和简单性作为一个重要的考虑。

三、类似性对最佳说明的确定

尽管前面我们在阐述说明上的优良性依据时并没有提到类似性，而且从表明上看，它和说明也没有多大的关联，但从科学史上看，不乏找到一些让类似性在确定最佳说明上发挥重要作用的例子。比如，达尔文在人工选择和自然选择中，为了达到某种启示的目的，从而让人确信他的理论，他使用了类似性。此外，惠更斯和菲涅尔在支持光波理论时，也使用了声现象和光现象间的那种类似性。尽管上述两种使用类似性的例子都是为了对各自的理论进行支持，以至于让人无法弄清类似对于说明的确定是如何实现的，但这些类似性通过提升理论被用于作出的说明，为理论提供了支持。从类似性给出的那种论证，常常可以这样表示：

A 是 P，Q，R，S；

B 是 P，Q，R；

所以 B 是 S。

在这里，我们可根据一个对象或一类对象 B 分享了一系列和 A 一样的 P、Q 和 R 属性，来得出它可能具有某种属性 S。这样的理解，可能会使达尔文认为，由于自然选择在很多方面像人工选择那样，所以它也导致了物种的发展；同时，会让惠更斯可能认为，由于光和声在很多方面是相像的，所以它也形成了波。这样的论证可能把握住了达尔文和惠更斯对类似性的实际使用。可以看出，类似性与科学上的创新有关。因为对现象间类似性的把握会给人带来某种启示，从而引导人们进行推理，而这样的推理常常是有益于创新的。

上述那些依照类似性来进行的推理，可通过使用"说明"这个概念来给它们提出一种更好的概括，并能在这种概括中较好地体现类似性在对说明进行确定时所起的作用。就像上面的形式所表明的那样，如果 A 在 P、Q 和 R 等属性方面和 B 类似，并且我们知道 A 具有属性 S 这一点说明了它有 P、Q 和 R 属性的原因，那我们就可以认为 B 具有属性 S 是对 B 为什么有 P、Q 和 R 属性的一个有前景的说明。尽管我们实际上并不能确定地得出 B 确实具有属性 S，因为证据是不充分的，而且非类似性也提出了一些威胁，但我们却可以认为 A 和 B 之间的那种类似性，可通过 S 来提高在 A 中的 P、Q 和 R 的说明价值。在这里，类似性标准使汉森称作的那种"发现的逻辑"得以包括在最佳说明的推理的逻辑中。汉森认为，存在着一种有关发现的自主性逻辑。这种逻辑可以形成这样的论证，即一个说明性假说将是特定类型的论证，它类似于相关领域的成功假说。但把假说 H 看成是一个恰当的类型，就等于说它和成功的假说有着特定的类似之处。达尔文的选择理论和物理学中的波理论等都表明了类似性出现在有关最佳说明的论证中。由于类似性是选择最佳说明的一种因素，所以那种与证明性逻辑不同的发现逻辑在这里并不存在。类似性可被用于针对特定假说的研究，或者被用于支持已被发现的假说。对那些均变论而非灾变论、机械论而非目的论或决定论而非统计论的假说来说，可能就会获得类似性的支持，同时它也给引起特定机制的、像选择与波的传播等这样的假说以支持。

现象间的类似性不仅提出了说明性假说间的类似性的存在，而且给后者以改进，因为后者给前者提供了一种模型。说明的作用在于提供理解。如果被使用的说明——那类模型和现象相类似，那么我们就得到了一组现象的改进理解。这似乎是达尔文和惠更斯对类似性的主要使用。波假说的说明性价值由对声音的特定现象说明那里得出的模型而得以提高。类似地，通过自然选择形式进行的进化假说的说明性价值，依照人们对人工选择过程的熟悉性而得以提高。我们并不把说明看作是一种还原为令人熟悉的情形的操作。因为科学说明常常运用了并不令人熟悉的概念，如引入了像电子和黑洞那样的特殊实体。然而，在其他方面相同的情况下，如果一个理论是令人熟悉的，那么它给出的说明就是更好的。因为熟悉性和稳定性有关。尽管对说明来说，使用令人熟悉的模型并不是根本的，但这却是有帮助的。这样，类似性就像简单性那样，和说明密切相关。与理论评价的假说–演绎及其他模型所不同的是，简单性、类似性为最佳说明提供了一种比较完整的阐述。由于经由它们刻画的那种最佳说明，阐述了科学推理的很多不同方面，并能给来自科学的不同例子以概括，所以可以认为，受说明上的考虑指导的最佳说明的推理是一种非常连贯的理论。

寻求说明是因为我们想着眼于理解。在提出一个为什么的问题时，我们的寻求着眼于满足一颗具体的好奇心；我们寻求理解并试图弄清楚事件到底是怎么回事。一个好说明能提供的满意性并不仅仅在于我们使自己发现了某种真实情况，而是让我们获得了很多东西。因此，最佳说明就是那种能为我们提供最多理解信息的说明。这是我们在用说明上的优良性来对最佳说明进行确定时必须要考虑的一点。毕竟，能给可用证据以更多说明的备选者要比那些给更少说明的备选者更受人喜爱。客观地讲，说明上的优良性与它所产生的理解的种类和数量是直接共变的。比如，就像前面所叙述的那样，相对于法则 L，如果 u' 比 u 使 q 在更大的程度上可理解，那么 u' 就成为 q 的一个比 u 更好的说明。一个说明所产生的理解，在某种程度上由它对我们的知识给予了多大程度的系统化及结合来得以确定。因为这取决于科学的理解包含着让被说明项适合于更为广泛的事实、法则、模型和理论网络。当我们把某个东西看成为一种事实、模型、法则的构成部分时，我们就开始了理解，并且那些模型、法则包含的内容越多，给出的理解就越多。一般情况下，一个说明给我们的知识的体系化和统一化程度，能通过各种标准得以衡量。比如，一个说明在它是简单的及与我们对世界的总体解释相协调这一点上，就能成为好的说明。除了针对说明的优良性和充分性提出的一致性、简单性、类似性及其启发等备选的测量标准外，在这里还可以加上一个真理标准，来给最佳说明以理解。也就是说，有关说明的优良性与一个说明如果被认为是正确的就应传递那种满意度，是有关联的。这样，当说一个假说是某个事实的最佳说明时，我们能判断的就是认为当考虑到所有的东西后，它可能是正确的说明。

第四章

几个关联性论题：对最佳说明的推理的多维考察

最佳说明的推理是一种扩展性推理。

——皮斯罗斯（S. Psillos）

在深入理解最佳说明的推理方面，除了要分析其中的"最佳说明"这个核心概念以外，还有必要讨论几个与最佳说明的推理密切相关的问题。这些问题包括：最佳说明的推理和溯因；最佳说明的推理和归纳；最佳说明的推理和贝叶斯主义。在最佳说明的推理的起源上，一种普遍的看法认为，皮尔斯的溯因和最佳说明的推理相关联。"溯因"或"逆推法"是皮尔斯所命名的一种。这种推理潜在于人类的智能活动中。在常识推理和科学研究中，常常易于看到这样的推理过程。它的主要特征在于和假说相关联。一般来看，在实践中，一个人所获得的结论不仅仅是手边证据（资料）的一个概括，他还会相信那个将进一步给证据（资料）以说明的东西。实际上，这是把已观察到的规则推广到普遍的概括上或有关未被观察到的情形的看法上。这一操作不但可以具体为归纳这样的扩展性推理，而且可以被看成是有关形成假说和选择假说的寻求最佳说明的推理。我们认为：最佳说明的推理和皮尔斯的溯因是一致的，它是皮尔斯溯因观点的进一步发展；同时，最佳说明的推理作为一类扩展性推理，又在性质上和归纳相类似。另外，就假说的选择与确定而言，最佳说明的推理和另一种理论，即贝叶斯主义之间的关系值得讨论。这些都是和最佳说明的推理密切相关的问题。探讨这些问题，将有益于我们理解最佳说明的推理的内涵。

第一节　最佳说明的推理与溯因推理

皮尔斯的"溯因"概念明显是最佳说明的推理的前身。

——奥卡沙（S. Okasha）

有关对最佳说明的推理的当代讨论，常把皮尔斯的溯因著作看作它的起点。皮尔斯在早期的研究中，对演绎推理、归纳推理和溯因推理进行了区分。尽管他认为科学的研究过程受演绎、归纳和溯因三种推理的推动，但是这三者背后的观点还需要进一步明确；否则，就会让我们在谈论最佳说明的推理时，常把它和归纳、溯因这几种推理混在一起。所以，引入皮尔斯在归纳、演绎及溯因上的立场，将会为我们提供一种讨论最佳说明的推理的有用框架。演绎推理是这样的论证，即结论大多数情况下由前提所保证。在这里，并没有增加新的信息，而是让信息得以重新安排。归纳推理常被看成是科学的逻辑，它着眼于从个别的陈述和观察推得一种概括和理论。这种推理可采取几种形式，最基本的形式包括基于一个取样，用外推法作出一种概括来。显然，归纳这种推理方法，与那种纯粹的演绎逻辑方法不同，因为它的有效性还须依赖一些别的因素，如取样的大小范围及其他的经验因素等。在皮尔斯看来，归纳的另一个问题在于它只是从具体的样品推得一个具有更大普遍性的结果，但这并没有为我们带来新的信息。要改变这一点，就得靠一种可命名为"溯因"的推理。他指出，"归纳能做的只是确定一个数量值。它从一个理论开始，测量那个理论和事实的一致程度。但不管怎样，它都不能产生任何观点。演绎也一样。科学的所有观点，都是由溯因带来的"[①]。皮尔斯的溯因概念常被看作与最佳说明的推理有关联。对它进行讨论是非常有必要的，这对理解最佳说明的推理大有益处。

一、再论皮尔斯的溯因推理

皮尔斯对溯因推理作出了完整而清楚的表述。一开始，他用"假说"这个

---

① Peirce C S. 1934. Collected Papers of Charles Sanders Peirce, Vol.5. Hartshome C, Weiss P, eds. Cambridge: Harvard University Press: 90.

术语来表述溯因。"假说是我们发现一些非常好奇的、将被这一假定所说明的情形，也就是说，它是特定的普遍规则并接受那个假定的情形。"由于假说是非常重要的，所以后来皮尔斯使用了"溯因"这个概念，把它当作一种独立的基于假说的推理方式。在定义时，皮尔斯认为，溯因是依赖于说明性推理实践的话题，它"给推理者以归纳证实的可能性理论"，可由推理的各种概念支持。简言之，溯因是一种提出假说的形式，并由归纳来给假说性结论以检验。更进一步讲，它不是一种给我们接受一个假说以理由的推理模式，而是一种从观察过渡到对它的可能说明的推理。在皮尔斯看来，尽管溯因推理只是"推测地"断定了结论，但作为一种推理，它有明显的逻辑形式，即前面提到的：

令人惊奇的事实 C 被观察到；

如果 A 为真，C 就是理所当然的事实；

因此，有理由猜想 A 是真的。

在这里，"如果 A 为真，C 则是理所当然的事实"，这个前提意味着 A 说明了 C。因为皮尔斯认为，溯因应是一种以新奇的方式将说明和推理予以结合的思考方式。由于只有在我们的推理是一种说明性假说时，我们才能推出 A，所以认可一个假说的条件就在于该假说说明了某种事实，从而使我们可在那种说明的基础上将这个假说看作是可能的。更进一步讲，可以认为溯因是这样的推断过程：一个给定的假说如果是最佳说明，它就是正确的。

皮尔斯对溯因作出了很好的评价，认为"溯因是形成一个说明性假说的过程"[①]。它有较好的力度，因为它对科学活动的描述比简单归纳更适当。一般来讲，在人类所推崇的研究中，一个重要的方法就是构造说明性假说来给我们以世界的理解。这方面的典型例子就是医疗诊断。当医生观察到患者身上的某种症状后，他就会基于对疾病和症状之间的因果关系的了解，对症状的可能原因提出假说。皮尔斯的伟大之处就在于把我们的注意力引到了奇特观念无法归纳地形成从而要创造性地形成这一事实上。正是在他的影响下，科学哲学中的溯因常常与科学说明的主要话题相关联，使之成为一种用以说明奇异观察的推理过程。

在皮尔斯看来，"溯因仅仅表明了某物可能存在。它使我们了解某事或理解某种现象是真的成为可能。溯因的唯一合理性就是从它的建议演绎能得到一个

---

① Peirce C S. 1934. Collected Papers of Charles Sanders Peirce, Vol.5. Hartshome C, Weiss P, eds. Cambridge: Harvard University Press：171.

预言，这个预言能被归纳所验证，如果我们以前学到什么或者确实理解了现象，那一定是通过溯因来实现的"[①]。从他的具体论述来看，溯因推理体现了从令人惊奇的事件来形成可能说明的推理。这种推理能够带来新的信息，它是人们在知识获得方面的一种有效方式，与科学理论的形成情形是一致的。在某种意义上，它是把说明理论和科学中的经验进步相关联的一种表现。"所有的科学观点都通过溯因方式得以形成。"[②]甚至可以认为，溯因是形成科学观点的重要方式，它关系到科学知识的增长问题。就像麦克姆林（E. McMullin）断言的那样，溯因这种有关说明的推理是造就科学的推理[③]。例如，当开普勒（Kepler）在推出火星有一个椭圆形的轨道时，这不仅给经验上的已有发现以说明，同时还在这样的认识下进一步促进了新的经验发现。

皮尔斯通过其著名的"豌豆"推理，表明在溯因推理实践中，会给我们提供一种框架。利用这样的框架，就可以按照一种系统而合理的方式，来安排和包含新的信息。具体来看，在演绎蕴涵中，我们断定"A 蕴涵 B；A；所以 B"。溯因则相反，主张"B；A 蕴涵 B；所以 A"。尽管这样的安排通常被看作是有错误的，但仔细研究后就会发现，这种方法能够确立一种完整而连贯的科学的基础。依据它所提供的假说性说明，溯因表现出特定的创造性。"它是引入新观点的唯一逻辑操作。"[④]由于溯因推理的结论往往是一个新被提出的看法，所以通过它能够形成新的主张。溯因推理有两类，其中一类能被称为"习惯性溯因"。在这种溯因下，研究者已经知道一种常见的规则或法则。当他们研究一些事实时，就会习惯性地设想它们会在事实的产生上起作用，从而去应用那些规则来对事实进行说明。简言之，依照这一观点，溯因上的建议就被看作是这样的假说，即已被观察到的事实由已知的规则或法则产生。另一种溯因推理可被称为"创造性溯因"。它和"习惯性溯因"不同。两者的区别在于，在"习惯性溯因"中，研究者已熟知第一个前提中被陈述的普遍规则，他的推理就是把这样的规则和已观察到的现象关联起来；而在"创造性溯因"下，"习惯性溯因"中的那种常见的规则本身并不先于已观察到的事实和它们说明的研究而被研究者知道。当研究者遇到让他困惑的事实时，他并不知道能给它们以说明的常见规则、法

① Peirce C S. 1934. Collected Papers of Charles Sanders Peirce, vol.5. Hartshome C, Weiss P, eds. Cambridge：Harvard University Press：171.

② Peirce C S. 1934. Collected Papers of Charles Sanders Peirce, vol.5. Hartshome C, Weiss P, eds. Cambridge：Harvard University Press：145.

③ McMullin E. The inference that makes science. Zygon, 48（1）：143-191.

④ Peirce C S. 1934. Collected Papers of Charles Sanders Peirce, vol.5. Hartshome C, Weiss P, eds. Cambridge：Harvard University Press：171.

则；但他一定能以溯因论证的上述形式来构想那样的规则，并在论证的主要前提中进行陈述，从而给说明以构想。"创造性溯因"是新观念的源泉。在这种溯因中，当我们从一种已被观察到的具体现象开始，为其提出一种假说上的说明时，常把包括实体的原因、原则或法则看作与已观察到的事实根本不同。并且，我们认为这样的推想暂时是可能的。

　　皮尔斯概括的溯因看法支配了在溯因问题上的当前研究。目前，有关溯因推理的研究着重表现在以下几个方面。一是对皮尔斯的溯因概念及一般意义上的溯因推理观念作出一种哲学阐述，描述溯因的逻辑形式，阐明使它成为一种推理过程的规则。用皮尔斯的话讲，这是一种能让我们描述和批判我们所用的推理原理的自主性的思维活动。像卡皮唐（Tomis Kapitan）、尼因洛托、普鲁特尼斯基（Anya Plutynski）、舒尔茨（G. Schurz）、马尼亚尼等①，都对溯因推理的特征、合理性及研究论题和逻辑模式作出了进一步的探讨。皮尔斯为溯因的逻辑提出了为验证而采纳说明性假说的过程这一规则。具体来讲，一种溯因假说是：①说明性的；②如果这个假说被采纳，那么它能在实验上被证实。需要指出的是，这里的实验上被证实不是可还原为像孔德的实证主义原则，即为了是可证实的，假说必须预见能够直接可观察的现象，而不是包括归纳的完整逻辑。胡克威（Hookway）对溯因逻辑的要素提出了一个简要的总结②，这种总结包括皮尔斯的提议，即我们应：①赞同看起来简单的、自然的和我们认为可能的假说；②偏爱说明了更多现象的理论；③注意在其他领域成功的理论并选择应用类似说明的假说，即注意类比；④时间、思想和精力的经济问题，对皮尔斯来说是"溯因中的首要考虑"；⑤皮尔斯也警告不要基于假说的"先前可能性"而给它们以过分的偏爱。③强调一个溯因假说的可能性问题不同于它的先前概率或可能性问题。一个猜想可能是非常不可能的，但它似乎对我们来说是可能的，从而也值得给予进一步研究。

　　二是说明溯因的提议或猜想究竟是如何出现的。这一点涉及"如果 A 是真的，C 将得以说明"这个推测性的认识的来源。简单地讲，就是需要阐述创造

① 这些观点可见：Kapitan T. 1992.. Peirce and the autonomy of abductive reasoning. Erkenntnis, 37（1）：1-26；Niiniluoto I. 1999. Defending abduction. Philosophy of Science, 66（3）：436-451；Plutynski A. 2011. Four problems of abuction: A brief history. The Journal of the International Society for the History of Philosophy of Science, 1（2）：227-248；Schurz G. 2008. Patterns of abduction. Synthese, 164（2）：201-234；Magnani L. 2001. Abduction, Reason, and Science, Dordrecht: Kluwer.

② Hookway C. 1985. C. Peirce. London: Routledge & Kegan Paul: 225-226.

③ Peirce C S. 1934. Collected Papers of Charles Sanders Peirce, vol.5. Hartshorne C, Weiss P, eds. Cambridge: Harvard University Press: 599.

性溯因的作用依据，回答"假说是如何提出的"。皮尔斯把良好的说明性提议的起源归因于我们的"溯因洞见"。这是一种近于本能的推理能力，它不断地把我们的那种并不服从合理的自我控制的"感觉判断"，转变成因溯因的逻辑从而遭受着批判的"溯因猜想"。① 皮尔斯强化了他对溯因逻辑的感觉阐述，将溯因推理逐渐变为感觉判断，使它们之间没有明确的界线。换句话讲，我们的第一个前提，即感觉判断，能被看成是溯因推理的一种极端情形，它对溯因推理的重要性超越了任何来对溯因假说的逻辑优点进行评价的规则或准则。皮尔斯指出："溯因这样的提议像一道闪光出现在我们头脑中。它是一种洞察活动，尽管这种洞察活动非常容易出错，但假说的不同部分确实已存在于我们的心中。"② 因此，菲尔兹（J. H. Fetzer）认为，皮尔斯在溯因推理上的看法最好应被看成是一种心理学过程而非逻辑过程的创造性猜测③。对皮尔斯来说，构想一个新颖的说明性假说，应包括感觉和想象的作用在内。他对感觉的分析是非常复杂的，我们在此只列出其中有助于理解感觉与创造性溯因关系的那些方面。大致来看，感觉对象把自己强加于一种感觉意识上，感觉判断——一种着眼于表征感觉的符号，就作为认知对象和感觉者之间相互作用的结果而得以形成。这样，感觉和想象实际上是相互关联并彼此促成的。把想象出的说明和可感觉的事实以一种新颖的方式相关联，成了溯因上的洞见。

二、溯因推理和最佳说明的推理

以上有关溯因概念的论述，对我们理解溯因的独特性来说非常重要。但需要指出的是，尽管皮尔斯在阐述溯因推理时把它看成是一种推出说明性假说的别致推理——它从已知前提推出一个将给结果以说明或最佳说明的结论，但他对溯因推理过程如何作用的阐述并不是非常有力。同时，也没有令人满意地回答我们如何提出具有创造性同时又非常成功的假说这一问题。当前，我们有更好的、来自各门科学的理论去给溯因的那种可称为"突然出现"的创造性过程进行说明。在这里，应强调这样一个方面，即实际上，这种创造性过程要比平常预设的更少随机。因为在把感觉和想象给以关联的过程中，符号上的想象

① Peirce C S. 1998. The Essential Peirce：Selected Philosophical Writings，vol.2. Bloomington：Indiana University Press：217-218.
② Peirce C S. 1998. The Essential Peirce：Selected Philosophical Writings，vol.2. Bloomington：Indiana University Press：227.
③ Fetzer J H. 2002. Propensities and frequencies：Inference to the best explanation. Synthese，132（1/2）：27.

受到了所观察事实的属性、人们的现有知识、以前经验和良好的溯因推理规则的严格指导。所以，溯因不应被误认为是"快乐的猜测"，它所涉及的只是一个问题的恰当形成及前提的集合要为某个理论所适应。这就是人们把溯因看作科学创造的基础的理由。

目前，针对皮尔斯溯因观点的一种常见态度就是反驳，认为它基本是矛盾的，因为它把溯因看成既是一种洞见又是一种推理。此外，还有一种针对溯因的逻辑形式的反驳，该反驳排除了假说形成中的创造性，因为假说本身是被包含在前提中的，所以在得出结论之前，假说必须被提出，而结论则是认为假说存在的证据。那个得出来的假说一定是已被观察到的有问题的事实的一种可能说明，这是对结论的一种形式限制，而不是它的一种内容要素。结论应被看作"可能A"而不是存在着A的证据这一归纳结论，因为语境已排除了后者。所以，结论是一个假说而非一个显示过程的结果。前提"如果A那么C"是逻辑上的，而不必然在时间上先于结论"可能A"。对此，安德森（D. Anderson）认为，"按照皮尔斯的观点，假说和它的溯因应用可一起出现。因此，溯因可能是有洞见的并仍有逻辑形式"[1]。还有一种针对溯因的逻辑形式的反驳是，皮尔斯对溯因的描述将它确立为一种直觉的理论，这种理论一定也排除了逻辑形式。但安德森指出，皮尔斯明确地拒绝了直觉主义。实际上，"对皮尔斯来说，任何洞见都必须被它的语境所调节"[2]。更具体地讲，皮尔斯的溯因是概率论的，不同于绝无错误的直觉。而且，直觉是未经调节的，而溯因是完全被调节的，它们发生在媒介中，在解决问题的语境下，被以前的思想、经验和总体的语境所影响。在这种语境式的问题解决如何进行方面，有人作出了具体的阐述。例如，辛迪卡把溯因推理描述为一种苏格拉底的问答过程，即提出策略上的为什么问题并寻求合理的答案，类似于在理论游戏语境下作出一系列的策略性变动。

从皮尔斯的阐述上可以看出，溯因是"研究事实以及提出给它们以说明的理论"的过程[3]。它大概能被刻画为这样的一种推理：已知一类确定的观察证据（资料），给出所有将说明这些证据（资料）的可能假说，并确定其中最可能的假说，从而去给其以接受。之所以可以去给那个最可能的假说以接受，是因为

---

① Anderson D. 1986. The evolution of Peirce's concept of abduction. Transactions of the Charles S. Peirce Society，22（2）：157.

② Anderson D. 1986. The evolution of Peirce's concept of abduction. Transactions of the Charles S. Peirce Society，22（2）：160.

③ Peirce C S. 1934. Collected Papers of Charles Sanders Peirce，vol.5. Hartshome C，Weiss P，eds. Cambridge：Harvard University Press：90.

它会受到证据（资料）的支持和辩护。而且，和其他假说相比，如果有某个假说给证据（资料）的说明更好，那么它就会更强地受到证据（资料）的支持。概括起来，溯因推理的独特之处就在于，它使用了说明上的考虑，而不是一个严格的从前提到结论的变动。因此，溯因是不需要确证的，因为它只提供了事情可能是怎么回事的一种建议。当然，在这里，存在着一个对好说明性假说的寻求。因为在溯因推理中，主要的操作就是形成说明性假说，然后对其加以评价、接受。依据溯因，我们可以把假说 A 的成立看成是 C 发生的最佳说明，从而合理地推得 A 就是那样的情形。尽管我们必须考虑到推得这一结论的所有可用信息，但这仍然是阐明了说明性假说重要性的一种合理方法，这是在皮尔斯详述他的溯因理论很早之前一些逻辑学家就认识到的。目前，重要的一点在于，溯因包含说明及靠说明引导来推理，常被看成与最佳说明的推理是非常一致的。例如，萨尔蒙指出，溯因非常近似于哈曼那里的最佳说明的推理。此外，菲尔兹也认为，"对最佳说明的推理这种科学方法的理解常和皮尔斯的名字连在一起"[①]。

有关溯因的当代讨论，至少把最佳说明的推理看成是它的进一步发展。同时，有关最佳说明的推理的讨论，也常常结合着溯因来进行。从一种过程的角度来看，溯因包括两个不同的步骤，即构造假说和选择假说。前者处理的是什么算作一种可能的溯因说明，后者处理的是应用某些标准来对可能的溯因说明中最好的那个进行选择。这和最佳说明的推理是一致的。由于两者都是基于说明的推理，首先就要提出潜在的说明，然后基于说明上的考虑来对潜在的说明进行推理。所以，不少人都认为，最佳说明的推理和溯因在概念上并没有什么区分，可以用"溯因"这个术语去表示最佳说明的推理。比如，巴恩斯和卡拉瑟斯（Carruthers）等就是这方面的典型代表。

当然，也存在着一些认为溯因和最佳说明的推理之间有所区别的观点。坎普斯、敏拉梅尔、麦克尼斯和麦考汉（McKaughan）等认为，最佳说明的推理和溯因在概念上是有不同的，或者说两者并不是吻合的。坎普斯曾反驳了科学哲学文本中把溯因和最佳说明的推理予以关联的倾向，他并不认为皮尔斯式的溯因是最佳说明的推理的前身。[②] 因为皮尔斯的溯因推理着眼于形成令人惊奇事件的理论性说明，从而把它刻画为一种体现理论形成过程的创新性推理；而最

① Fetzer J H. 2002. Propensities and frequencies: Inference to the best explanation. Synthese, 132（1/2）: 27.

② Campos D G. 2009. On the distinction between Peirce's abduction and Lipton's inference to the best explanation. Synthese, 180（3）: 426.

佳说明的推理是对已提出的说明性提议进行的接受或拒绝，它关注于对它们进行评价。因此，两种推理涉及知识获得和应用过程的不同步骤。

敏拉梅尔认为，有必要把溯因和最佳说明的推理区别开来[①]。首先，推理上的这几种情形为研究的整个过程提出了一种完全解释。在逻辑经验主义和证伪主义时代，科学发现方面被归为了心理学，而理论的评价则被限制在了假说-演绎过程中。现在，我们已很好地意识到，理论发现包括的不只是猜想。理论形成的整个过程都被置于一种逻辑基础之上，这个过程的每一步都接受了明显的基本原理，从而能够自我评价。其次，最佳说明的推理应等同于皮尔斯的归纳而非溯因。因为最佳说明的推理/归纳并不直接推出已知理论的正确性，而是让理论合理地投射在所有的相关情形上。这样，在理论被运用时，就会在原则上通过相应的活动让理论得以评价。最后，近来，尽管人们对主张最佳说明的推理和溯因推理是一致的看法进行了广泛的讨论，但依然有些含糊。原因在于两者是有所不同的。因此，应关注它们的差异。

麦克尼斯指出，最佳说明的推理比皮尔斯的溯因有更多的内容。因为溯因的常见目标是产生一个可能的说明性假说。就像皮尔斯认为的那样，它的结论只是一种逻辑上的可能："只是认为某种情况是可能的"，"只不过是猜想"。所以，溯因充其量只可充当最佳说明的推理过程的一个具体阶段。更具体地讲，溯因是最佳说明的推理的第一个步骤。[②] 最佳说明的推理所涉及的说明力的评价阶段并没有为溯因所涉及。最佳说明的推理在两个基本方面不同于溯因。首先，最佳说明的推理除了包括溯因推理的两个假说前提外，还给推理的溯因形式增加了一个前提，即附加的第三前提，这个前提阐述了比被分析的假说更好的可用说明并不存在。其次，附加的第三前提被看成是接受了这一结论，即该推理实际上是真的而不只是可能的。也就是说，溯因和最佳说明的推理在结果上存在着潜在说明和真实说明的差异。溯因的结论是一个潜在的说明：一种可能的，但不知是否为真的说明；而最佳说明的推理的结论则是真实的说明，是潜在说明中那个正确的说明。换句话说，最佳说明的推理使我们推出的不只是一种可能的结论，还是一种真实的结论。就像哈曼和利普顿认为的那样，最佳说明的推理的结论是"正确的"，或者"至少是接近正确的"。由于最佳说明的推理的常见目标是既要提出说明性假说又要对其进行评价，形成假说，然后在对假说

---

① Minnameier G. 2004. Peirce-suit of truth—why inference to the best explanation and abduction ought not to be confused. Erkenntnis, 60（1）: 95.

② Mackonis A. 2013. Inference to the best explanation, coherence and other explanatory virtues. Synthese, 190（6）: 976.

的评价中进行推理，所以可把它看成是溯因的一种强化形式，它的每个结论是都是溯因的一个适当结论，但溯因的每个结论未必都是最佳说明的推理的恰当结论。

在我们看来，溯因和最佳说明的推理不同，这其实是人们对皮尔斯的溯因在理解时所表现出来的一种混乱认识。首先，后来的科学哲学家并没有从学术上对皮尔斯的科学哲学思想的历史发展给予关注。其次，"溯因"这个概念被以一种非皮尔斯式的方式发展着，因此，难以弄清不同语境下的"溯因"意味着什么。就像斗文指出的那样，"溯因的确切形式以及它的规范地位仍是有争议的"[①]。另外，认为两种推理不同，其实也是一种有所夸大的看法。实际上，溯因和最佳说明的推理这两种推理之间是有关联的。通过比较皮尔斯的溯因推理和利普顿的最佳说明的推理，就可以看到它们之间存在着一些相容的要素。

首先，可以合理地认为假说能在实验上被证实。在皮尔斯的意义上，如果假说拥有能被放在实验或经验检验中的实际结果，那么它一定是非常确切的。用皮尔斯的话讲，偏爱确切性是这样的条件，即可接受的溯因假说只包含清晰和明显的概念。也就是说，这些概念是我们能构想的、与实际情形有关的。这就是皮尔斯称作的实用主义信条，即"考察可构想什么样的结果对我们的看法拥有的对象有实际的影响，那么我们对那些结果的看法就是我们对对象的全部看法"[②]。对皮尔斯来说，这是溯因的逻辑准则，它应发挥两种作用："首先，它应让我们迅速摆脱所有根本不清楚的观点。其次，它应当使独特但多少有点难以理解的观点从根本上变得更清楚。"[③] 毕竟，为了可被接受，溯因假说一定要足以清楚，从而能得到可验证的实验结果。这近似于在最佳说明的推理情形下，我们偏向于把精确的假说性说明看成是最佳说明。反过来讲，最佳说明的推理在优良假说选择上的标准，很大程度上与皮尔斯提出的假说的可接受条件相容。依照利普顿的主张，不管一个好说明是怎么回事，它为人们所偏好的原因之一就是它阐明了某种得以让所观察到现象出现的因果机制。这与可容许对现象的各类因果说明并在这方面完全开放的皮尔斯的溯因逻辑相容。

其次，一个溯因性假说的实际结果也是可想象的。这种构想要基于我们全

---

① Douven I. 2011. Abduction// Zalta E N. The Stanford Encyclopedia of Philosophy. http://stanford. Library. sydney. edu. au/archives/spr2011/entries/abduction［2012-5-9］.

② Peirce C S. 1998. The Essential Peirce：Selected Philosophical Writings，vol.2. Bloomington：Indiana University Press：135.

③ Peirce C S. 1998. The Essential Peirce：Selected Philosophical Writings，vol.2. Bloomington：Indiana University Press：239.

部的信念体系，并基于一切作为我们说明上的方案构成部分的东西。在一个假说性推理中包含的内容一定有来自我们知识体系的相关要素，以便确定提出假说的方式是否与我们现存的信念一致。这就是说，我们并不是基于孤立的术语和命题来进行推理，而是基于对有助于我们阐明在遇到一个未被说明的现象时所形成的说明性假说和结果的整体理解来进行推理。我们的假说与我们的科学信念的连贯程度给一个假说的可能性以初步的评价。另外，溯因推理易于给科学知识以统一，因为在说明未预测到的新奇事实时，它诉诸普遍原则或理由，将新奇的事实看成是普遍原则或理由的结果。在溯因的这种提议之后，接着会开始一个由溯因、演绎和归纳构成的三合一的研究过程，从而改进局部或全体的连贯性。也就是说，它可能在具体领域的科学知识和我们的总体知识体系中带来一种改进的组织。由于溯因具体体现了一种对将知识和理解统一起来的说明性假说的偏爱，所以它和最佳说明的推理在形成假说及对假说的最后结果的要求上，是非常一致的。

我们认为，有关溯因和最佳说明的推理两个概念间关系的最正确描述，就是认为它们在说明这一问题上是重合的。一方面，溯因推理在假说的提出方面有更多的阐述，因而对最佳说明的推理是有所补充的。就像利普顿认为的那样，在最佳说明的推理中，我们先考察潜在的说明，然后推出最佳的说明。溯因提供了一堆潜在的说明，尽管这些说明中并非每一个都是最佳的，但这却是使用者提炼出最佳说明的第一步。另一方面，最佳说明的推理给溯因所提供的那些潜在说明中的哪一个是最佳的以确定，通过最佳说明的推理，就使单一的最佳说明的确定得以可能，因而描述了溯因的进一步发展。

第二节   最佳说明的推理与归纳推理

枚举归纳是最佳说明的推理的特殊情形。

——哈曼（G. Harman）

从科学史的发展来看，对科学理论形成的最简单及最低充分解释就是归纳的观点。从本质上看，归纳就是对我们的证据进行的概括和说明。哈曼认为，在我们进行归纳推理时，我们实际上进行的是一种让结论为我们的证据提供最佳说明的推理。在他看来，最佳说明的推理体现为从一组备选假说中选出一个给可用证据以最佳说明的假说。由于这种推理的命题是有内容的陈述，它具有某种说明能力，又能通过观察、实验和数据收集来加以辩护，所以它会使那个被选择的假说成为最合理的。这种推理是重要的，它为我们提供了归纳推理的一种潜在形式。更确切地讲，它被认为能为我们提供在确证上可供选择的办法——归纳推理在这一点上是不能的。在最佳说明的推理这个概念前身的溯因观点的提出者皮尔斯那里，溯因被看作研究科学概念的重要方法，与它的替代选项，即归纳和演绎相比，似乎能为科学提供更充分的新构想。这样，在对科学研究基础的理解上，可能并不存在比最佳说明的推理提供更多前提的其他推理原则。这是吸引人们给其以关注的原因之一。人们认为，不管是在科学中还是在日常生活中，寻求最佳说明这样的推理所表现出来的扩展性特征会给归纳推理以部分说明。当前，有关最佳说明的推理的一个重要研究是把它用到将观察的规则投射于对观察到的事件的具体归纳讨论上。最佳说明的推理和归纳之间的关系是一个非常值得研究的话题。在这方面，除了哈曼以外，阿姆斯特朗（Armstrong）、本约、利普顿、皮考克（Peacocke）和福斯特（Foster）都主张说明上的考虑可成为归纳推理的一种强有力的指导，这不仅对我们理解最佳说明的推理非常必要，而且对传统归纳问题的回答也至关重要。

一、皮尔斯论溯因与归纳

在溯因这种推理的当前讨论上，一个论题就是它与其他推理论题之间的关系。比如，弗拉赫和卡卡斯的《溯因和归纳：有关于它们关系和融合的文集》就是论述溯因和归纳之间差异与关联的具体例子①。目前，一种普遍的看法是，溯因是一种非演绎推理，它和归纳在逻辑属性上是有共同点的，能被称为"说明性归纳"。具体来讲，与非扩展和确定的演绎推理不同，溯因和归纳都是扩展的，因而是不确定的。它们接受一个假说的原因都在于作为此假说后承的观察事实总是或然的或有可能的，而不是必然的。所以，即使前提为真，结论也可能为假，从而要受到进一步的验证。在对溯因的认识上，皮尔斯把溯因推理描述成一种与众不同的、形成说明性假说的逻辑推理过程。它所引入的只是一种概率性的可能说明，仅仅提出了已观察到的现象或事实的说明可能会是什么的情形。

就像我们在前面指出的那样，皮尔斯认识到归纳三段论形式太狭窄，无法

---

① Flach P A, Kakas A C. 2000. Abduction and Induction: Essays on Their Relation and Integration. Dordrecht: Kluwer.

阐述所有扩展性的科学推理，这样他就把更多的重点放在了推理类别的阐述上。作为他对推理类别的划分重要内容的归纳和溯因间的那种区分，是皮尔斯逻辑划分中最有独创性的。首先，溯因意味着我们已接受了一个假说从而只去验证它的结果。在日常生活或科学的方法论研究中，我们常常会遇到一些新奇的现象。由于这些现象是未被说明过的，所以我们遇到这些令人惊奇的现象时，就会提出一个说明该现象的猜想，并暂时把这个猜想看成是一个可被验证的假说。也就是说，溯因是从不寻常的奇特事实出发的。一开始在这里并不存在任何特殊的理论，促成它的因素在于，需要有一种理论给不寻常的事实以说明。这样，溯因的重点是寻求对已观察事实的说明——它因考虑事实而引入一种假说，寻求的是理论。这里的可能想法就是，一个普遍的规则，如特定类型事件的普遍特征，可能说明了已观察到的待研究事实。而归纳是从说明性假说出发的，一开始就具有一种特殊的理论，但它需要有事实来支持该理论。也就是说，归纳因研究假说而建议通过实验来揭示此假说所指向的事实，它寻求的是事实。这似乎意味着它们各自的方法和对方相反。

其次，溯因推理强调，在满足一些具体的条件下，在对情形的一种可预见的比例之下，某物可能就是那样的。因此，溯因推理是通过事实与假说后承的相似性来进行的，这和归纳的结果不同。"归纳表明某物实际上是有效的；溯因只是提出某物可能是某种情形。"[①]皮尔斯认为，在科学研究的整个过程中，溯因的假说是归纳的实验验证可接受的一种提议。溯因上的这些提议是科学发现的唯一来源，它推定了某种东西，这种东西常常是我们不可能直接观测到的。而归纳的结论是一种实验上的证实问题。它借助于假说的条件能以特定的实验方式得以实现来进行，其重点在于关注已观察到或已预见到的事实间的一致性程度。在此意义上，归纳是由特殊到一般规律的推理，而溯因则是从结果到原因的推理。前者进行归类，后者进行说明。另外，尽管两者都是为了把我们的知识扩展到观察以外，但归纳只是断定了我们已观察到的现象会在某个类似的情形下出现，它充当了推出某个事件将来情况的目标，这对未来的计划来说很重要；而溯因则充当了推出某个有关不可观察或已被观察事件的说明性理由的目标——这对事件的操作过程来说很重要。

尽管我们已从皮尔斯那里看到，溯因和归纳推理的形式结构是不同的，这种区分体现出推理的不同与科学研究的不同阶段有关，但值得注意的是，他在

---

① Peirce C S. 1934. Collected Papers of Charles Sanders Peirce, vol.5. Hartshome C, Weiss P, eds. Cambridge：Harvard University Press：106.

对溯因在科学假说形成上作用的阐述上，给了归纳一种地位。安德森认为，皮尔斯的溯因概念得到了显著发展："皮尔斯一开始把溯因看成是一种'证据处理'，后来则把它看成是科学研究的阶段，它使我们得到了假说。作为一种证据上的处理，溯因就像归纳那样，是一种断定或否定给定假说的方式，它是一种断定可能性的逻辑方式。然而，即使在这一早期阶段，皮尔斯认为溯因的另一个方面是新假说的一种源泉。因此这种转向并不简单是从证据处理到新观点的来源，而是一种从这两种观点的合并到强调后者的一种具体转变。"①溯因和归纳的结构形式表现了这样的情形：归纳推理依赖于溯因设想。在这方面，甚至有人把归纳看成是寻求说明的溯因推理的一种特殊表现。按照皮尔斯的那种模型，归纳只是数量的一个严格推理，在这里我们从一个小数量或样品，推得一个大的概括。归纳预设了从总数中而来的任何对象在无限的取样过程中按照相同的频率进行。这种取样中的随机性预设等同于一种似法则过程的预设。并且，它是一种溯因预设，一种关于取样过程的猜想。它可被看成是由属于某一类的许多特征在某一对象上的出现，来进行推断。这样，归纳就必须依赖于假说和溯因猜想来开始作为一种推理形式。普特南指出："通过要求'归纳'包括一种前提，大意是取样法是随机的，皮尔斯告给我们，所有的归纳需要似法则陈述的先验知识。对这一陈述来说，一种取样的方法是随机的……需要特定的将来频率的等同性知识，从而是一种似法则的知识，是普遍性的知识。"②这一点是研究的经济性所要求的。在皮尔斯的溯因中，经济性是比较明显的。这集中体现为，由于实用的原因，我们接受正确性还未得以确立的假说。他举了一个例子，一个男人显示出天主教神父的某些典型特征（如服装风格或面部表情），尽管有人意识到不能确定那个人真的是一个天主教神父，但他可能依据这个证据而认为他是天主教神父。这样，虽然这个假说不能被认为是正确的，但基于目前可用的（微弱）证据谨慎地接受它，如果这确实是相关的，可用它指导我们的一些行动——它会在经验过程中被重新评估。在这里，就溯因产生了可能而非确定的结果而言，它和归纳有关，更加准确地给我们当前的归纳实践以描述。

一般来讲，归纳充其量能产生"还有很多这样的情形"，而不是新颖的知识。我们有充分的理由认为，通过大量样品进行的古典归纳概括几乎在实际的科学中不起作用。在归纳中，不需要创新性概念，只需评价我把一个规则或理

---

① Anderson D. 1986. The evolution of Peirce's concept of abduction. Transactions of the Charles S. Peirce Society，22（2）：148.

② Peirce C S. 1992. Comment// Ketner K L. Reasoning and the Logic of Things.Cambridge：Harvard University Press：67.

论进行普遍化的可能和近似程度。在皮尔斯看来，溯因推理产生了新的观点，但这些观点却是高度推测和易错的。溯因推理的作用是得出在特定理论中所预设的结果。然而，这样的结果只在语言分析的层面上是逻辑上的必然，能推出什么还得依赖于前提的正确性。因此，验证那些设想和被推出的结果是否真的获得，以及评价它们在什么程度上获得，就成为归纳的任务，这其实就是从一个理论开始，从它推出对现象的预测，观察那些现象以看它们与理论一致的程度。就后者而言，归纳推理"单独地评价了不同的查验，然后评价了它们的结合，然后又评价了这些评价本身，通过了对整个结果的最后判断"[①]。这就为归纳确立了一种全新的作用。因为现在它被看成是一种从理论到事实而非从事实到理论的推理。因此，归纳的步骤只是有关评价被提出的假说，即判断假说是否应被看成经过证实的。也就是说，归纳的结果可能有助于提出一个更好的假说。"把某事看成是已被证实的"未必以一种最终的证据形式来理解。皮尔斯非常明确地指出，"我们正在架设归纳的一个桥，这个桥用科学的支柱和链带构成。然而，它前进的每个支架都先由一个溯因来安排，这就是说，由本能推理的自发猜想来安排"[②]。这是非常重要的，因为皮尔斯认为，归纳的主要方面，并不在于推出被验证理论的真，而在于形成习惯或有关将来的有根据的期望。皮尔斯的归纳概念的具体力量在于它并不意味着产生绝对的限制，而是构成了前后的关联，以作为对当前事态评价的一种结果。总之，在皮尔斯这里，溯因和归纳推理为科学知识的获得及它的进一步应用和评价提供了一种完整的方法。

皮尔斯根据推理的科学形式是否能达到帮助科学研究进步的目的，评价了它们的优点或根据。在他看来，问题不在于溯因或归纳是否能获得演绎推理具有的形式确证，而在于它们作为推理方法是否在科学研究的框架下发挥了各自的作用。皮尔斯认为，尽管归纳服务于验证有关现象的普遍特征的观点，但它不能提议那些被归纳地验证的猜想。溯因推理响应了来自研究的经济性的这一需要，即在特定的研究已观察到的现象的原理和原因的阶段，我们必须提出猜想它们将最终是真的，而不管它们从一开始有多么地不可靠或多么地不可能。为了解读楔形铭文，研究者必须提出一些有关它们的意义的猜想，并把这些猜想暂时作为为了归纳验证的假说。这种验证可被看成是确定对铭文的假设性解释是否将产生对其他可能未发现字迹的可能和近似正确的解读。归纳推理响应

① Peirce C S. 1932. Collected Papers of Charles Sanders Peirce, vol.2. Hartshome C, Weiss P, eds. Cambridge: Harvard University Press: 759.

② Peirce C S. 1935. Collected Papers of Charles Sanders Peirce, vol.6. Charles Hartshome, Paul Weiss, eds. Cambridge: Harvard University Press: 475.

了研究的经济性所要求的那种需要，即为了让科学研究进步，我们必须验证我们的可能猜想。

卡皮唐指出，溯因发现的推理方面能以演绎和归纳的形式得以阐述，而它的启示功能则不包括推理[①]。就假说而言，它是归纳的结果。然而，这些观点中没一个看起来是能成立的，因为就像我们要论证的那样，上述的三段论只是全部溯因过程的一部分，H 是不能被归纳得到的。而范·弗拉森则认为，最佳说明的推理形成的"根本不是推理"[②]。为了表明这一点，我们必须分析什么构成了一种逻辑推理。首先，通过定义当前语境下的"逻辑"，扩大了演绎逻辑的狭隘界线。这样，逻辑推理就被看成是从一组前提到一个以某种方式被保证的结论的转变。对推理来说，保证的方面是重要的，但不是随意的。这一点也被皮尔斯所强调，他把推理定义为一种"对作为其他知识结果的一种信念的受控接受"。皮尔斯认为，对所有推理来说，综合、观察和判断三个步骤是必需的。首先，相关的前提被收集并被断定为单个的"连接命题"。这样综合的前提就得到了反思从而在操作上产生了新的命题。这就是观察阶段。皮尔斯认为，"它表明所有的知识都是通过观察而为我们所获得"。那么，溯因背后的合理性是什么呢？皮尔斯认为，"即使作为一个假说，也不能被承认，除非它被认为阐明了事实或事实中的一些"[③]。因此，一种合理地被溯因的观点或理论，一定能说明那些事实，从而使引起那种溯因的令人惊奇的事实一定最终是不令人惊奇的。

就其他两类推理来说如何呢？就演绎来讲，为了通过观察来了解溯因的理论是否和背景知识一致，并决定了我们应按照它的阐述期望什么，前提得以综合。于是，最后的判断必须确立结论的演绎有效性，即去表明它没有错误从而必然地从前提中得出。然而，演绎的真取决于前提的真，从而不能确立任何的事实真。"它并不能导致任何肯定的知识，而只是描绘出假说的理想结果。"[④] 这样，我们就需要经验验证，以确定理论断定是否真的成立。而且，我们已经非常好地了解到假说-演绎论的缺点，因此，我们必须寻求证实的某种非演绎方式。假说-演绎方法考虑的只是一种非常弱的证实，即通过消除一个假说 H 的可能错误的证实。这样，Fa 假说-演绎地证实了 $\forall x\,(Fx)$，而不是 Fb，因为 Fa 并不

① Kapitan T. 1992. Peirce and the autonomy of abductive reasoning. Erkenntnis, 37（1）：6-7.
② van Fraassen B C. 1989. Laws and Symmetry. Oxford：Oxford University Press：161.
③ Peirce C S. 1934. Collected Papers of Charles Sanders Peirce, vol.5. Hartshome C, Weiss P, eds. Cambridge：Harvard University Press：189.
④ Peirce C S. 1958. Collected Papers of Charles Sanders Peirce, vol.7. Burk A W, ed. Cambridge：Harvard University Press：207.

在演绎上被 *Fb* 所蕴涵。这种证实是弱的，不仅因为它没有允许向 *H* 的未验证部分的投射，而且还因为可能存在着同样适应了可用证据的竞争假说。而这就是归纳得以进入的地方。

在归纳中被综合的前提是假说 H 的那些被演绎出来的结果，它们可被看成是支持或反驳 H 的证据。为了认可从推理到接受 H 或针对一组竞争的假说接受一个具体的假说 H，观察到的那部分证据或全部证据必须作为一个决定性的指示起作用。然而，是否只有一个假说或更多的假说，并不能产生一个实质性的差别，因为单一的假说 H 在形式上是与它的逆假说或零假设进行比较的。所以，这种情况也需要一个从两个被提出的说明中得到最佳的那个的推理。可以肯定的是，后一方面是笔者为什么不把最佳说明的推理看成必然地涉及不止一个假说的原因。当然，可能总有更有力的假说在将来被发现。因此，一个人可能认为归纳／最佳说明的推理的确定性或接受性依赖于什么样的假说在当前是关键的。范·弗拉森认为，最佳说明可能只是"一批不良情形中的最佳者"这一情况，但他的这一论点只有在涉及形而上学实在论语境下的"近似正确"时才合理。如果认为范·弗拉森对最佳说明的推理的拒绝依赖于他对"近似正确"这一概念的拒绝，那么当把这一概念省略掉，最佳说明的推理就可能成为一种合理的推理。首先，不会有人仅仅因一个不好的说明是手头上最好的而故意把它当作正确的而予以接受。即使在我们必须从已选择出来的"好的"竞争理论中进行选择的情形下，我们也并不会推出它们的任何正确性，而只是致力于进行排除性的归纳。其次，更多的情况是这样的，就像在后面提到的那样，归纳并不仅仅会导致对某个理论的接受，还会导致对它的拒绝，甚至会拒绝一个目前得到了很好证实的理论。这样，归纳并不是误导研究者从一堆差的说明中去接受那个最佳说明，甚至它还可能让我们把很好确立的理论看成是"差的"。按照这一思路，最后的结果就是不把最佳说明的推理看成为推理的一种合理形式。

二、利普顿论最佳说明的推理与归纳

利普顿以某些方式发展了最佳说明的推理的一种改进模型。这种模型描述了这一情形，即在其中，并不只是被说明的现象提供了推出说明的理由。"我们推出说明恰恰是因为它们如果为真，就说明了现象。"[1]我们将会看到这一点，对

---

[1] Lipton P. 2004. Inference to the Best Explanation. London：Routledge：57.

利普顿来说，这种推理即使不是一种证据为结论提供了概率支持的推理，而是我们在其中因为一个假说说明了证据，从而推出这个假说，它也会有归纳的特征。因为最佳说明的推理是有关证据的，所以它和需要证据的归纳有重合的地方。利普顿认为，最佳说明的推理是"一种新型的归纳，它以一种新的且令人兴奋的方式约束了推理。按照它，我们的推理活动受到了说明上考虑的支配"①。利普顿把这种推理描述为：给定我们的资料和背景信念，我们推出的某种为真的东西，提供了我们能针对那些资料而提出的所有竞争性说明中的最佳说明。在对他的模型进行评价时，利普顿会倾向于把说明上的考虑看作假说性推理的指导。尽管我们认为，利普顿把最佳说明的推理划分为归纳会带来困难，但他并没有在阐述扩展推理的逻辑范围内去解决一个真正的说明理论问题。他的重点在于强调，说明上的考虑对假说性推理的那种指导作用。

利普顿对有关我们推导说明性假说时所寻求的说明类别作出了两种重要的区分。首先，他在实际的说明和潜在的说明间进行了区分。对于他的模型，利普顿认为，"推理的和说明的实在论"是推理的目标是真理，我们实际的推理实践普遍地把我们带向了真理的目标，以及对某个成为真实说明的东西来说，它一定至少是近似真的。因此，对现象的真实说明是它的正确说明或现实中至少接近正确的说明。一种得到最佳真实说明的推理不能描述我们的推理实践，因为它把我们所有的推理都描述成真的，当我们的"归纳实践是可错的：我们有时就合理地推出错误来"②。同时，它也未能阐明竞争说明在推理中的作用，从而没有把我们的推理过程刻画成我们只能在推出一个假说之后判定它是否是真实的说明。所以，利普顿提出了一种推理模型，在其中我们先考察潜在的说明从而推出最佳的说明。潜在的说明无须是经验证据的正确说明；它们只需是与我们的信念系统一致并给已观察现象提供某种理解方式的可能说明。潜在的说明性假说的可能性充当了一种"认识上的过滤"：在推理过程中，我们并不考虑所有的可能说明，如我们并不考虑随意的说明，而只考虑有潜力的说明。这就意味着，可能的说明是变成真实说明的"生动备选者"。

上述那种区分带来的结果就是，把最佳说明的推理刻画成一种包括两重"认识上过滤"的过程。利普顿认为，在推理中，我们用第一重过滤来从大的可能说明库中选择对已观察到的现象的一组可能说明，然后再用第二重过滤从一组竞争的可能说明中来选择最佳的说明。这样，利普顿的阐述就改进了哈曼模

---

① Lipton P. 2004. Inference to the Best Explanation. London：Routledge：58.
② Lipton P. 2004. Inference to the Best Explanation. London：Routledge：59.

型的几个问题。具体地讲，他在产生说明性假说和选择最佳说明的两个过程之间进行了区分，从而阐述了这一事实，即在产生假说的过程中我们最先考虑的是说明的可能性，而非其实际的正确性。认为一个假说是可能的，这是该推理为溯因而非归纳的一种迹象。正是在这里，利普顿把他的最佳说明的推理模型划分成归纳的。

其次，利普顿区分了最可能的说明和最可爱的说明。给定经验证据，最可能的说明是"有最多保证的说明"，而最可爱的说明是"如果正确，将是最有说明性的或提供最多理解的"[①]。他认为，"可能性说的是真理；可爱性说的是潜在的理解"[②]。在利普顿看来，理解这种区分的一种途径就是针对总体的可用证据，看我们对可能性而非可爱性的评价。例如，他认为牛顿力学是科学中最为可爱的说明之一，它一度也是可用资料中最可能的说明之一。随着狭义相对论依据支持它的新资料的形成，牛顿力学变成所有资料的一种很不可能的说明，但它仍是旧资料的一种可爱说明，也就是说，它仍有助于我们清楚地理解它很好地说明了的物理世界。利普顿也试图用此来阐明可能说明和可爱说明不同地受到新竞争说明的影响，一个新的说明可能使当前的说明更不可能但并不必然地变得不可爱。

利普顿在倡导寻求最可能的潜在说明推理的一种模型时，把这样的推理归为直接的归纳，这是可以理解的，因为用他的话讲，可能性问题是一个以皮尔斯形式进行的归纳概率问题。可能性是一种量或质的测量，是一个常见假说与所有证据一致程度的测量，因此，它是假说的归纳概率的一种测量。从一种皮尔斯式的观点来看，利普顿潜在地作出的重要区分在于，我们通过归纳上的可能性来评估一个假说的可能性，而通过说明上的可能性来印证它的可爱性。在评估归纳的可能性中，我们权衡所有的经验资料提供给这个假说或其他假说的相对支持。而在评价说明上的可能性中，我们判断一个说明多好地与我们当前的信念系统，即与我们的背景理论知识，以及与我们感觉或认为是可能的东西相一致。我们认为，利普顿并没有在归纳的概率和说明上的可能性之间进行明确区分的可能原因在于，他认为最佳说明的推理是一种归纳推理，即使他给出了上述区分并认为它是一种寻求最可爱说明的推理。但这种推理显然是非演绎的，就像哈曼那样，利普顿没有考虑最佳说明的推理可以是非归纳的这种可能性。如果他明确地把寻求最可能说明的推理与已知证据时一个假说的概率的归

---

①② Lipton P. 2004. Inference to the Best Explanation. London：Routledge：61.

纳评估相关联，他将明确讨论这种可能性，即寻求最可爱说明的推理是非归纳的。他须考察寻求最可爱说明的推理是不是溯因推理这种推理的第三种形式。皮尔斯认为，归纳和溯因是有着不同目标的不同推理，归纳是对概率的一种评估，而溯因则是对可能性的一种建议，我们现在能理解寻求最可爱说明的推理如果是一种可用的推理形式，那么一定是溯因的而非归纳的。利普顿主要倡导了一种寻求获得最可爱的潜在说明推理的模型，即寻求给现象以最深刻理解的说明的推理，其本质是一种溯因推理，所以是非归纳的。

利普顿并不主张把最佳说明的推理仅仅描述为寻求最可能说明的推理，因为它回避了可能性的标志是什么的问题。具体来讲，就是我们用什么样的原则来判断一个推理比另一个推理更可能，以及一个论证的什么属性使我们认为前提使结论成为可能。换句话说，由于最佳说明的推理应描述强的归纳论证——在这里，"前提使结论成为可能"，所以当我们简单地说推出一个假说就是推出最可能的说明，那么我们就是回避问题。相反，应描述寻求最可爱说明的推理阐明了说明上的考虑如何指导着我们得到一个假说的推理。利普顿阐明了这样一些指导方针。首先，他认为，为了选择最可爱的说明，我们可以做实验以限制从第一重过滤中获得的作为备选的可能假说的领域。其次，我们推得的可爱性说明有利于实现我们对这些说明的偏爱：①阐明了一种因果机制的说明。在利普顿看来，我们对现象的合理说明的寻求常常被最佳地理解为对已观察到的结果的未知原因的寻求。利普顿认识到，最佳说明的推理的逻辑形式并不必然地预示说明的一种因果理论，并且什么是说明这一哲学问题是复杂的、未决的，因此他希望其他可能正确的说明理论能与他对推理的阐释相容。②是确切的说明。③是使我们的理解和我们的说明性方案成为一体的说明。总之，利普顿把最佳说明的推理作为寻求最可爱潜在说明的推理的刻画，恰当地阐明了当我们推出说明性的假说时，我们最初提出的有关备选假说是经验证据的可能说明，然后针对验证时，我们选择了产生对已观察的经验现象的最深刻的潜在理解的假说。

我们发现对说明性推理的这种描述是吸引人的，并常常和溯因相容。然而，在相同的讨论语境下，我们能确定可爱性和可能性考虑间合并——忽略了不同的研究目标——的起点，那种研究目标一方面是指导形成假说的过程，而另一方面是去评价它们。从皮尔斯式的观点看，这种清晰焦点的缺失最终导致了溯因和归纳间的一种合并。对利普顿来说，寻求最可爱潜在说明的推理认为说明如果为真，将提供最深刻的理解，是最可能为真的说明。这样的说明对我们的推理活动本身提出了一个真正可爱的说明，这个说明以一种基本的方式连接了对真值的寻求和对理解的寻求。寻求最佳说明的推理，就它超越可爱性的考虑而转到对一个假说可爱性的评价而言，不管是通过作为概率的启示性代理而出现的进一步的说明性考虑，还是通过对概率的直接评价——贝叶斯式的或经典的，都是溯因和归纳的一种联合。就最佳说明的推理既是形成科学假说又是评价科学假说的过程的一种阐述而言，在这里，说明上的考虑既是产生可爱性假说的指导，又是评价它们的可能性的指导。这样，它是对具有不同目标的两种不同推理形式的混合。当这两种不同的推理形式和目标被合在一起，就出现了概念上的混淆。然而，当给它们以恰当的区分时，与只阐述说明性假说的溯因建议相比，利普顿对最佳说明的推理的阐述为科学推理提供了一种更广泛的图景。在这里，并不能否定最佳说明的推理提供的重要观点，而是有必要沿着皮尔斯式溯因的一种彻底描述，通过比较科学推理上的皮尔斯和利普顿的两种阐述，把最佳说明的推理的利普顿模型作为溯因推理和归纳推理的一种混合形式来重新划分，在它们的全部范围内，更好地阐明包括在科学研究的不同阶段的各种推理。因为把皮尔斯式的溯因看成是最佳说明的推理来将溯因和归纳间的区别模糊后，将会失去一些东西。越过这两种推理的形式区别，我们就会忽略科学推理在不同的研究阶段的不同目标——猜想与评价。因此，除了那些假说的科学评价问题外，我们不会为假说形成提供一种更深刻的阐述。我们也不会看重彻底地描述溯因的迹象：把相关的、常常是创新的概念拿来以创造性的方式来影响给以前未说明现象以可能说明的活动。

利普顿认为，产生深刻理解的假说也可以是概率归纳的最可能为真的假说。为了论证贝叶斯主义和说明论是非演绎推理的相容且相互补充的阐述，利普顿进一步发展了这一点。贝叶斯主义和最佳说明的推理是可相容的，因为贝叶斯定理注意对确信度的可允许组合的限制，而说明上的考虑在不违反概率规则的情况下可能仍指导着推理。而且，贝叶斯定理和说明论实际上是互补的，因为"说明上的考虑给我们用以接受条件化（已知证据时一个假说的概率）过程提出了一种重要的启示，我们需要这一启示是因为我们并不非常擅长直接进行概率计算"[①]。

就说明上的考虑充当评估概率并在贝叶斯推理中从先验概率转到后验概率的启示来说，利普顿提出了四种方式，在这里，$P(H/E) = P(E/H) \cdot P(H) /$

① Lipton P. 2004. Inference to the Best Explanation. London：Routledge：107.

P（E）。首先，说明上的考虑有助于人们判断可能性，即已知假说时观察证据的先前概率 P（E/H）。这是因为它可能是"我们通过考察 H 多好地说明了 E 来判断 E 有多可能依赖于 H 的一种方式"[①]。其次，说明上的考虑可以帮助判定先验概率 P（H）和 P（E）。再次，说明上的考虑在对相关证据 E 的判定上有用，因为我们可依据某个假说说明了它的这一点来选择一个认识上相关的资料。至此，利普顿把说明上的考虑和评估已知证据时假说概率的贝叶斯式归纳实践及选择和评估假说有关证据的归纳实践相关联。然而，他指出，就发现的语境而言，即在概念的起源或说明性假说的产生上，贝叶斯主义是缄默的。最后，这样利普顿就认为，在阐述假说的产生上，最佳说明的推理补充了贝叶斯主义，因为"询问什么说明了可用的证据其实是有助于假说形成的"[②]。说明上的考虑有助于构造假说，因为：①科学研究的目标常常本身就是说明性的；②科学家希望提出有相当高的先验概率的假说；③科学家常常偏向于接受有内容的假说，即有助于说明更多现象的假说。

从一种皮尔斯式的观点看，在给科学研究形成备选假说的过程中，我们处于溯因推理中。我们在这一研究阶段的目标是提出可以说明已观察现象的假说。对说明范围和多产性的考虑、对总体可爱性的考虑，都是溯因上的考虑。然而，在这一阐述中，它们再一次与可能性和概率的归纳考虑合并在一起。当可爱性和可能性的考虑可能产生有关一个假说成立的矛盾结论时，利普顿的阐述似乎带来了某种含糊性。从一种皮尔斯式的观点看，在发现的语境下，为了进一步研究可爱或丰富的假说，我们可以提出并试验性地支持，即使它们是不可能的或者在先验上是不可能的。皮尔斯在推理的"可靠性"和"丰富性"之间进行了区分。推理的可靠性是它的必然程度；而丰富性则是它形成未被发现真理的潜力，尤其是得到一种可能假说的推理。溯因性假说的丰富性不同于它的先验可能性，甚至不同于它在解决一个问题中的直接成果。皮尔斯在科学观察的丰硕性和科学假说的丰富性之间进行了区分："观察可以随心所欲地多产，但它们不能被说成是怀有真理，推理却可以。"[③]现代科学为了进步，就需要溯因假说的多产。然而，对科学推理来说，可靠性和多产性之间有冲突：可靠的推理（像演绎和被很好地验证的归纳）都没有打开新的，然而却危险的和一种先验上不可能的研究道路，这些道路可能仍然是"怀有"潜在真理的。皮尔斯甚至指出，

① Lipton P. 2004. Inference to the Best Explanation. London：Routledge：114.
② Lipton P. 2004. Inference to the Best Explanation. London：Routledge：116.
③ Peirce C S. 1998. The Essential Peirce：Selected Philosophical Writings，vol.2. Bloomington：Indiana University Press：472.

现代科学进步的主要障碍并非科学家作出的这么多偶然错误的演绎或归纳，而是忽略系统地追逐那些多产的溯因假说："即使最让人敬佩的现代推论者，以及在那些他们处于最佳状态的推理中，偶尔会得出完全没有理由的推理，但这会冲击他们后来的教导。然而，把现代科学看成是一个整体，我相信它的错误结论是某个小时刻相比于它系统地忽略考虑这些可能性而导致的，在那些可能性中，可能存在着得到未被发现的真理财富的钥匙。"①

皮尔斯式区分的结果是，在可爱假说的科学产生和对它们可能性评价的结合中，我们将忽略在科学实践中，需要产生、沉思和追求富于产生未被发现的真理及深刻理解可能性的假说，即使它们是先验上不可能的。这样，在研究的溯因阶段，我们可能去提出可爱的假说。对可能性的评价是后来的、研究的归纳阶段的事。利普顿阐述中的那种合并部分是由于他忽略了不同的推理目标。例如，在论证说明上的考虑对形成假说的重要性方面，利普顿认为，科学家对范围和丰产性的关心是一个富有前途的领域，在其中说明论的考虑可以进行，因为科学家可通过评价他们正在评价的假说在说明上的潜力来判断理论上的丰产性或承诺。在这里，说明上的潜力很快就成了产生和评价假说的一种指导。然而，对皮尔斯他们而言，为了理解科学推理，关注于两类为不同目标所指导的活动，即着眼于提出说明性假说和评价这些假说的合理性间的区别是很重要的。也就是说，一个非常不可能的猜想似乎对我们来说是可能的，这在皮尔斯的溯因和利普顿对最佳说明的推理的阐述之间预期了一种主要的差别。利普顿将说明性假说的产生和贝叶斯主义所描述的对假说的先验概率的观点相结合。

三、哈曼论最佳说明的推理和归纳

哈曼在《最佳说明的推理》(*Inference to the best explanation*) 一文中，阐明了他在枚举归纳上的看法。他认为，非演绎推理并不只包含枚举归纳，最佳说明的推理也是其中的一种，并且是非演绎推理的一种基本形式。因此，一个把枚举归纳看成是非演绎推理的人，也必须承认那种寻求最佳说明的推理。因为所有的枚举归纳都能被很好地描述为最佳说明的推理。按照这种推理，如果一个假说给现象的说明好于其他假说，就可以把它当成真的而予以接受。一般来讲，归纳包含着说明。归纳的过程，其实就是进行说明及形成说明的过程。归

---

① Peirce C S. 1998. The Essential Peirce: Selected Philosophical Writings, vol.2. Bloomington: Indiana University Press: 466.

纳的结果能给归纳的事例以说明。反过来，正是归纳推理的结果能给证据以说明，才让结果有了可靠性。在这方面，哈曼认为，最佳说明的推理为归纳推理提供了一个更好的基本原理。相比之下，对最佳说明的推理的使用从来都不需要枚举归纳的伴随。也就是说，并不存在能被后者解释而不能被前者解释的情形。哈曼指出，"枚举归纳实际上是那种常见的最佳说明的推理的特殊情形"①。格里鲍夫（S. Gliboff）认为，"哈曼主张要把最佳说明的推理看成是归纳的一种替代"②。由于能在类别上把枚举归纳划归到最佳说明的推理之下，使其成为最佳说明的推理的一种情形，所以没有必要使枚举归纳成为一种单独的推理形式。

1. 替代性论点

概括地讲，在最佳说明的推理和归纳之间的关系上，哈曼的主要看法是：最佳说明的推理是枚举归纳的一种替代，如果考察最佳说明的推理，枚举归纳就是多余的。我们可以把哈曼的这一看法称作最佳说明的推理对归纳的替代性论点。一些来自哈曼的例子能使我们更好理解他的这一论点：当侦探确定是管家所为时，他推得给手头的证据以更好阐述的其他说明是不存在的；同样，科学家推断亚原子粒子存在是因为它们给已观测到的数据以最充分的阐述。这些例子都是最佳说明的推理的明显情形。而枚举归纳有着这样的过程，即通过它，就可以基于它的几个已被考察过的情形得出一个结论。一个常被引用的例子就是：如果我们观察到一个白色的天鹅，后来又不断地观察到白色的天鹅，直到观察到大量的白天鹅，而没有出现一个例外的情形，那么就可以认为，所有的天鹅都是白色的。这样，我们就从已被观察到的例子推出一个适用于还没有被观察到的其他情形的普遍结论。考虑这样的情况：如果我们推断一个犯罪的目击者说了实话，我们的推理包括了几个推论：我们推断目击者说了他所说的，是因为他相信他所说的内容，我们再推断他相信他所说的，是因为他确实目睹了犯罪。因此，即使在证人的证词相对简单的情况下，在我们能断定说话者说的是实话之前，也有很多必须隐含进行的背景推论。这样，哈曼辩护他的主张时的主要论点就成为，在选择一个说明特定证据的假说上，我们常常使用了特定的辅助性论点。他认为，如果假说的选择过程被描述为一种枚举归纳，那归纳显然就会隐瞒那些作为辅助论点的过渡性假设或前提，使这些辅助论点变得

---

① Harman G. 1965. Inference to the best explanation. The Philosophical Review, 74（1）: 89.
② Gliboff S. 2000. Paley's design argument as an inference to the best explanation, or, Dawkins' Dilemma. Studies in History & Philosophy of Biological & Biomedical Science, 31（4）: 581.

不明显，这样就会无法说明假说的选择。而最佳说明的推理的使用，则揭示了它们，并把它们恰当地显示为得到一个良好说明的重要步骤。所以，哈曼认为最佳说明的推理具有超越枚举归纳的优势。①

在论证最佳说明的推理的必然性时，哈曼从考察最佳说明的推理过程着手。这个过程随着存在几个试图说明相同资料的竞争假说而开始。关键问题在于拒绝所有的替代假说而赞同那个将给证据（资料）以最佳说明的假说，依据假说的更高说明力来推出它的正确性。在这里，哈曼承认存在着一种困境，即如何定义"最佳的"。但他并没有解决好这个问题，只是提出了一些判断假说的可能标准："那个更简单的假说就是更可能的，说明更多的以及更少有特设性的那个假说就是更可能的。"②哈曼认为这个问题在确立无须将我们的推理描述为归纳推理之后就能得到解决。不能客观地定义"最佳的"，将会给试图使用或说明最佳说明的推理的哲学家提出一个难题。在这里，奥卡沙结合着归纳阐述了"最佳"这个概念。在他看来，我们常常把"最佳的"假说定义为那种已经获得最多归纳支持的假说 ③。

为了使我们确信他的第一个论点，即如果我们考察最佳说明的推理，就会发现它具有超越枚举归纳的一些表现，哈曼给出了几个能被最佳说明的推理而非归纳来说明的例子。但需要指出的是，尽管这样的例子能确立对最佳说明的推理的需要，但并不必然表明归纳推理就是多余的。哈曼给出的例子包括物理学家推出原子和亚原子微粒存在的方式。他认为得出亚原子微粒存在的推理只能用最佳说明的推理来说明。然而，在这一点上，他只是认为会这样，而没有说明为什么会这样。在归纳推理被用来推出这些粒子的存在上，并不存在一种令人信服的情形，因为证实这些假说的任何观察都不存在。换句话说，物理学家第一次提出亚原子微粒存在，他并不能使用归纳推理，因为这种实体似乎已经超越了归纳的范围。

这样，要得到那种有关不可观察实体的认识，就只能使用一种新的扩展性推理。在我们的例子中，物理学家首先看到了某物。并不存在能现在被用于归纳地说明当前发生的情形的过去观察。实际上，当前就是他的第一次观察，并且是他第一次提出这个假说。于是，他就不能从已观察到的东西去推出未被观察到的东西。试图说明一种新颖现象的科学家肯定使用的是不同于枚举归纳的

① Harman G. 1965. Inference to the best explanation. Philosophical Review，74（1）：91.
② Harman G. 1965. Inference to the best explanation. Philosophical Review，74（1）：89.
③ Okasha S. 2002. Philosophy of Science：A Very Short Introduction. Oxford：Oxford University Press：45.

某种东西。这里最得当的回答就是物理学家依据了证据（资料）的最佳说明，提出这些粒子的存在假说。在用最佳说明的推理推测原子和亚原子粒子存在后，才可以使用归纳。因为在提出新颖的看法之后，试验中的类似发现可能在归纳上表明所有的对象都是由原子和亚原子粒子构成。

由于归纳在类似于微粒这样的对象的认识上有局限性，所以使用最佳说明的推理提出有关不可观察实体的新颖看法就是不可避免的。科学家第一次提出磁场、夸克和很多其他不可观察的实体的存在，使用的似乎就是最佳说明的推理。当其他的假说没有给证据（资料）提供一种更好的适合性说明时，较好的那个假说就会被接受。在这样的情形下，并不可能构造出一种使用归纳的令人信服的论证。所以，我们能理直气壮地认为那种展现创新性的思索似乎必然地是最佳说明的推理的产物。

那么，在最初的最佳说明的推理进行推理之后，是否在将来使用最佳说明的推理依然会碰到不可观察的实体，这一点值得阐述。关于这一点，可在两种不同的意义上进行。综合起来看，它们似乎表明了归纳实际上只是最佳说明的推理的一种特殊形式。第一种意义是，在科学研究过程的后期我们仍使用最佳说明的推理：当试图说明一个现象时，排除过去的类似情形的观察，考虑具体的现象本身可能更有意义。例如，如果我们想论证我们已给一个电子以定位，仅基于当前实验中所发现的证据，而不是诉诸产生类似发现的过去实验来论证，可能会更有意义。这是因为就像休谟指出的那样，我们没有理由认为当前和将来会和过去一样。并且就像他说的那样，由于自然在过去是统一的，所以认为我们知道自然是统一的是无用的，因为这是一种循环推理。这样，给出这一困难后，如果我们简单地考察当前实验的证据，那么我们就不可能使用归纳，因为情形会变得和原来的推理一样，最佳说明的推理被用于去选择给证据（资料）的最佳说明。

第二种意义就是把归纳看作最佳说明的推理的子集，这一点可能会更有力量。在使用归纳中，我们从已观察到的情形推断未被观察到的情形，认为将来的情形服从了过去的情形。为什么会这样？答案似乎在于，我们是从它是最佳说明这一事实来推出它的正确性的。我们似乎认为当某事物在过去已经运用了很多回，对将来类似情形的最佳说明将是在过去使用了相同的说明。

在发现备选假说可能性较小时，我们就拒绝它，这就是最佳说明的推理的情形：拒绝劣等的备选假说，而支持我们认为给出了最佳说明的那个假说。在上述意义上，最佳说明的推理比归纳更基本。实际上，后者似乎依赖于前者，使它成为最佳说明的推理的一种特殊情形。这就是当哈曼认为所有的归纳情形都能被使用最佳说明的推理解释所意味的内容。实际上，哈曼使归纳这个观点系统地依赖于最佳说明的推理。对那些认为归纳比最佳说明的推理更基本的人来说，这一点将充当一种反驳，即"最佳的"说明是那种具有最多归纳支持的说明。这种分析表明，归纳上的支持只是不断地堆积，因为我们使用最佳说明的推理来获得这一结论，即将来可能拥有和过去一样的定律。

我们只能使用最佳说明的推理的最后一个例子的情形是这样的：假如我们正试图说明一个具体的现象，并且已有了一些过去的观察，产生了相关信息的积累，不幸的是，我们以前的观察和信息有一半指向了给这个现象的说明 X，并且我们以前的观察的一半给了这一现象的说明 Y。或者换句话说，我们所有的信息都同样地指向了说明 X 和说明 Y。这就是说，这两个说明在它们对所研究现象的预见上是相同的，都解释了手边的证据。在这里应当做的，就是在 X 和 Y 这两个说明之间进行挑选时，需要使用最佳说明的推理，而不是使用归纳。因为就像我们所说的那样，归纳推理使我们完全不能判定说明 X 和说明 Y 哪一个更好。假如它们有相同的归纳支持，我们就必须使用别的方法来在它们之间进行区分，从而判定哪个是更好的说明。在这样的情形下，我们能做的就是去拒绝低劣的说明，并同时支持更好的说明。我们可以使用非常节俭或其说明有更少的特设性这样的标准，通过在竞争说明中进行选择的方法，选出与众不同的那个说明，这其实是一种寻求最佳说明的推理过程。

2. 必然性辅助论点

在对最佳说明的推理和归纳的阐述上，哈曼的另一个主要论点是：在对手边的证据进行说明时，我们常常使用了特定的辅助论点。如果我们把推理过程描述成归纳，那么这些辅助论点的重要作用就被掩盖了。然而，如果我们把它描述为最佳说明的推理，就会使这些辅助论点得以揭示，从而把它们的作用恰当地确立起来。因此，我们可将这一点称为他论证最佳说明的推理优于归纳的"必然性辅助论点"。为了阐述他在有关揭示或掩盖辅助论点方面的看法，哈曼给了我们这样的例子：如果我们看到一个人快速地从他刚刚碰到的炽热烤炉上收回手，并且惊叫"哎呀"，那么我们就可以推断他的手受伤了。在这一情形下，我们的辅助论点就是"疼痛引起了那个收缩"。哈曼认为，把这样的推理描述成枚举归纳的事例，就会掩盖其中包含的辅助论点。实际上，就像他指出的那样，对这个例子来说，这一点蕴含着：我们能发现一个人在有关某物的话语和其正确性之间的过去相关性。这样，使用归纳，我们就会说这个推理是从话语和正确性之间的过去关系推出当前的情形。

就像哈曼断定的那样，这些解释掩盖了言语者相信陈述的辅助论点的"根本相关性"，疼痛则为那个收缩负责。在这里，对哈曼的一种可能的回应就是，如果所有的过去事例/相关性表明人们并没有因为疼而抽回他们的手，而是因为狂暴，那么或许我们将倾向于认为这个人是狂暴的，而不是疼痛。在这样的事例中，我们似乎使用了枚举归纳。但是，哈曼认为，可以用两种方式中的一种来回击这种回应。比如，一个人可以说我们仍使用最佳说明的推理，因为已知所有的过去相关性，设想相同的说明在当前成立，实际上是更好的说明。这就是归纳为什么能被看作系统地依赖于最佳说明的推理的先前说明的例证。换句话说，在回击上述的回应时，一个人可以说我们仍使用最佳说明的推理，一种不同的辅助论证正在起作用：这个观点即那个人收回手可以是由于他的狂暴。或许他会选择第二种回答，因为它突出了所包含的那种辅助论点。

尽管这似乎像一个异常的观点，但它不应如此使我们吃惊。听到我们能帮助自己得到给定现象的一种说明而拥有的中间信念应当是相对无争议的。毕竟，所提出的可供选择的是我们使用枚举归纳，从而简单地投射出那种从过去到现在和将来的关联性。或许一个最终的例子能进一步阐明这个观点。假如注意到某个人湿透了，我们用天下雨来说明这一现象。假如我们通过对一个过去的相关性——如某个人身上湿的原因在于雨下在他身上的简单验证来这样做，那么我们就掩盖了某些重要辅助论证的作用。这些辅助论证包括那个人在外面，没有带雨伞或雨衣。显然，这些辅助论证在我们的说明中真的起作用，因为假如我们认为那个人打着伞，我们将不会假定下雨成为他身上湿的原因。显然，把这个推理过程描述为最佳说明的推理的一种——和枚举归纳相反的一种，就突出了我们对辅助论证的使用。

对哈曼来说，一个更大的潜在问题或许不是我们是否使用辅助论证，而是我们的辅助论证从何而来。如果辅助论证本身以枚举归纳为基础会怎样？这个回答将表明我们认为疼痛为收回手负责或者那个话是因为言语者真的相信它为真的原因在于它过去就是这样的。这将是一个困境，因为假如哈曼断定这个辅助论证是最佳说明的推理的不可消除部分，它将使最佳说明的推理依赖于枚举归纳。然而，这个反驳似乎是可避免的，就像哈曼能通过说我们的辅助论证建立在直觉推理而不是枚举归纳上来回应那样。或许，这将是一种可能的回答，就像我们把收回手归结为疼痛，因为它在直觉上是令人满意的。然而，哈曼将可能需要说明我们为什么发现这个说明在直觉上是可接受的。换句话说，我们把收缩归结为疼痛可能是应为我们有类似的经验，从而应用最佳说明的推理来得到这一结论，即别人的心是存在的，并且以大致和我们类似的形式起作用。但存在着并不遵从这种模型的特殊情形。如果我们见证了某个人碰巧几次触及一个烤炉并且每次都快速地收回他的手，说明他并没有感到任何疼痛，那么我们再一次看到这样的行为时，或许将不把收回手归结为疼痛。我们的辅助论点可能就成为他在过去引用的原因，如害怕他手上的一个难看的烧伤的伤疤。这可能表明存在着特定的例子，在其中难以排除用枚举归纳来确立辅助论证。然而，仍可能通过提出使用中的辅助论证是那个人喜欢那样来反驳这样的论证。

我们认为，哈曼提出的枚举归纳掩盖了辅助论点在我们的推理中所起的重要作用这一看法，是可靠的。尽管可能存在着在其中辅助论证可能部分地以归纳为基础的特定例子，但他的这个看法对多数情形来说是成立的，因而对它的反驳是可以避免的。而且，他认为枚举归纳不应被看作一种独立的推理形式也是有力的，尽管他并没有表明为什么这样。

3. 对哈曼观点的评论

依据枚举归纳，一个说明 E 是正确的，由于归纳在过去是这样的，所以有充分的理由认为，当类似的条件出现时，E 在将来也是成立的。对此，哈曼提出了这样的看法，即告知我们这些情形实际上表明了 E 是最佳说明，而不只是对已观察到的样品的一个普遍概括。哈曼的这一观点类似于皮尔斯在归纳上的看法，即归纳是从一个小数量或样品，推得一个大的概括。由前面的论述可以看出，哈曼在最佳说明的推理和归纳之间关系上的主要观点是：最佳说明的推理是所有枚举归纳的基础，它能替代所有的简单归纳。由于是归纳的普遍形式，所以几乎所有的归纳都可以被还原为最佳说明的推理。哈曼在两种推理之间关系上的立场是非常明确的，因此，有关它们之间关系这个话题的讨论，往往就集中在了对哈曼观点的讨论上，并出现了一些和哈曼的主张不同的看法。在哈曼那里，只希望证明纯粹的归纳实际上就是最佳说明的推理，而没有深入探讨如何应将最佳说明的推理表现出来。他认为，如果我们使用枚举归纳，就必须使用一些其他类型的非演绎推理，如最佳说明的推理，来证明我们的主张。因为归纳的狭窄范围，并不能提供一种令人满意的答案，而最佳说明的推理则能为我们提供一个我们何时会有根据的阐述。这样，如果应用最佳说明的推理，就不需要那种被看作一种单独推理形式的枚举归纳，因为它将是多余的。[1]所以，哈曼就引入了简单性和合理性概念，认为如果全部的证据都表明某个其他的假说性说明更可能、更合理、更简单，就有根据接受那个假说，这样就给最佳说明的推理以论证。

与哈曼相比，利普顿则给出了一种非常实质的最佳说明的推理。他这样做的原因大概在于想充分解释并提出最佳说明的推理的一种连贯性阐述。利普顿认为，最佳说明的推理是一个经常会被使用的重要推理工具，它能和其他的扩展性推理形式如归纳一样存在并发挥作用。尽管利普顿并没有涉及归纳可还原为最佳说明的推理这个论点，也没有明确与哈曼争辩，但从他对最佳说明的推理的那种阐述中可以看出，他也像皮尔斯那样，认为在归纳和溯因或最佳说明的推理之间存在着区别，指出最佳说明的推理并不是归纳的一种清晰阐述。[2]利普顿承认，归纳本身就是有根据的，应把它作为一种完全不同的、无法还原为最佳说明的推理的独立推理来讨论。因此，就归纳在哈曼和利普顿立场中的作用来讲，存在着这样的差异：归纳总是从样品推得普遍的概括，而不管它是有根据的还是正确的。而最佳说明的推理阐述了我们往往并不从给定的样本来推断某一事实会比归纳更好。具体来讲，利普顿在最佳说明的推理和归纳的差异上所坚持的看法在于，提出假说时，最佳说明的推理不是归纳的。在对假说进行选择时，最佳说明的推理是归纳的。概括起来就成为，最佳说明的推理可以成为归纳的，它应是一种强归纳的描述。在最佳说明的推理和归纳的区别这一点上，马尼亚尼认为最佳说明的推理不能被还原为归纳，因为归纳不能引入新概念或观念，而最佳说明的推理则能做到这一点，它能引入新的观念。

针对哈曼的观点，有些学者则明确提出了一些反驳。比如，恩尼斯（Robert H. Ennis）和富梅顿就是这方面的突出代表。恩尼斯认为，哈曼的认识是不正确的。他指出，把枚举归纳吸收到最佳说明的推理中的那种尝试是有缺陷的。这可通过以下两点得以阐述：①过分地简化说明的本质；②认识到枚举归纳真的需要某种不只是作为一种基础的已观察到的规律性。恩尼斯阐述了三个问题：什么被认为由"最佳说明"所阐述？什么能发挥"最佳说明"的作用？什么样的说明是最佳说明？哈曼对"枚举归纳"的定义为："枚举归纳从已观察到的规律推出普遍的规律或至少是下一个例子的规律。"这一定义提到了三个东西：已观察到的规律、普遍的规律和下一个例子的规律。恩尼斯认为，尽管哈曼断定

[1]　Harman G. 1965. Inference to the best explanation. Philosophical Review, 74（1）: 90.

[2]　Lipton P. 2004. Inference to the Best Explanation. London: Routledge: 57.

枚举归纳能被正确地看成是最佳说明的推理，但他并没有说这三个东西中的哪一个被"最佳说明"所解释。客观地讲，恩尼斯对哈曼的评论，在性质上是非常明确的，即主要是批判的。但他对最佳说明的推理并没有做多少考虑，所以在阐述上是比较简单的。

在对哈曼的反驳上，富梅顿与恩尼斯不同的是，他像利普顿那样，对最佳说明的推理进行了分析。针对哈曼所认为的枚举归纳的推理实际上被很好地解释为最佳说明的推理，以及最佳说明的推理能充当归纳推理或归纳推理和演绎推理的一种结合的替代这一看法，富梅顿提出了质疑。他指出，把最佳说明的推理看作归纳推理的一种替代并不合理。①并不存在这样的一个过程，即能够充当归纳推理或归纳与演绎推理组合的、可供选择的最佳说明的推理。富梅顿并不认可哈曼主张的所有归纳都可以还原为最佳说明的推理，而是提出了与此相反的观点，强调所有最佳说明的推理的具体实例都可还原为归纳。考虑一个非常简单的例子，我们可能遇到海滩上的脚印，用下面的论证就能推出这一结论：有人近来在海滩上走过。

（Ⅰ）（1）海滩上有脚印；

　　　（2）如果有人近来从沙滩上走过，那么一定有这样的脚印；

　　　（3）有人近来在沙滩上走过。

在哈曼看来，这是最佳说明的推理的一个实例，因为一个人走过那里给沙滩上的脚印以最佳说明。这个说明可被排在任意数量的其他可能说明，如机器人或外星人的足迹之前。由于它好于其他的任何可能说明，所以是正确的。富梅顿也认为，一个人走过那里给沙滩上的脚印以最佳说明。但他又指出，在这里存在着一个那种推理所必需的潜在前提。与下面两个例子相比：

（Ⅱ）（1）在沙滩上有脚印；

　　　（2）如果琼斯近来在沙滩上走过，那么将有这样的脚印；

　　　（3）琼斯近来在沙滩上走过。

（Ⅲ）（1）在沙滩上有脚印；

　　　（2）如果有牛穿着鞋近来在沙滩上走过，那么将有这样的脚印；

　　　（3）有穿着鞋的牛近来走过沙滩。

尽管这三个推理有完全一样的形式和正确前提。但只有（Ⅰ）是得到最佳说明的推理的一个完全自然而有效的情形，而（Ⅱ）和（Ⅲ）则不是。对此，

---

① Fumerton R A. 1980. Induction and reasoning to the best explanation. Philosophy of Science，47（4）：590.

富梅顿提出了这样的解释，接受（Ⅰ）因为它是一种省略推理。它应用了那个重要但未被明确阐明的前提，从这个前提可合理地得出结论来。那个前提就是："在绝大多数已知的情况下，沙滩上的脚印是由人引起的。"而（Ⅱ）和（Ⅲ）则不是这样的。富梅顿指出，当给寻求最佳说明的论证的隐含前提以阐明时，就会拥有要求我们给出一个归纳论证而需要的全部前提。[1]这就是说，当那个潜在的前提是证据的重要组成部分时，最佳说明的论证实际上就成了一种归纳论证。它是在归纳上给结论以支持的，那个"最佳的"概念是没有必要的。因为这不是推得最佳的说明，而是去进行一个能阐述最佳说明的推理的归纳。因此，最佳说明的推理是依赖于归纳的。需要归纳给最佳说明的推理进行确证。在这方面，菲尔兹就曾把最佳说明的推理看成是一种归纳推理[2]。但哈曼并不承认这一点，他认为所有的归纳实际上都是最佳说明的推理。

当以日常表述给出对最佳说明的论证时，它在形式上常常是这样的：

（Ⅰ）（1）Q；

（2）$P \to Q$；

（3）P。

如果具有这种形式的推理是合理的，那它就成为这样的论证：

（1）Q；

（2）$P \supset Q$；

（3）P。

然而，只让前提和结论间的关系成为简单的证实关系，显然还不是一种良好的论证。富梅顿给出了被看作最佳说明的推理范式的简单情形。他认为，尽管我们可能以完全不同于归纳推理的形式来表达这个论证，但我们只能把这个论证看成是好的，因为我们隐含地接收了在我们想推出的结论中有重要作用的前提。他通过表明存在着很多具有与最佳说明的推理同样形式的真前提的论证，从而认为这个隐含的前提是关键的。

在这一点上，可能有人抱怨这里考察的最佳说明的推理概念有点简单。假如有很多具有（Ⅰ）形式的论证，每个都有真前提，但得到最佳说明的推理所包括的部分是谨慎地应用了在备选的可能说明中进行选择的那些标准，从而可能会认为下面的形式更充分地给出了最佳说明的推理的本质：

（Ⅱ）（1）Q；

---

① Fumerton R A. 1980. Induction and reasoning to the best explanation. Philosophy of Science，47（4）：589.

② Fetzer J H. 2002. Propensities and frequencies：Inference to the best explanation. Synthese，132（1/2）：27-61.

（2）能够解释 Q 的可用竞争和不相容假设 P_1，P_2，…，P_n 的集合，按照标准 C_1，C_2，…，C_k，P_1 是 Q 的最佳说明；

（3）P_1。

为了使上面的对得到最佳说明的推理的解释完整，就必须表明 C_1，C_2，…，C_k 这些标准是什么。就像在前面讨论"最佳说明"时那样，萨迦德认为，"科学推理的实际情形展示了一组评价说明性理论的标准"[①]。"如果一个理论比别的理论说明了更多的事实，那么它比另一理论会更一致。"[②]在这里，被说明事实的种类而不是其数量才是那个理论一致性的相关验证。一个说明性理论是否比另一个更简单就在于，那个理论需要说明一组事实的附属假设集合的大小及其本质功能。在这里，为了确保一个理论适合某个具体范围的事实，通过附属假设一个人在心中似乎有特别的调节被增加给那个理论。萨迦德提出，假如 A 和 B 在 P、Q、R 上是相似的，且假如我们知道"A 有 S"说明了它为什么有 P、Q 和 R，那么我们就可以认为 B 有 S 是对 B 为什么有 P、Q 和 R 的一个有前景的说明。如果我们发现一个说明性理论 T_1 类似于已被建立的说明，而另一个理论 T_2 则不是，那么 T_1 将比 T_2 更好地由另一个类似所支持。萨迦德的标准是便利的，下面的评价可被用于把最佳说明的推理看成归纳推理的一种替代的尝试上。

在对选出竞争说明中那个最佳说明的标准进行的评价上，我们首先要做的，就是确定我们对所使用的"最好的"的含义非常清楚。一个比备选者更一致、更简单的理论，肯定要比它的竞争者更受人喜欢。一般来讲，我们对有更多解释内容的理论有兴趣。更一致、更简单、更类似理论的认识论问题就成为更可能为真的问题。由于我们关注于寻求最佳说明的推理构成了一种独立的知识来源，我们必须确定我们是否能知道那些更一致、更简单、更类似的理论是否更可能为真。如果它只是一个有关世界的偶然事态，通过经验就被揭示给我们，那么使用萨迦德的标准显然反映了对归纳推理的一种应用。

存在着一些对富梅顿主张的反驳论证，认为他对最佳说明的推理的简单情形的关注，严重损害了这个论题。或许我们能把最佳说明的推理还原为这些简单情形下的归纳推理，而那些基于精密仪器的复杂观察而得到的特定的不可观察实体的科学推理，也能易于被还原为归纳推理。但它实际上是某种别的、认为得到特定不可观察实体存在性的科学推理的东西，基于精密仪器的复杂观察能非常容易地还原为归纳推理。对此，富梅顿提出了两个回答。首先，他认为

① Thagard P R. 1978. The best explanation: Criteria for theory choice. The Journal of Philosophy, 75（2）: 76.
② Thagard P R. 1978. The best explanation: Criteria for theory choice. The Journal of Philosophy, 75（2）: 79.

还原论、工具论、实在论的争论是科学哲学中的一个生动话题。不应以实在论的本体论承诺把我们的认识原则选作我们的指导。如果我们在应用和接受的那些对最佳说明的常见论证中，看到它们包含着一个使我们把这个论证还原为归纳论证的前提，如果科学实在论者不能提出这样的、被要求的前提，那么或许我们应当寻求理解他的有关这些令人厌烦实体的陈述的其他方式，理解这些陈述的方式和我们能证明我们相信它们相一致。其次，富梅顿认为这一点并不清楚，即只应用归纳推理，科学实在论者不能证明他对很多断定那类令人厌烦的实体存在的命题的确信。如果最佳说明的推理真的成为归纳推理，那么一个人仍必须说出休谟如何在逻辑上超越了他对世界的感觉而不是在因果上独立于它们。

客观地讲，哈曼为了表明最佳说明的推理是所有归纳推理的基础，而把它引入到现代哲学中。这样的操作使枚举归纳成了最佳说明的推理的一种特殊形式。实际上，这是扩大最佳说明的推理重要性的一种方式。这种看待最佳说明的推理的观点的问题在于，枚举归纳并没有以任何有趣的形式产生说明性的结论，因此它根本不同于最佳说明的推理。尽管归纳论证在特性上是扩展的，但它在本质上是描述的，因为它得到了与在前提中显示的属性相同的结论。相比之下，最佳说明的推理是说明性推理，在这里，和说明上的优点有关的标准，主要出现在推理所包括的形式中。这样，最佳说明的推理和归纳推理，就成为扩展性推理的两种不同形式。前者是在理论评价的说明性尝试中被提出；而后者在从统计样本进行概括及确立有关经验现象的观点的描述性任务中得到了例证。

四、最佳说明的推理对非证明性推理的启示

在推理的类别上，有证明性推理和非证明性推理之分。其中，归纳就是一种非证明性推理。在科学理论的形成上，归纳是最为简单和要求最低的一类。但对哲学家和科学家来说，有关使用归纳的合理性或者说归纳的确证问题是一个长期没有得到解决的问题。在归纳的确证上，目前我们使用的依然是归纳法，即依据归纳概括在过去是正确的，因而认为在将来还会正确。不诉诸归纳，我们就无法断言归纳的正确。或者说，我们除了使用归纳来确证归纳自身外，无法从归纳外部来对其加以确证。依据归纳，我们会给事件将会怎样以预测，因为它们在过去已表现出了那样的情形。但问题在于，这种操作的可靠性依据是什么？如果不存在这样的依据，那么就像休谟认为的那样，归纳不仅不能作为一种良好的推理规则，反而还会损伤日常情境下科学理解和知识的基础。

最佳说明的推理中包含的"最佳说明"概念体现着在假说与理论中进行竞争的必然性。在对假说性说明进行选择时，有关说明上的考虑发挥着重要的作用。按照说明上的优良性依据来确定最佳说明的操作，实际上是一种在相互竞争的备选假说中进行的选择。一般来讲，得到一个科学假说的推理并不只反映出假说和证据的关系，而且也考虑了相竞争的假说与证据的关系。但这样的考虑与常见的枚举归纳不同。这样，就可以认为，最佳说明的推理在对归纳这样的非证明性推理的描述和确证上，具有一定的启示性。其中，描述性问题着眼于对支配科学家权衡证据及进行推理的原理进行刻画；而确证性问题则要表明这些原理是得当的、合理的。

1. 描述性启示

尽管可依据一致性、简单性和类似性等说明的优良性标准来对事实提供的说明质量进行评价，但从语言学的角度看，这里的最佳说明实际上是一种语用概念而非句法或语义概念。并且，与假说选择方面的其他解释不同的是，语用方面的考虑所表现出的多样性，并不意味着对说明性假说和理论进行的选择是主观的。因为在说明时应用像一致性这样的标准去将事实归属到类别中，其实已预设了一种历史情境。把握理论评价方面的语用多样性，是体现科学发展就是寻求最佳说明的推理这一观点的另一个论证。证据与假说间的关系是科学必须涉及的，科学活动的内容之一就是说明支配科学家权衡证据及进行推理方面的那些原理。这种说明的难度有时会被小看，因为人们常常认为，从大量说明性假说中确定最佳说明的推理，接受了"还有很多这样的例子"这样的基本原理。但是把"还有很多这样的例子"这样的归纳主张作为对科学中推理的阐述，却有点不充分。一方面，一些有影响的论点，如乌鸦悖论和归纳上的新谜等，表明了这样的归纳模式把所有的观察都看作假说的证据，从而有些宽容；另一方面，这一模式在说明大多数从观察得到不可观察实体的科学推理时又非常苛刻。科学假说一般都涉及在给它们以支持的那些证据中没有提到的实体和过程。这些实体和过程本身常常是不可观察的，而不只是没有被观察到，因此，"还有很多这样的例子"这样的模式并没有被应用。

在说明依据观察来形成有关它们背后不可观察实体的假说这一"纵向"推理方面，前面所述的假说-演绎模型是一种尝试。该模型主张，科学家可从一个假说（及其他"辅助前提"）推出一些预测的东西，然后确定这些预测是否正确。如果它们中有些不正确，那么这个假说就得以被反驳；如果它们都正确，那么这个假说就得到了证实，从而最终得以推出。但这种模型并没有给"纵向"推理留下位置，它也像枚举归纳那样，太宽容，把实际上与它不相关的资料都看作为给假说以证实。例如，因为一个假说（H）蕴涵着它自己和任一预见（P）的析取（H或P），并且预见的正确性形成了那种析取〔因为P也蕴涵着（H或P）〕的真，所以任何成功的预见都可以算作是对某一假说的证实。人们在这方面所期望的结果是一个说明允许"纵向"推理，但绝不允许有任何其他的东西。最佳说明的推理承诺能做到这一点，它允许"纵向"推理，因为对一些已观察到的现象的说明，可能诉诸本身没有被观察到的实体和过程；但它并没有允许任意的"纵向"推理，因为具体的科学假说并不是如果真就说明了所有的观察。而且，最佳说明的推理寻求的是最能给证据以说明的假说，所以在给证据以说明的所有不同假说之间进行了区分。

最佳说明的推理具有自身的优势。比如，它避免了非证明性推理的其他类似阐述所表现出的一些不足。如果最佳说明的推理提供了归纳的一种重要形式，那么就要给它以发展和详细论述。但这一点实际上并不容易做到，因为对此还需进行进一步的论证。例如，必须论证一个假说对观察作出说明的条件是什么。在这里，不能把那些作为科学哲学研究中重要问题的说明的标准模型，填塞到最佳说明的推理中，否则，就会产生令人失望的结果。如果把它应用于对最佳说明的推理进行论述的实践中，就会令人失望地把最佳说明的推理还原为假说‐演绎论。但当从另一个角度把这个问题表述成什么使一个说明好于另一个时，就部分地解决了给最佳说明的推理以详述的困难。因为这样的变化从一开始就认为，推理其实是从那些在特定时间被提出的说明性假说中挑选出最好的。这就意味着，不管什么时候，科学家都将推出证据（资料）的一个并且只有一个的说明。科学家有时不愿推出任何可得到的假说，当这些说明相容时，他们也会碰巧推出不只是一个说明来。这样，"最佳说明的推理"就得用"当最好的说明充分好时，就能达到最佳可用的竞争性说明的推理"这个更正确的术语来注解，但在什么样的条件下能满足这种复杂的条件呢？说得更基本些，什么使一个说明好于另一个说明呢？说明上的那些标准形式在这一点上并没有什么论述，这些都是理解最佳说明的推理时，应当去回应的。这些需要回应的问题的存在，并不意味着最佳说明的推理不正确，而是意味着，除非我们对说明有更多的话要说，否则，这个模型就不会有什么用处。

好的一点在于，在最佳说明的概念分析上有所进步。在利普顿看来，从"最佳说明"这个词的含义入手很重要。它应当意味着说明是最可能的还是如果正确将给出最大程度的理解这两种。按照这一思路，最佳说明的推理就应被解释成寻求最可能说明的推理还是寻求最可爱说明的推理。一个具体的说明可以既"可能"又"可爱"，但这两者是有区别的。一个非常可能正确的说明因它在理解方面的贡献并不大，从而未必是一个可爱的说明。乍一看，最佳说明的推理应采用"可能的"这个概念，因为科学家认为从假说能够推出的，只是他们所考虑的竞争假说中最可能的那个。但这种认识可能是不深刻的，它会严重地使最佳说明的推理陷入一种无用的境地，从而减少它的吸引力。科学家推出他们判断是最可能的假说，但推理的主要观点却是要表明这些判断是如何得到的，从而给出科学家认为可能的症状。说科学家推出了最可能的说明，这或许是正确的，但对那个想知道他们成功秘密的人来说，却根本没什么用。最佳说明的推理本身就是科学活动的一种说明，但把最佳说明理解成最可能的说明，给出的理解性是很少的。所以，在利普顿那里，最佳说明的推理就被解释为"寻求最可爱说明的推理"。它的核心主张在于，把说明的可爱性看作可能性的指导，即给出最多理解的说明，就是那个被判断为最可能成真的说明。这种看法不是微不足道的，因为它至少提出了三个新的看法：第一是确定说明的优良性，即确定有助于它们所提供的理解程度的说明特征；第二是表明可爱性的这些方面与可能性判断相匹配，最可爱的说明常常也是那些被认为是最可能正确的说明；第三是要表明，承认可爱性与可能性判断之间的匹配，对科学家来说，实际上就是把前者看作后者的指导。

在说明的优良性的确定上，一种不同却有补充性的方式就是关注很多由"为什么"问题所带来的那种比较结构。因为说明就是要给出所讨论现象的原因，但并非所有的原因都会提出可爱的说明，对比较说明的阐述有助于确定什么能说明而什么不能说明。具体来讲，对一些现象的说明，常常要求采取比较的形式，即不只提出"为什么 P"，还要提出"为什么 P 而不是 Q"。因为好的说明不只依赖于事实 P，而且还依赖于它的比对物 Q。说明常常表明了所讨论的现象中存在的那些被人们所推定的原因，比较说明的结构却进一步表明了为什么不是所有说明都能那样的原因。这样，好的说明需要一个在事实和比对物之间提出有关那种差别的理由来。同时，也可以通过表明对比对物的选择如何决定了比较说明的充分性，来给什么使对已知现象的说明好于另一个以部分解释。

对最佳说明的确定涉及可爱性和可能性之间的匹配范围。如果对最佳说明进行确定的操作是正确的，那么更可爱的说明也应普遍地被判断为是更可能的。这种情形似乎是有前景的，因为确定说明的优良性似乎也是推理上的优良性。

也就是说，这类属性有助于支持一个假说。给很多已被观察到的现象以说明的假说，很大程度上要比并非这样的假说会受到更好的支持。当然，说明的优良性和推理的优良之间并不是在所有情况下都是完全重合的，至少有些假说是可能的但并不是可爱的，同时有些假说是可爱的但并不是可能的。但不管怎样，这并没有影响到最佳说明的推理。人们在不用违背最佳说明的推理方案时就可以推出这两种说明。

承认可爱性与可能性判断之间的匹配，实际上就是把前者看作后者的指导。即使能给说明的可爱性以说明（确定性的挑战），以及能表明说明上的优点和推理上的优点是巧合的（匹配的挑战），即使科学家依据某个假说可爱就判断它可能正确，就像最佳说明的推理主张的那样，也会存在争议。因此，对这个模型的批判就承认了可能的说明常常也是可爱的，但却会认为那个推理以其他和说明无关的观点为基础。例如，有人可能认为从比较资料得到的推理其实是密尔推理法的应用，它认为诉诸说明或精确性是一个优点，因为更精确的预见有较低的先验概率，从而提供了更有力的支持作为概率计算的一个基本结果。

2. 确证性启示

最佳说明的推理除了可被看成给科学推理的结构以部分解答外，还可用于对非证明性推理的确证。休谟曾对枚举归纳这种非证明性推理提出了这样的问题：即使归纳能可靠地让我们从观察得到正确的假说，我们也无法去相信它，因为需要给归纳以证明，证明它普遍可靠，且前提在归纳上并不以自己为根据。然而，在这方面，并不存在论证归纳可靠性的演绎观点，同时也不存在论证归纳可靠性的归纳观点。即使能在观察的基础上认为归纳过去是成功的，但依据归纳在过去的可靠，认为它在将来也可靠，其实是一种循环论证。

如果休谟的观点合理，就没有理由去给超越直接观察的科学观点以相信。这至少包括没有理由相信所有的科学假说、科学推理。尽管这是不可令人相信的，但那种怀疑性主张却是非常有反弹力的。对这种怀疑观点来说，仍不存在可被普遍接受的回答。虽然休谟在证明问题上的表达是诡辩的，但他对描述问题的解答却似乎是比较有效的。他似乎接受了我们在前面探讨的那种简单的"还有很多这样的例子"的枚举模型。因此，有人可能认为对归纳活动的一个更娴熟、正确的说明将不可能批驳休谟的怀疑论证。但休谟给予归纳的描述是不正确的，他的怀疑观点并不依赖于这一点。实际上，那个论点似乎很少依赖于归纳的观点在演绎上并不是有效的这一事实。关于过去观察的报告从不意味着将来达到最佳说明的推理事实上也选出了真的假说，并且任何认为最佳说明的推理的可靠性本身就是我们已观察到的事件的最好说明的观点是一个预设了结论的论证。人们甚至认为最佳说明的推理恶化了证明问题，因为假说如果真的给出了深刻的理解实际上也很可能正确。为什么我们假说我们是所有可能世界中最可爱的呢？这个多余的担忧可能是一种反应上的过度，然而，却是因为休谟的怀疑论观点表明的是任何别的归纳方法的成功也同样是不可思议的。

　　如果最佳说明的推理这一模型有助于解决归纳这样的非证明性推理的证明问题，那么这些将很可能涉及科学家归纳活动的更具体方面。例如，这种模型可被用于表明，在合理的论证中，科学家对一个假说所正确预见的资料、数据的重视程度比为了顺应某种观点而去提出或构造那个假说所能得到的资料、数据更高的原因是什么。不管最佳说明的推理的证明潜力如何，如果它显示出对指导科学实践的那些推理原理给出了一个启发性的描述，那么这个模型就可以被看作一种哲学上的成功。

第三节　最佳说明的推理和贝叶斯主义

　　坚持最佳说明的推理的人能和贝叶斯主义论者成为朋友。

——利普顿（P. Lipton）

　　当前，在最佳说明的推理的探讨上，还有一个重要话题是考察它和贝叶斯主义之间的关系。之所以把它们放在一起来考察，是因为：首先，最佳说明的推理和贝叶斯主义被看作科学推理中最为杰出的两种理论，它们在刻画非演绎推理方面具有重要作用；其次，两者都涉及一个"确信"的问题。因此，这两种观点间的关系是颇受人们关注的。其中，有人认为它们是相互排斥的，如范·弗拉森、豪桑、萨尔蒙、皮斯罗斯、斯图尔特、韦伯等。然而，在贝叶斯主义和说明论阵营内，有人却对那种冲突的主张提出了质疑。他们认为，最佳说明的推理和贝叶斯主义实际上是相容的，如斗文、奥卡沙、麦克格鲁、利普顿、尼因洛托、甘桑、威斯伯格等，坚持认为最佳说明的推理和贝叶斯主义是互补的。这样，就有必要探讨和厘清这两种观点间的关系。

一、最佳说明的推理和贝叶斯主义的不相容论证

　　要把握最佳说明的推理和贝叶斯主义之间的关系，就有必要弄清最佳说明

的推理和贝叶斯主义意味着什么。就像我们前面所谈论的那样，最佳说明的推理是一种基于说明上的考虑来进行的推理。在这里，"说明"是一个重要的概念，它既是对"为什么"或"有多可能"问题的回答，也是人们获得理解和确立信念的一种方式。对说明的理论阐述，会给"为什么"和"怎么样的可能性"问题的回答以实质性的限制。这样，最佳说明的推理的主要论点就可被概括为：说明上的考虑应告知或决定什么样的说明质量可被给予合理的确信。很多情形下，人们常会遇到几种给经验证据以阐述的备选说明。如果在这些说明中有一个是最佳的，那么我们就应确信它是证据的真正说明。然而，要断定那些潜在的说明中哪个是"最佳"的，就需要一些具体的属性。这些说明上的优点恰是最佳说明的推理所考虑的，因此，可把最佳说明的推理看成是一种从潜在说明中选择正确说明的策略。

　　说明上的优点在推理中所起的作用首先是心理上的。我们常会对选择假说中正确的或最可能的那个感兴趣。在选择说明性假说时，我们会依据某种以前的可能性。具体地讲，对那些竞争性假说的评估明显根据判断它们是多好的说明来进行。这样，假说就依据它们的说明状态而被评估有多可能。最佳说明的推理的倡导者认为，说明上的考虑具有理论证实的重要性。另外，说明上的优点也起一种认识上的规范作用。可把最佳说明看成是那种如果正确，就是最有说明性或提供最多理解的说明，即最可爱的说明。"给出资料和我们的背景信念，如果我们从一堆可用的假说中推出某个东西是真的，就会表明我们能给出由那些资料提出的竞争性说明中最佳的那个说明来。"这里至少有一种以说明上的优点去阐述认识上的价值的尝试。它认为，真正提供最深刻理解的说明是那种最可能为真的说明[①]。如果最佳说明的推理的观点正确，在其他方面都相同的情况下，与差的说明相比，好的说明肯定是更可能的。因此，"说明上的可爱"可以提高这个说明为真的概率，这是一种认识上的优点。

　　实证论者及其后继者使概率论的基础成为他们的科学检验观念的核心。许多形式化的假说检验采用了概率论。反映这一实践的有贝叶斯主义。贝叶斯主义是一种有关如何依据新证据来改变概率的规则。例如，赛马时，一个人评估马胜出的概率有赖于他对马以前表现的确信，而且还将根据新的证据，如发现其中一匹马表现不佳，来改变这些概率。在这里，确信可用主观概率体现，在程度上以数值形式表示出来。如果一个人在任一给定时刻的确信都服从概率计

① Lipton P. 2004. Inference to the Best Explanation. London：Routledge：59-61.

算的公理，且当他获得新证据时，能按贝叶斯规则来改变他的确信度，那么他就是合理的。在形式上，贝叶斯观点可用概率公式简单表述为：$P(H/E)=P(E/H) \cdot P(H)/P(E)$。其中，$P(H/E)$ 表示已知证据 E 时假说 H 的条件概率，贝叶斯主义将它看成是假说 H 的后验概率，即在获得证据后重新加以修正或者在结果发生以后而求得的概率，可表示考虑到证据 E 后一个人对 H 持有的确信度。计算 $P(H/E)$ 的值，需要三个概率值，这就是等式右边的三个量。其中，$P(E/H)$ 是给定假说 H 时证据 E 的概率，它意味着 H 预期到 E 成立或者说 H 产生 E 的可能程度；$P(H)$ 和 $P(E)$ 分别是 H 和 E 的先验概率或初始概率，表示在给出被 E 描述的证据以前，对假说 H 似真性的确信度，以及在进行相关的观察以前，对 E 本身的确信度。这些概率是应用贝叶斯定理前纯粹主观的确信度。由于它们并没有报告关于独立于我们信念的世界事实，所以可以任意取值。这三个概率共同决定了后验概率。这样，借助于贝叶斯定理从右到左的转换，就完成了从先验概率和已知假说时证据的可能性概率到后验概率的转变。这一过程被描述为"条件化"。

由于"条件化"是一种因新证据而改变主观概率的规则，它能给出两个并不相互独立的事件 A 和 B，在结果事件 B 已发生的条件下，属于事件 A 原因的概率。所以，贝叶斯主义常常又被称为"溯因"的概率论题，体现着结果发生后，探求原因概率的情形。在这里，客观的先验概率是起点，一个人从概率函数 P 所表达的确信度开始，在他遇到新的证据 E 时就要作出回应。正是在这一点上，贝叶斯主义给出了在获得新证据时，确信度应如何改变才算合理的约束条件。它规定，人应根据证据来改变原有概率，从而去接受条件化规则——当获得新证据 E 时，先验概率就会被丢弃掉，当把新的 $P(E)$ 值代到 $P(E/H)$ 和 $P(H/E)$ 的计算公式中得到最新值时，$P(H/E)$ 的后继值将会向正确值趋向。这样，贝叶斯主义被看成是基于对新证据的条件化，去更新一个假说的后验概率，从而告知我们有权断定一个假说的后验概率是某种情形。

在对最佳说明的推理和贝叶斯主义间的关系进行阐述时，范·弗拉森曾尝试对最佳说明的推理作出一种贝叶斯主义的描述。在他看来，如果最佳说明的推理是一种支持说明上表现较好的假说的方针，那么这种支持必须通过给它们的主观概率一种后验的条件化来实现。他依照贝叶斯主义，把最佳说明的推理等同于在回应新的证据 E 中应用了主观论的条件化，从而提高了那些给 E 以更好说明的假说的概率，而惩罚了那些提供了更差说明的假说。在以贝叶斯主义的方式确定了一个假说的后验概率后，如果这个假说被看作对证据的更好说明，那么后验概率应是一种程度更高的确信。换句话说，确信 H_2 比 H_1 更可能，就会有 $P(H_2) > P(H_1)$。随着证据的出现，人们就会更新概率，以表现他对原来假说所持信任的变化。这样，结果就成为：$P'(H)$ 并不等于 $P(H/E)$，而是 $P(H/E)$ 之上的一个变种，按照 H 是 E 的一个更好或更差的说明来给 H 以或多或少的重要性。如果 H 蕴涵 E，那么给定 H 为真，则 E 就为真，可能性概率 $P(E/H)$ 只能为 1。[①]H 的后验概率成为 $P(H)/P(E)$，即假说的先验概率除以证据的先验概率。贝叶斯主义从而表明 H 的一个成功预言证实了 H 为真。当 E 的先验概率 $P(E)$ 大于 0 而小于 1 时，$P(H)/P(E)$ 就一定大于 $P(H)$。也就是说，H 在 E 之后的后验概率大于它的先验概率。这时，证据 E 就提高了我们对假说 H 的确信度，从而可以认为它是更好的说明。

这样，把最佳说明的推理放在贝叶斯主义框架下的方式就是给那些被视为证据的最佳说明的假说的后验概率以额外的"红利点"。范·弗拉森使用了一种有关掷骰子的具体统计模型来表述这一点。在这种模型中，许多假说被看成是有关一个异常骰子出现幺点的偏见。掷骰子时，就会有数据出现，假说的概率会按照贝叶斯规则来更新，让人给那个更好地说明了数据的假说以额外的信任。例如，当骰子连续出现四次幺点后，贝叶斯主义就会更新第五次上抛中出现幺点的确信度。范·弗拉森认为，偏爱幺点这一假说是最具有说明性的，因此倡导最佳说明的推理的人就会提高对它的信任。然而，最佳说明的推理的这一特征显然违背了贝叶斯主义的条件化，因为等号的成立遭到了破坏。所以，某个人给说明的后验概率比贝叶斯定理所能允许的还要高时就会遇到麻烦。于是，范·弗拉森批判了最佳说明的推理的概率形式。他指出，"导致不连贯的最佳说明的推理的任何概率规则并不存在"[②]，把最佳说明的推理作为变更确信度的规则并不是连贯的。如果把它看成是有关确信改变的规则，就会像违背主观论条件化那样，必然会遇到一种"必输赌"。按照这种赌法，如果你打算掷币赌，愿接受二比一的赔率赌硬币正面朝上，也愿意接受二比一的赔率赌硬币背面朝上，那么可以和你下两个赌注：一个下注五角赌硬币不会正面朝上，另一个下注五角赌硬币不会背面朝上。不管怎样，结果都是我在一注上给你五角而你却必须在另一注上给我一元。因此，你输钱就是确定无疑的。"必输赌"论证包含着这样的数学阐述：满足概率演算是合理确信的约束条件之一，如果一个人的确信

---

① $P(E)$ 是 E 的概率，变化范围为 0 到 1。如果确定 E 假，那么 $P(E)$ 就是 0；如果确定 E 真，那么 $P(E)$ 就是 1。

② van Fraassen B C. 1989. Laws and Symmetry. Oxford：Oxford University Press：138.

不符合概率演算，就会因确信状态不连贯而必须接受不利的赌博，从而输钱。由于"必输赌"被看作不合理性的一种征兆，所以就有关说明性优点的概率表现的设想来看，允许以最佳说明的推理为基础的说明性考虑作为确信修正的要素是不合理的。如果最佳说明的推理起作用，那么肯定以某种概率规则的形式起作用，但如果与贝叶斯主义不一致，它就违背了合理性的限制，在概率上不连贯。"我们不应听信任何鼓吹一种概率形式的最佳说明的推理人的话，不管它有多么翔实。任何这样的规则，一旦作为一种规则被接受，就使我们不连贯起来。"① 因此，范·弗拉森在最佳说明的推理和贝叶斯主义的关系上坚持不相容的观点，认为主观论条件化被合理需要的任何论证都是反最佳说明的推理的。

在范·弗拉森那里，不相容论证是必然的。因为贝叶斯主义和最佳说明的推理依循着不同的东西。后者看重的是说明上的优点，因而常被看成是一种接受说明上表现较好假说的"接受规则"。这种接受凭借的是给它的主观概率以后验的条件化。而前者遵循的是对先验条件的确信。这一差异表明了这两种规则间的真正冲突：以贝叶斯主义为条件的结果概率会比较低，而以说明性推理为条件的概率则会相当高。由于两种情形下的证据大概拥有相同的先验概率，这样在最后，最佳说明的推理要比贝叶斯主义有一个更高的后验概率。以基于最佳说明的推理对常见对象存在的论证为例，对我们经验到的世界的那种体系性、有序性和连贯性方式的最佳说明，是认为存在着一些引起我们经验的物质对象。一般来讲，那些认可这一论证的人并不只断定一个有关概率的结论，而是会无限制地断定一个结论。也就是说，他们并不认为物质对象存在的概率是高的，而是认为接受它们确实存在是合理的。范·弗拉森对这种接受表示担忧，主张把最佳说明的推理放进一种贝叶斯式的框架下时要小心翼翼。

范·弗拉森的不兼容论证得到了一些回应。蒂莫西·德伊（Timothy Day）和哈罗德·金凯德（Harold Kincaid）认为，范·弗拉森依据最佳说明的推理把额外的确信增加到超过我们总体证据的条件化来给它以否定的尝试是不合理的，因为最佳说明的推理根本不需要增加超过证据总体支持的确信。威斯伯格详细论述了范·弗拉森的不相容论证，但他并没有反对最佳说明的推理②。萨尔蒙认为，最佳说明的推理难以成立③。因为说明上的考虑在推理中的作用实际上要比最佳说明的推理赋予它们的作用更小。假如我们正从一组有关在某地挖掘发现

① van Fraassen B C. 1989. Laws and Symmetry. Oxford：Oxford University Press：169.
② Weisberg J. 2009. Locating IBE in the Bayesian framework. Synthese，167（1）：125-143.
③ Salmon W C. 2001. Explanation and confirmation：A Bayesian critique of inference to the best explanation //Hon G, Rakover S. Explanation：Theoretical Approaches and Applications. Dordrecht：Kluwer：86.

的被加工过的骨头的竞争假说中选择对证据的说明。首先，我们可通过消除那些低先验概率的假说来缩小这个组的范围。然后，再用贝叶斯定理来计算每个假说的后验概率。尽管在对那一大组假说的确定中，说明上的考虑会起作用，但萨尔蒙指出，无法认为说明上的优点应参与判定 H 就是那个假说。他在这里的主要反驳并不基于判断哪个假说将是最有说明性的，而是基于判断哪个假说最可能为真的。这样的判断是在贝叶斯式的基础上被决定的，因为贝叶斯主义把推理放在说明之前，我们作出一个推理，并且如果我们想给出证据的一个说明，我们就有权诉诸那个被推出的假说。所以，对假说的先验概率进行的大概评估，至少隐含地作出了得到假说后验概率的贝叶斯推理：有更高后验概率的假说是那种我们推出的、给它的后验概率足以高到让我们满意的假说，这样的假说会让人偏爱，但它并不依赖于说明上的考虑。这样的例子表明，即使在最佳说明的推理的例子非常有力的情形下，贝叶斯主义的阐述也会胜过它。因此，萨尔蒙怀疑最佳说明的推理能和贝叶斯主义相协调。

皮斯罗斯批判了范·弗拉森在最佳说明的推理上的看法[1]。在贝叶斯主义和最佳说明的推理间的关系这一话题上，尽管皮斯罗斯希望辩护最佳说明的推理，但他在把最佳说明的推理放置于一种贝叶斯框架下的尝试上有所保守。在他看来，把最佳说明的推理放在贝叶斯观点下并不妥当，因为两种观点是冲突的。首先，贝叶斯主义并不是扩展的。它只讨论了确信度在逻辑上的一种更新问题，所涉及的就是维持一种信念库中瞬时的一致性，从而获得历时的一致性。而最佳说明的推理是一种扩展性的推理方法。其次，就像杰弗里（Jeffrey）、豪桑认为贝叶斯主义并不具有接受上的规则那样，皮斯罗斯只考虑了概率的变化问题。他认为，按照一种严格的贝叶斯方法，我们无法给一个或然论证的结论指派概率，不管这个概率有多高。因此，我们未被允许依据证据来接受一个假说，除非我们给出了接受性的良好规则及有问题的规则。我们能做的只是：断定一个假说的后验概率是某种情形；按照贝叶斯主义对新证据的条件化来不断地更新后验概率。即使贝叶斯方法能容纳说明论者的关注，但这并不是令人惊讶和有所启发的。因为贝叶斯主义足以灵活到容纳所有的东西。在皮斯罗斯看来，存在着两种把最佳说明的推理放在贝叶斯主义框架下的方式。第一种是让说明上的考虑只起微弱的作用。也就是说，让最佳说明的推理顺应于贝叶斯主义：在固定一个先验概率的最初分布上允许用说明上的考虑，而让常见的贝叶斯技巧

---

[1] Psillos S. 2004. Inference to the best explanation and Bayesianism//Stadler F. Vienna Circle Institute Yearbook, Vol.11. Kluwer: Routledge: 83-91.

来完成确信度变革方面的所有任务。如果考虑这种方式，那么最佳说明的推理就失去了它的趣味性。另一种是认可最佳说明的推理，把说明上的考虑看成是对先验概率阐述的一种规范限制。这是给贝叶斯主义补充说明论的令人振奋的方式。它捕捉了这一观点，即说明上的考虑应当是合理信念的一种限制。然而，这种方法显然等同于对当前贝叶斯主义的一种激进修改。

客观地讲，如果作为对归纳的两种非常有名的阐述的贝叶斯主义和最佳说明的推理彼此间不相容，那么就是一个严重的问题。在这里，除了认可这个论证，接受贝叶斯主义和最佳说明的推理是不连贯的，从而要么拒绝贝叶斯主义，要么拒绝最佳说明的推理，或者同时拒绝它们外，还可以有另一种选择，即拒绝范·弗拉森的论证，从而否定贝叶斯主义和最佳说明的推理是不相容的。

二、最佳说明的推理和贝叶斯主义的相容性论证

在最佳说明的推理和贝叶斯主义的关系上，有人提出了相容论的观点，并主张两者可以相互补充。在这方面，奥卡沙通过论证最佳说明的推理和贝叶斯主义是相容的，回应了范·弗拉森[①]。他指出，说明上的考虑在把贝叶斯主义应用到实际中起着重要的作用——它以确定先验概率的形式，作出有关哪个证据相关的判断。麦克格鲁把最佳说明的推理看成是和贝叶斯主义相容的，但认为说明上的优点通常不能直接与先验概率和可能性相关联。于是，他提出这样的优点最好以其他条件不变的定理形式来阐述，并认为它们能在认识上比先验概率和可能性更易接近[②]。威斯伯格也接受一种相容论的观点，但他强调应让最佳说明的推理与客观的贝叶斯主义而非主观的贝叶斯主义相容，并就它们如何相关联提出了一些建议[③]。利普顿为最佳说明的推理和贝叶斯主义间的兼容性提出了一种详细而有启发的阐述，他称这一阐述是"促进和平"的。

在给出贝叶斯主义和最佳说明的推理间的相容关系时，奥卡沙考察了这样的例子：一位母亲带五岁的孩子去看病。医生根据母亲的描述，提出了两个相竞争的假说：这个孩子拉伤了肌肉（假说 H_1）和撕裂了韧带（假说 H_2）。在给孩子以详细的检查后，医生判定 H_2 是对已观察到症状的更好说明。奥卡沙认为，

① Okasha S. 2000. van Fraassen's critique of inference to the best explanation. Studies in the History and Philosophy of Science, 31（4）: 691-710.

② McGrew T. 2003. Confirmation, heuristics and explanatory reasoning. British Journal for the Philosophy of Science, 54（4）: 553-567.

③ Weisberg J. 2009. Locating IBE in the Bayesian framework. Synthese, 167（1）: 137.

可通过指出在未成年的孩子中拉伤肌肉非常少而撕裂韧带则比较常见，即 H_2 的先验概率要比 H_1 更大些来给医生的推理以辩护。在这里，他接受了以贝叶斯方式来给最佳说明的推理以模型的建议。按照这种建议，对最佳说明的推理的正确表述方式应把与资料相对应的假说在说明上的优秀看成体现在那个假说的先验概率 P（H）及给定假说时资料的概率 P（E/H）中。说明越好，这些概率就越高。相对于这一阐述，依据一个假说给资料提供了比其他假说更好的说明来给它以支持并使其成为一种规则时，就完全和贝叶斯原则一致。在奥卡沙看来，范·弗拉森在强调最佳说明的推理的任何概率形式让我们的思考变得不连贯这一点上有所夸大，他的观点试图从范·弗拉森的攻击来辩护最佳说明的推理的直接表现。"显然，范·弗拉森断定的最佳说明的推理和贝叶斯主义之间的冲突完全依赖于一种以概率形式来表述最佳说明的推理的异质方式。"[1] 其实，在对最佳说明的推理的接受中，只是以贝叶斯方式进行了条件化，尽管按照说明上的考虑固定了先验概率和可能性，但这并没有在条件化后增加红利点。因为确定了 P（E），贝叶斯定理就会告知我们 P（H/E）是 P（H）和 P（E/H）的一个函数，最佳说明的推理带来的更好说明将成为贝叶斯主义提出的更可能说明。这样，给最佳说明资料的那个理论以最高的确信度正是贝叶斯条件化者应该做的。所以，奥卡沙主张，最佳说明的推理能和贝叶斯主义相协调。

奥卡沙倡导的最佳说明的推理和贝叶斯主义之间的友好关系论证得到利普顿的明确赞同，认为它们并不冲突，而是广泛兼容的[2]。利普顿对由最佳说明的推理提供的方法和贝叶斯方法之间进行的协调性处理是非常别致的。具体来讲，他想通过用最佳说明的推理提出的"最可爱"说明和贝叶斯主义提出的"最可能"说明之间的那种重叠来把两者得以关联：①说明上的考虑可被看成给出了假说的先验概率和证据被嵌入到贝叶斯定理中的概率的实际值。②说明上的考虑有助于确定一个人应以之为条件的那个证据。③最佳说明的推理和贝叶斯定理的条件化往往会产生相同的结果。这样，就非常容易把最佳说明的推理看作是对抽象的和麻烦的概率推理的一种启发性替代。④最佳说明的推理说明了包含在发现语境中的那个过程。

利普顿非常看重最佳说明的推理在描述上的优点，并对贝叶斯主义加以说

---

[1] Okasha S. 2000. van Fraassen's critique of inference to the best explanation. Studies in the History and Philosophy of Science，31（4）：703.

[2] Lipton P. 2004. Inference to the Best Explanation.London：Routledge：108.

明上的观点。在他看来，最佳说明的推理的支持者无须怀疑贝叶斯主义的任何信条，因为唯一合理地把概率指派给那些受经验证实的方式就是按照贝叶斯定理来对证据进行条件化。这一点在说明论的背景下更容易进行，因为"说明上的考虑提供了一个我们用以接受条件化的重要启示"[①]。就说明上的考虑来看，它能被看成是这样的方法，即认知者"认识到"概率上的贝叶斯计算反映了证据对假说的作用，从而使"观察证据确认假说"变成"观察证据给假说以概率支持"。这不但没有使最佳说明的推理成为多余的，反而能提供在具体情形下进行贝叶斯形式化的方式。具体来讲，说明上的考虑帮助人们评价可能性 P（E/H），尽管可能性不等同于可爱性，但可爱的说明易于让它们所说明的东西更可能，说明上的可爱是我们通过考察 H 多么好地说明了 E 来判断 E 有多可能依赖 H 的一种方式。可爱性可作为可能性的情形来用，这是人们借以从先验概率转到后验概率的那种机制的一部分，这种评价对贝叶斯定理的条件化至关重要。因为贝叶斯主义只涉及提出先验概率和可能性就可以得到后验概率这一问题，而没有描述它们是如何被提出的。最佳说明的推理则能提供评价和指派可能性的方式，如以统一性、简单性及类似的观点来对先验概率提出进一步的限制，从而有助于先验概率的确定。

对最佳说明的推理有助于先验概率这一认识，贝叶斯主义是予以认可的，并认为一些先验概率由考察说明的性质来决定似乎很有前景。莱茵洛托指出，可把相对于原始证据 E 而提出的假说的说明力和预见力称为"系统力"，用它能确定 H 的先验概率 P（H）。因为 P（H）只是 H 相对于它说明和预见证据 E 的能力的后验概率，这是相对于它的"系统力"来说的。在这种与波普尔提出的"背景知识"相类似的概念的基础上，可以把先验概率看成是在说明上的考虑的帮助下形成的，"一个假说的先验概率有赖于它的说明力"[②]。反过来讲，先验概率的确定也有断定说明的作用。断定哪个说明具有最高的先验概率，会有助于在对某一现象的相互竞争的说明中进行选择。萨尔蒙指出，这样的选择似乎以判断哪一个是最可能的说明或者说具有最高的先验概率为基础，而非依赖于哪个将成为最可爱的说明[③]。利普顿赞同先验概率以这种方式发挥的作用，但认为它并不与最佳说明的推理相冲突，因为贝叶斯主义把先验概率本身看成是把它设定为条件的一种结果。

① Lipton P. 2004. Inference to the Best Explanation. London：Routledge：107.

② Niiniluoto I. 2004. Truth-seeking by abduction// Stadler F. Induction and Deduction in the Sciences. Dordrecht：61.

③ Salmon W. 2001. Explanation and confirmation：A Bayesian critique of inference to the best explanation//Hon G, Rakover S. Explanation：Theoretical Approaches and Applications. Dordrecht：Kluwer：83-84.

　　说明上的考虑还涉及相关证据的确定。一般来讲，非证明性推理要有效，就应建立在对"全部证据"的掌握这一基础上。但实际上没有这样，而是建立在能为人们所确信的东西上。所以，在研究这种推理时，人们就得确定在他们所了解的东西中哪一部分确实与他们的问题有关。已知 H 和 E 时，贝叶斯主义的条件化过程要求确定可能性概率和先验概率，从而实现由先验概率到后验概率的转变。然而，在 H 和 E 都不给定时，贝叶斯主义就无法告知我们哪个证据应被嵌入到贝叶斯定理中。也就是说，它并没有说明能对哪个证据进行条件化。这样，推理上的贝叶斯主义似乎就需要阐明在条件化过程中输入的证据是如何被挑选出来的。在这里，说明上的考虑是有帮助的。因为我们有时正是通过知道那个给某种资料以说明的假说来获知该资料在认识上与一个假说相关。例如，对 $P(E/H)$ 的评价，包括着我们可依据考察一个假说将说明了什么来获得给它以支持的证据。因此，最佳说明的推理描述了我们如何从各种没有被观察到的和不可观察的原因中进行的选择。同时，说明上的考虑也能在证据优先性的确定上发挥作用。由于 E 在被观察到以前，常常是另一个假说所描述的某种情况，所以它的先验概率部分地被一个人的信念为它提供的说明所决定。

　　利普顿指出，要表明人们常常推出对他们证据的说明和贝叶斯主义之间一致并不难。如果 H 是证据的一个说明，贝叶斯定理就会表明证据是否证实了它，因为一个说明是否可能在很大程度上取决于能否与背景信念相一致。只要相似性像是由贝叶斯定理所确定的后验概率，那么贝叶斯主义就和"最可能说明的推理"相一致。然而，贝叶斯主义只提供了归纳的一种可能逻辑，即怎样根据证据来评价假说的可容许性。但在论述发现的语境上，它是有所沉默的，很少探讨说明性假说的形成。说明论可弥补贝叶斯主义的这种不足。最佳说明的推理对说明可用性证据的那种东西的探讨，有助于构造假说。首先，科学研究的目标常常是说明性的，对一些现象进行说明的目标限制着假说的形成。因为我们所考察的假说应是证据的潜在或可能说明才行。其次，我们希望形成有相当高的先验概率的假说，说明上的考虑在这里可能是一个指导。最后，获得高的概率并非推理的唯一目的，人们也偏爱有助于说明更多现象的假说。这种对范围和丰富性的兴趣是一个富有前景的领域，其中可能运用了说明论的观点。就像萨尔蒙说的那样，说明论的观点可能非常适合于说明科学家偏爱于有丰富内容的假说 ①。因为他们可通过评价假说的说明潜力来判断其丰富性。一旦假说被

---

① Salmon W C. 2001. Reflections of a bashful Bayesian: A reply to Peter Lipton//Hon G, Rakover S. Explanation: Theoretical Approaches and Applications. Dordrecht: Kluwer: 121.

确定，贝叶斯定理就会接受。因此，在发现的语境下使用说明上的考虑就成为说明论对贝叶斯主义的一个重要贡献。

在利普顿这里，最佳说明的推理是接近于贝叶斯主义的推理的，它可被看成是我们实际上如何推理的一种正确阐述。具体来讲，是运用贝叶斯条件化机制：从先验概率向后验概率转变，以及我们解决条件化没有论述的推理的某些方面的方法。为了论证它们是非演绎推理的兼容且相互补充的阐述，利普顿进一步发展了产生深刻理解的假说也可以是最可能为真的假说这一认识：在竞争说明中推出那个"最可爱"的说明，会让我们偏向于接受那个说明为真。这样，最佳说明的推理和贝叶斯主义总是认可相同的说明，它们之间应是一种"和平"关系。可以看出，这样的兼容论主张主要依赖于一个说明的优越性和其先验条件确信度间的密切关联。利普顿试图表明说明上的考虑如何帮助确定一个假说的可能性，以及它的先验概率和相应证据，这是应当予以肯定的。而希契科克和皮斯罗斯却对此提出了一种否定性的评价。希契科克认为，尽管这种协调或许是可能的，但它不能经受住说明上的简单性优点的挑战。在皮斯罗斯看来，最佳说明的推理的辩护者应当是贝叶斯主义的敌人而不是朋友。不应把利普顿的主张看作一种着眼于两种观点和平共处的尝试，而是让贝叶斯主义处于说明论的框架下，使之成为客观的证实理论。其实，贝叶斯主义并没有给最佳说明的推理留下空间。我们从一种遍及所有命题的概率分布开始，当我们获得一些新证据，使用条件概率，就给概率分布以更新。这是我们的新确信状态，说明上的考虑并没有起作用。而利普顿基于后验概率和先验概率间的比较来探讨证实度及把最佳说明的推理看成是一种接受机制的处理，对贝叶斯主义来说是一个大让步，为贝叶斯主义者带来了太多的地盘。

三、评论

在我们看来，当前有关最佳说明的推理和贝叶斯主义之间的关系其实在很大程度上归结为对最佳说明的推理合理性的质疑。范·弗拉森提出最佳说明的推理在贝叶斯框架下无立足之地，以贝叶斯主义的正确来否定最佳说明的推理"成为观点合理变化的良方"的论证就明显地体现了这一点。其实，在科学哲学内，一直存在着反驳最佳说明的推理的观点。例如，怀疑论和反实在论就持这样的立场。因此，要把握它们间的关系，就有必要考察最佳说明的推理的性质及有效性。从当前的论述来看，大部分观点是赞同最佳说明的推理的，认为它是一种有效的非演绎推理。依照这些观点，可以认为范·弗拉森的"反友好"论证不足以确立最佳说明的推理的不合理性。一种否定后件的假言推理，即"如果主观的贝叶斯主义正确，那么最佳说明的推理就是错的"是没有根据的。因为就最佳说明的推理的确切含义是什么这一问题而言，还没有一个统一的认识。这样，就有必要首先给出维护最佳说明的推理合理性的一些构想。

首先，可以把最佳说明的推理看成是有关我们因非演绎的理由和证据来相信什么方面的一个话题。这是一类能被广泛地称为"扩展的"的推理。与贝叶斯式的革新相比，它有自己明显的优点，即带给我们以新内容的信念。为此，应把最佳说明的推理看成是一个推理类，而非一个坚持单一说明的承诺。具体来讲，通过在构成那个推理类的推理方案中填塞说明的多种混合概念，就可以在别的东西中区分出它的几种类别来。例如，如果说明的相关概念是因果的，那么最佳说明的推理就成了一种寻求最佳因果说明的推理；如果说明的相关概念是法则下所包容的东西，那么最佳说明的推理就变成了一种寻求最佳法则论说明的推理。这样，就能对利普顿的思想——假说依据它是可获得证据的最佳说明这一判断而为人们所接受这一坚持竞争说明中最佳说明的承诺进行扩展，即主张被说明项可接纳不同类型的说明，没有理由认为它们中的一个是说明的正确类型。在很多情形下，不同类的说明是彼此相容的，它们中哪一个更受人们偏爱取决于人们的兴趣和手边的情况。

其次，能以一种不同于范·弗拉森的方式来在贝叶斯框架下理解最佳说明的推理。就说明上的考虑如何进入贝叶斯式的确信修正而言，存在着其他可供选择的提议。在不固定先验概率和可能性时，说明上的考虑就可作为证据进入贝叶斯条件化。比如，H_2 是证据（资料）的最佳说明这一事实（称此为 b）对 H_2 来说就成了证据。假如 H_1 和 H_2 同样可能，一旦我们考虑 b（即 H_2 是最佳说明），$P(H_2/b)$ 就会比 $P(H_1/b)$ 大。即使在这里接受范·弗拉森提出的方针，也无须违背条件化。这样，如果最有前景的范·弗拉森反驳失败了，那么最佳说明的推理就是合理的。

最后，最佳说明的推理提出了富有信息的假说，这些假说的内容超过了促使它们得以形成的观察、资料、实验结果等，因而可把它看成是一种扩展性的推理模型。如果把科学看成一种着眼于将我们的知识扩展到所观察事物之外的活动，那么最佳说明的推理的这种提升内容的属性对科学来说是不可或缺的。贝叶斯主义尽管并没有扩展的办法，但它却在对使先验概率得以分布的假说的选择上涉及扩展。具体地讲，由于说明上的考虑是对先验概率阐述的一种规范限制，那些扩展的假说就被指派以先验的概率，然后可用贝叶斯主义来阐述它们的后验概率。由此可以看出，说明上的考虑能在应用贝叶斯主义中起作用，所以它也在相容论中起重要作用。这其实是一种发现语境下的话题。在贝叶斯计算中，说明上的考虑是合理信念的一种限制，它们如何与贝叶斯原则相结合将是一个后验的和语境依赖的问题。我们不能先验地说最可爱的说明就是最可能的，因为并非所有的说明性考虑都增加了最佳说明的先验概率或可能性。在一些情形下，多种因素的汇合可能会使那个最可爱的说明拥有最高的可能性。因此，把最佳说明的推理放在贝叶斯主义的框架下，使两者得以相容的一种尝试就成为：承认说明上的考虑只在发现的语境下，作为一种形成可能的扩展假说并从中提取最佳假说的方式来运行。这样，最佳说明就通过被嵌入到那种决定其可信性的证实的贝叶斯主义框架下，受到确证的接管。所以，笔者认为，最佳说明的推理能和贝叶斯主义相容，用贝叶斯规则来证实说明上的考虑是对两者之间关系的一种良好把握。

争议与质疑：最佳说明的推理的合理性问题

科学的大多数问题都是有关于推理的问题。

——奥利弗·洛奇（Oliver Lodge）

就像我们在前面陈述的那样，最佳说明的推理的基本计划是：从一组证据（资料）开始，依据假说给证据（资料）提供了比竞争假说更好的说明，来推得那个假说可能为真。尽管不少语境下的推理都可以被自然地描述成最佳说明的推理，从而使这种推理看起来是令人熟悉的，但客观地讲，最佳说明的推理是当前科学哲学中一个有争议的话题。支持者认为，最佳说明的推理强调一个理论在说明某现象上的成功，是提高该理论为真的概率的重要理由这一点，决定了它是非证明性推理的一种典范，因而能被广泛地用于科学、日常生活和哲学中。在这方面，格雷默尔甚至把最佳说明的推理描述为一种不受时间或话题限制的论证。而反对者则认为，在带给我们新信息和假定不可观察实体的能力方面，最佳说明的推理存在着不足。反对者集中在这样的问题上：有关"最佳说明"这个概念是否能被弄清楚，如何使最佳说明的推理得以精确；最佳说明的推理是否确实不同于归纳推理，它是否真的享有胜于日常归纳的荣耀；最佳说明的推理如何起作用，它在什么样的情形下是成功的，如何把它应用于科学实在论的争论中。这些都是有关最佳说明的推理合理性所涉及的重要话题。因此，为了进一步推进我们对最佳说明的推理的理解，让我们的阐明和辩护变得清晰而有效，有必要对有关最佳说明的推理的当前争议进行论述。

第一节　对最佳说明的推理的论证的争议

> 说明力并不能引导我们通向真理。
>
> ——卡特赖特（Nancy Cartwright）

最佳说明的推理的辩护者，论证了这种推理的合理性。他们认为，说明上的考虑形成的那种说明力，对说明的可能性具有指导作用。说明的最佳性是其正确性的一种表现；根据最佳说明的推理在现实中的表现，有理由认为它是获得真理的一种策略。然而，最佳说明的推理的反对者对辩护者的那些努力提出了质疑和争议。

一、对最佳说明的推理的论证

在考虑用以支持最佳说明的推理的论证之前，有必要稍加严格地对这个信条进行表述。因为只有在阐述了它的基本内涵后，才能进一步去讨论它的合理性。概括地讲，最佳说明的推理是一种有关证据的认识论观点，一个人最终得到了那种给可用证据以最佳说明的结论。萨迦德认为，"最佳说明的推理在于根据一个假说比备选的假说提供了证据的更好说明来接受它"[①]。这种推理的最大特征在于自我保证，自己提供了让自己成立的依据。在这种推理中，体现着"假说给证据以说明，证据给假说以确证"的原则，因而可把它看成是一种独特的逻辑推理模型。一方面，它用假说来说明证据。如果存在着我们可用的证据，依据这种证据提出某个假说，如果这个假说为真，那么无疑它将是证据的最佳说明。也就是说，在已知我们的背景信念的情形下，依据证据（资料）推出的东西如果真，那么它将使我们从这些资料形成的竞争性说明中得到最佳的那个说明，这一过程体现出对说明性假说的形成与确定。另一方面，被得以最佳说明的那个证据或现象又会给确信最佳说明是正确的以理由。也就是说，假说会从被它给予最佳说明的证据那里获得确证和辩护。因为一般地，只有通过询问各种假说性说明获得证据的程度，才能确定哪些假说值得接受，哪些不能接受。

---

① Thagard P R. 1978. The best explanation：Criteria for theory choice. Journal of Philosophy，75（2）：77.

假说给证据的那种说明状态决定了证据给假说的辩护程度，并进而影响着它自己的可接受性。概括地讲，假说的合理性取决于该假说的说明力，通过它的说明力来辩护它的合理性，说明力愈强，假说就愈能让人接受。

基于最佳说明的推理的上述含义，支持者常常着眼于表明它是一种比较强的推理，认为"如果 E，并且 H 是 E 的最佳说明，那么 H"这种形式的推理方案是正确的。此后，最佳说明的推理的辩护者以各种广泛地破除所有认为它可能只是一种简单推理方案的方式不断地充实着它的内容。有关最佳说明的推理合理性方面的论证，大致可被归结为三种情况。首先，认为能把"简单性"和"范围"这些说明上的优良性所决定的说明的"可爱性"与获得高度可能的认识予以关联。这也被称为辩护最佳说明的推理的"指导性"或"匹配性"论题。它强调说明上的可爱性是其可能性的一种指导，说明上的可爱性体现着它的正确性。其次，存在着一些科学研究的案例探讨。在这些案例中，科学研究的过程明显受到说明上的考虑的影响，从而可以认为，能把最佳说明的推理看成由说明上的成功是其正确性的一种迹象这一观点所支配的推理规则。最后，存在着一些认为最佳说明的推理和贝叶斯主义非常吻合从而在贝叶斯主义那里获得支持的论证。

1. 指导性论题

哈曼在阐述最佳说明的推理时，把这种推理刻画为"在进行这种推理时，一个人从特定的假说能说明证据这一事实，推出那个假说的正确性来"[1]。这就意味着，在假说的说明功能和告知真理功能之间存在着一种密切的关联，评价假说的说明力，就是确定它的说明质量，描述它的可能性和正确性。一般来讲，能说明证据的假说常常不止一个。除了某个假说以外，还会存在着其他一些类似的说明性假说，这就使推出最佳说明的任务变得非常复杂。假如证据和一组竞争的说明性假说相容，那么推得最佳说明的任务就成为确定如果一个假说提供了比其他竞争者更好的说明，它将是真的。

在对"最佳说明"的理解上，利普顿认为它可被区分为"最可能的说明"和"最可爱的说明"。其中，"最可能的说明"是最可能正确的说明，因为"可能性"是指一种概率上正确性的直接表现。一个说明越"可能"，它就越接近正确。但利普顿强调，如果将把最佳说明看成是正确的说明这一点理解为我们评

---

① Harman G. 1965. Inference to the best explanation. Philosophical Review，74（1）：89.

价一个说明时所唯一依循的方向，那么把说明上的优良性看成是推理的一种指导，就显得微不足道。因此，在构想最佳说明的推理时，利普顿提出了一种可称为"指导性论题"的观点。这个论题认为，当我们寻找正确的理论时，"说明上的考虑不仅告知我们要寻求什么，而且会告知我们是否已经找到"①。但这并不是说说明上的考虑独自就能告知我们一个理论是否是真的，而是说在作出这样的判断时，它们是相关的。利普顿强调，说明的"可爱性"并不等价于它的"可能性"，"可爱性"能成为"可能性"的一种指导。巴恩斯将此看作"利普顿的核心论题"。它的特别之处在于，表明在假说的可爱性判断和可能性判断之间存在着一种"匹配"关联。

客观地讲，指导性论题中的最初道理来自萨尔蒙讨论的那个例子："两个人进入树林，他们寻找、采集、烹调和食用一些蘑菇，几个小时后，出现了剧烈的肠胃疼痛。"萨尔蒙认为，给这种情形的最佳说明就是认为他们采集的蘑菇有毒。在这里，我们推出了我们所看到的现象的最佳说明。在萨尔蒙看来，之所以确定毒蘑菇的食用是最佳说明，是因为它在那些可用的说明中是最可能成真的。萨尔蒙的这一认识和哈曼的主张是一致的。利普顿认为，这里的"可能性"是一个需要阐述的概念。但由于"可能性"有时并不是直接可为我们所接近的，所以我们必须考察它的症状，这就是可爱性。②依据这一观点，有关一个假说的可能性判断，在一些情形下，是以一种对说明上的可爱性的先在判断为基础的。说明的"可爱性"概念等同于"潜在的理解"，包含了大量对说明在认识上的优良性的考虑，它体现的是认识上的合适性、得当性和合意性，为我们提供了认为一个说明可能的理由。所以，利普顿提出，"说明上的考虑是可能性判断的重要指导"③。最佳说明的推理的所有有趣形式都认可这一点。

把推理的可能性建立在所推出的假说说明可爱性基础上的第一个例子就是密尔的"差异法"。利普顿的"可爱性"所包括的对简单性、统一性、充分性等属性的考虑就是针对密尔的差异法的。在这里，潜在说明中的那些差异有利于对正确说明的选择。就像利普顿说的那样，"原因一定在于，结果在其中出现的情形和其他的结果在其中没有出现的类似情形之间的那种差异"④。由于像简单性等这样的说明上的优良性会在正确说明的确定上起到重要的启示和指导作用，所以当把它们综合在一起考虑时，就能产生让最佳说明的推理进行从最佳说明

① Lipton P. 2004. Inference to the Best Explanation. London：Routledge：56.
② Lipton P. 2004. Inference to the Best Explanation. London：Routledge：62.
③ Lipton P. 2004. Inference to the Best Explanation. London：Routledge：69.
④ Lipton P. 1991. Contrastive explanation and causal triangulation. Philosophy of Science，58（4）：692.

到正确说明这一转变的能力，会给从最佳可用的说明到推想真实的实体和正确理论的那种跳跃提供支持。最佳说明的说明力与可靠性是关联的。

至少有两种办法去支持可爱性是可能性判断的指导。首先，如果最佳说明的推理对证据的说明比其他可得到的说明更好，这就是把可爱性看作可能性指导的一个有力根据。其次，如果就像指导的挑战提出的那样，可爱性与可能性之间那种好的匹配，大概不会成为一种巧合，因此，它本身就需要说明。最可能正确的假说就是如果正确就会给出最多理解的假说。最佳说明的推理对此给出了十分自然的解答。如果科学家依据假说的说明优良性来挑战假说，那么就可以自然而然地得出可爱性和对可能性的判断之间的那种匹配。当说明上的力量被合理地评价时，就可认为它赋予了某种可信性。说明的可爱性观念最终将成为说明正确的一种表现，因而它能带给我们对科学理论的理解和说明。倡导最佳说明的推理的人认为，作为说明上考虑的可爱性，说的不只是理解，还使我们的推理遵循着真理。这已成为论证最佳说明认识上的属性和价值的一条重要进路。就像耶米玛·本-梅纳赫姆指出的那样，"把说明力看成是正确性的一种迹象是合理的"[1]。此外，在正确性和最佳说明之间关系的看法上，图梅拉认为，"尽管认识上的正确性和最佳说明并不是等价的概念，但可以认为，正确的理论和最佳说明的理论之间是一致的"[2]。

总之，按照指导性论题，可爱性是对一个说明的优良性给予综合考量的表述。可以认为，对现象 F 的一个可爱说明应当是这样的，即只有它是可爱的，提供了对 F 的令人满意的说明，它才是可能的、正确的。这给了我们对 F 的主要理解。想要 F 的一种可能说明是一个为真的说明，就得考虑到所有可用的证据，在这一点上，可爱性是有帮助的。最佳说明的推理的支持者认为，如果最佳说明的推理是一种有益的信条，那么它一定是这样的，说明上的可爱性告知我们对可能性的判断，帮助我们推定好的说明。对可能和可爱进行区分的敏感是最佳说明的推理当代辩护的优点之一。辩护者确定了可爱性和推理间的一种关联，认为我们推出一个说明的原因在于它是一个可爱的说明。毕竟，只有在说明上的考虑允许我们进行推理的情况下，我们才能推理。

2. 产褥热案例

将说明上的优良性考虑作为实际科学实践中成功推理的一个指导来使用，

---

① Ben-Memahem Y. 1990. The inference to the best explanation. Erkenntnis, 33（3）: 320.

② Tuomela R. 1985. Truth and best explanation. Erkenntnis, 22（1/3）: 273.

就可以弥合可爱性和可能性之间的差距，使最佳说明成为正确的说明。尽管这未必决定最佳说明的推理是否能在认识上成为有效的规范论题，但在方向上，这肯定是正确的。对最佳说明的推理的论证可以用一个案例研究来进行，这就是利普顿作过具体描述并认为在论证最佳说明的推理方面很有说服力的塞麦尔维斯的产褥热研究。

塞麦尔维斯所在的维也纳的那家医院有两个产科病房。就这两个病房，他获得了这样的资料：第一病房感染产褥热的妇女要远多于第二病房，且第一病房的死亡率远高于第二病房。塞麦尔维斯着眼于说明这一差异。在经历许多错误之后，他提出了这一认识，即医学实习生在检查完第一病房的产妇后，并没有进入第二病房，而且他们的检查常常是在解剖已感染产妇的尸体后来做的。让这些学生在检查产妇以前给手消毒，会使第一病房患产褥热的妇女的比例非常明显地下降。在这里，如果塞麦尔维斯使用了最佳说明的推理，并且为了得到他的结论而必须用最佳说明的推理，我们就有了一种赞同最佳说明的推理的有力论证。这样，要回答的问题就变成了：塞麦尔维斯是否真的因他的理论最终比任何其他的竞争者更可爱而推出。

塞麦尔维斯需要知道两个产科病房的死亡率不同的原因。他的目的是要找寻到一种比较的说明。如果我们接受了一种像由伍德沃德辩护的干预主义的理论，塞麦尔维斯寻求说明这一点就易于理解：说明恰恰是那类使我们成功地干涉一种事态的知识。可以认为塞麦尔维斯寻找的那类说明，是向我们表明为什么 A_1 而不是不相容的 A_2 是实际情况的因果情形，因为 B_1 而非不相容的 B_2 是实际情况，以及存在着一种因果规则，从 B_1 导致 A_1 并从 B_2 导致 A_2。因此，塞麦尔维斯寻求的是某种在两个产科病房中采取不同值的因果要素，它表明了相关的因果特征。当要验证那些被认为值得验证的说明时，这就成为，那些假说如果是真的，就能说明病房间的差异，正是说明的结构告知塞麦尔维斯如何进行。他改变了因果变量 A 在第一病区的值，来观察死亡率上的差异是否被消除。如果消除，那么 A 就是产褥热的一个形成原因。就像利普顿描述的那样，塞麦尔维斯寻找的是一种因果变量。这种因果变量 A 有这样的属性：①接受了第一病房的值 a_1；②接受了第二病房的值 a_2，且 $a_2 \neq a_1$；③改变 A，第一病房的死亡率就降低到接近于第二病房的水平。这样，塞麦尔维斯就构造了这一假说，即 A 中的那种变化说明了死亡率上的差异。

在 A 中的变化说明了死亡率上的差异这个假说被接受以前，必须要通过三个验证。第一个验证是一种大致的过滤，着重于看它是否和背景知识一致。如果背景知识告诉我们它不可能正确，就相当于给它以拒绝和排除。第二个验证是证实这个变量在两个病房中是否接受了不同的值。也就是说，它是否适用于这两个病房。如果不适用，就不能成为死亡率上那种差异的说明。第三个验证是事实上看 A 在第一病房从 a_1 到 a_2 改变上的作用。如果这导致了希望死亡率降低的那种效果，这个假说就被接受，如果不是，这个假说就被拒绝了。当塞麦尔维斯最后发现了一种产生两个死亡率间差别的因果因素时，他认为，这种因素一定给出了那种差别的说明。最后的那个假说——医学学生以尸体物感染了这些妇女，因为在他们到妇产科病房以前通常都解剖过尸体描述了一种实际的差异，因为消除这种差异（通过让医学学生在进入病房前用漂白粉给手消毒）后，真的就消除了死亡率上的差异。由于这个假说通过了检验，所以就能被接受为是对死亡率差异的真正说明。并且，塞麦尔维斯提出的消毒策略，确实最终使产褥热几乎在他的那个医院完全消除。在这里，可以看到对说明结构的深刻理解，以及对一个给定的假说——如果是真的就告知了科学是否说明了特定现象——的判断。基于这样的考虑，我们判断哪个说明去验证，以及哪个实验去执行。这对说明来说不是一种认识上的作用，而是一种重要的方法论作用。看到说明在这些常识语境下起作用，为我们相信发展一种更好、更详细的说明理论将给我们以对科学实践的更好、更详细的理解提供了理由。从过程上看，塞麦尔维斯的这一研究，具体体现了最佳说明的推理的操作程序，即首先依据观察提出一堆假说，然后根据假说和证据（资料）的说明和支持程度，对假说予以确定和选择。因此，我们可以把这一研究看成是对最佳说明的推理的一种论证。

3. 贝叶斯主义

最佳说明的推理的辩护者指出，可用概率推理的标准理论来描述最佳说明的推理。他们认为，只在那些我们能作出有关概率的信息判断的情形下，我们的论证才站得住脚。在对最佳说明的推理的论证上，他们试图建立概率推理和最佳说明的推理间的一种联合。在他们看来，由于贝叶斯主义是一种合理的概率规则，所以，当最佳说明的推理和它契合时，那就可以认为合理的贝叶斯主义会给最佳说明的推理以支持。这一点涉及前面已经讨论过的有关最佳说明的推理和贝叶斯式推理间的相容性论证，即最佳说明的推理能被嵌入到贝叶斯计算中，以弥补贝叶斯计算对那种先验概率和可能性的决定。在这方面，利普顿和金凯德都有所陈述。尤其是利普顿，具体地提出了三种让说明上的优良性可能进入贝叶斯机制的方式①。

首先，可以认为说明上的考虑是与可能性相关联的。说明上的可爱性会出现在对可能性的决定中。可能性是一种把证据的条件概率指派给假说的技巧。对萨尔蒙所讨论的"用餐者吃了蘑菇后就病了"这个事件而言，如果提出用餐者吃了毒蘑菇这一假说 H，证据 E 是他们都病倒了，那么证据的可能性就是 P（E/H），这是吃了毒蘑菇病倒的概率。按照利普顿的看法，这里的 P（E/H）可能是我们通过考虑 H 多好地说明了 E 来判断 E 在 H 上有多可能的一种方式。②在实际中如果使用这一点，我们会发现判断可能性更容易。因此，如果这个提议正确，那它可能就是最佳说明的推理的一个好论证。为了确证最佳说明的推理，我们必须表明 P（H/E）（H 在 E 上的概率）被明确地和由 H 给出 E 的一个说明有多可爱相关联。现在，假如我们能表明可爱性被明确地和可能性 P（E/H）相关联。那么，使用概率规则及那两个更进一步的假设——可爱性并不是被动地和 P（H）相关联或者明确地和 P（E）相关联，我们就能表明可爱性明确与 P（H/E）相关联。实际上，对可能性的评价确实依据于 H 给 E 的那种说明的可爱性。

其次，说明上的考虑可能起作用的另一个地方就是在对先验概率的决定上。利普顿提出了一种使其得以发生的机制：假说的先验概率可能基于像简单性这样的说明上的优点得以决定。

最后，说明上的考虑被用来决定相关的证据。"贝叶斯定理并没有说一个人应当对哪个证据进行条件化。大体上，非证明性推理的有效性应当建立在'全部的证据'的基础上，然而实际上确建立在被确信的东西上。在实践中，研究者一定会考虑他们确实知道的哪一部分与他们的问题有关，并且他们也需要确定哪些更进一步的观察将是与其相关的。……这似乎是说明论者可能有所贡献的另一个领域……我们有时碰巧看到一个在认识上与假说有关的资料，这恰恰是通过看到那个假说说明了资料而看到。"③利普顿在这里不断要求考虑说明真的帮助我们，尤其在我们确定考虑哪个证据及要进行什么样的进一步的实验时，更是这样。

二、对论证的争议

针对最佳说明的推理的合理性及辩护者的论证，质疑者提出了一些争议。

---

① Lipton P. 2004. Inference to the Best Explanation. London：Routledge：124.
② Lipton P. 2004. Inference to the Best Explanation. London：Routledge：114.
③ Lipton P. 2004. Inference to the Best Explanation. London：Routledge：116.

首先，这一点与在对最佳说明的推理的阐述上的不足有关。萨尔蒙说，"最佳说明的推理是一种口号，不存在任何形式的非证明性推理的正确阐述"①。在一种没有被完善的最佳说明的推理概念下，去讨论它的适当性和合理性，难免有些争议出现。德和金凯德认为，"最佳说明的推理并不是一个特殊的、基本的推理方案"②，他们以此想表达说明上的考虑给我们的几乎是可废止的保证；皮斯罗斯则直接提出最佳说明的推理是"可废止推理的一个例子"③。在反驳者看来，提出"最佳说明的推理"这样的名称是不幸的，因为它给我们以这样的印象：其坚持者就像演绎逻辑的辩护者那样，假定了"如果 E，并且 H 是 E 的最佳说明，那么就推出了 H"这样的推理方案。然而，这样的合理方案并不存在。首先，人们可能还没有构想出有关 E 的一个足够好的说明。其次，即使拥有了 E 的一些令人信服的说明，也无法给它们以赞同，包括对其中最佳的那个也不能赞同。例如，弦理论可能是我们对特定物理现象的最佳说明，但无法相信它是真的。最佳说明并不是它为真的一个充分理由，因为可能存在着太多可用的好说明。在这一情形下，由于那个最佳的说明可能和其他好说明间的差异性太小，以至于无法推出它来。这样，如果我们缺乏偏爱一个备选说明的有力理由，在大量的说明中进行选择，可能就是不合理的。

其次，反驳者进一步指出，所谓的那些说明上的优良性并不是既有益于说明上的可爱性又有益于高的可能性。可爱性和可能性间的差别表明，像简单性这样的认识上的优点并不有益于说明上的可能性。即使在假说的可爱性判断和可能性判断间存在着一种"匹配"，但后一判断能被更好地看作源于和可爱性无关的原则。这一反驳也被称为真理反驳，即认为说明上的可爱性并不是真理的迹象。因为说明的最佳性和真理间的那种推定性关联是模糊的。正是这一点，给最佳说明的推理的倡导者提出了一个难题。这个难题以前并没有被充分阐明，从而影响到最佳说明的推理这个规则的前景：对最佳说明的推理的任何具体应用都要被理解为蕴涵着要么最可爱的说明有一个成真的高概率，要么蕴涵着最可爱的说明是不太可能的，尽管它比可用的竞争者更可能。哈克指出，在很多科学语境下，第一种选择几乎站不住脚，而第二种选择包含了牺牲最佳说明的推理的非常吸引人的属性。因此，一般地，最佳说明的推理几乎完全是多余的

① Salmon W C. 2001. Explanation and confirmation: A Bayesian critique of inference to the best explanation//Hon G, Rakover S. Explanation: Theoretical Approaches and Applications. Dordrecht: Kluwer: 83-84.
② Day T, Kincaid H. 1994. Putting inference to the best explanation in its place. Synthese, 98 (2): 275.
③ Psillos S. 2007. The fine structure of inference to the best explanation. Philosophy and Phenomenological Research, 74 (2): 442.

或并不有趣。

最佳说明的推理将承诺我们一种认识上的充足理由律，如果这是有效的，那么对任何现象 E 而言，如果至少有 E 的一种潜在说明 H，那么认为存在着 E 的一种正确说明就是合理的。但问题在于，存在着大量对可爱性的判断和对可能性的判断并不一致的情形。某些东西，如放射性原子在特定时间的衰变，即使有大量潜在的说明，也可能根本就没有正确的说明。此外，最佳说明的推理让我们推出一些现象的最佳说明，却没有考虑它们不能被说明的那种可能性。

再次，反对者认为，尽管说明上的考虑在塞麦尔维斯的调查中发挥着重要作用，但它们所起的作用并不是最佳说明的推理的辩护者所设想的那种。具体来讲，这种案例研究只容许一种非常弱的说明论观点，而不容许像最佳说明的推理这样的说明论。另外，最佳说明的推理的合理性并不等同于它的效用性。

最后，反驳者试图表明最佳说明的推理和贝叶斯主义之间那种协调性的可能，但实际上这并不是很有希望的。所以，他们认为，我们并没有充分的理由接受支持者所辩护的最佳说明的推理。

1. 对指导性论题及其论证的争议

要让指导性论题这一论证更具体，就必须确定说明上的优良性的具体作用。然而，与我们判断一个说明证据的 H 有多好相比，判断哪种优良性在假说 H 中被具体化及在什么程度上被具体化这一点是更难的。最佳说明的推理的反对者强调，指导性论题存在着非常大的问题。像简单性、范围、统一性、确切性这些优良性，要么是说明上的，要么是认识上的，而没有一个既是说明上的又是认识上的。因此，可爱性和可能性间的关联并没有确立起来。这样，就需要依次考察那些被假定的优良性，看看它们是否能消除从说明到认识的那种差距。然而，最佳说明的推理的辩护者并没有深入思考，就轻易地认为说明上的优良性也是认识上的优良性。利普顿列出了一个说明的优良性的单子，但他却没有进行细致的论证；雷肯讨论了一些优良性，但他却没有弄清接受理论时的可爱性、可能性理由间的区分，而是认为，考虑到所有的东西后，人们偏爱于那些更简单的理论。争议者进一步认为，如果寻求说明力的形式含义，那就有理由怀疑说明力和可信性之间的关联。

为了判断说明上的优良性，我们不妨拿以下两个例子来看。

例 1：一个人拿着一束红玫瑰。他为什么要拿一束红玫瑰而非其他的东西？说明①：他想让女友惊喜。说明②：为了让女友惊喜，他去剧院买今晚表演的门票。

不过，当他步行回到家时，记起女友讨厌晚上出去。于是他又返回去，但售票处并不退钱，这样他就剩下了两三元现金。因此，他所能做的就是买一束便宜的、已有点衰败的玫瑰花。这两个说明，①是更可能的，而②是更可爱的，如果它是真的，它对现象的说明将是比①更好的。这并不是因为②给出了更多有关被说明项的因果历史的细节，而是因为它更具体地从它的比较类中挑选出被说明项来：说明①打开了这种可能性，即他想以表演的门票，或戒指，或昂贵的花束，让女友惊喜，而说明②则排除了所有这些可能。

例2：重物降落，而比空气还轻的东西却上升。之所以会这样的原因在于引力法则。假设地下室里重物上升而不是下降，而比空气还轻的东西如氢气球则下降而不是上升。对这一现象的一种潜在说明就是引力法则在地下室并不成立，而引力的一种相反法则——包括一种排斥力而非吸引力却是成立的。我们并不情愿接受这样的说明，因为它似乎是非常错误的。在我们考虑相信证据之前，我们需要它的一种非常好的阐述。但把认识上的考虑放在一边，并假设假说是正确的，那么它会给在地下室中砖的上升提供一个好说明吗？答案是肯定的。以相反的引力法则形式说明地下室中某物的上升，同对其他地方某物的降落是因为引力法则这一说明一样可爱，但问题是它的可能性很小。

通过这两个例子，对说明上的优良性的判断将变得容易些。简单性是否和正确性相关联是一个有争议的问题。萨尔蒙曾指出，科学家常常怀疑地看待简单的说明，甚至因为它们太简单而拒绝[1]。历史学家很可能认为，任何有关罗马帝国衰亡的简单理论都是错误的；同时，希望对2000年以后荷兰的右翼自民党所获得的选票数量的激增进行说明的政治学者，很可能会放弃像"其他政党没有勇敢地面对移民问题"这样的备选说明，因为它太简单，无法作为这一现象的一种说明。为了论证起见，让我们承认简单性是一种认识上的优良性，并认为简单的理论比复杂的理论更可能为真。这样，更简单的说明并不只是更可爱的，而且也是更可能的。问题在于，更简单的理论是否常常形成更可爱的说明？上述例1"为什么拿一束红玫瑰"对这提出了质疑。似乎随着我们获得一种特定类的更多详细情形，即有助于丢弃对比类的多余部分的详细情形，我们也能更好地理解这种情形。但更多的细节会使一个假说更复杂，而不是更简单。因此，简单性的一个方面——缺乏详细情形会有害而不是有益于可爱性。更简

---

[1] Salmon W C. 2001. Reflections of a bashful Bayesian: A reply to Peter Lipton//Hon G, Rakover S. Explanation: Theoretical Approaches and Applications. Dordrecht: Kluwer: 129.

单的说明能在更多的环境下被使用，它比一个复杂的说明可能更具有统一性。更简单的说明是一个比复杂说明更易于掌握的说明。但这似乎只是一种实用上的优良性，而非某种我们能与可爱性相关联的东西。对罗马帝国衰亡的一个简单说明可能更易于掌握，但一个更复杂的、详细阐明大量因果因素间相互作用的说明，将给予我们更多的理解。因此，简单性可能是一种说明上的缺点而不是优点。

就统一性和范围来讲，首先，一个具体现象的说明不是那种能促成统一或能有一个范围的东西。因此，对统一或范围的诉求必须在这一意义上被理解：如果对现象 P 的一个说明包含着也说明很多或大量其他现象的理论，那么凭借这一点它就是 P 的一个更可爱的说明。从上述例 2 来看，这一点是错误的。反引力的假说比引力的标准法则有更低的统一性，同时它也有一个更小的范围。如果它是真的，将给地下室中物品的奇怪表现提供一种可爱的说明。如果宇宙中更多的东西是依照这种法则表现的，那么这一说明将不会变得更可爱，因为宇宙中那些其他东西的表现与这个说明给了我们多少有关正在地下室里发生什么的理解完全无关。当然，如果它应用于更多的对象，确信这个说明是真的就变得更容易，但在定义上，这和它有多可爱并没有什么关系。假如我们把一个说明看成是更普遍说明模型的例证，那么这个说明有多可爱只能取决于两种东西，即这种模型本身的性能，以及这种模型是否在那种情形下得到例证，而与这种模型的例证数量是无关的。当更多的人开始吸食鸦片从而使鸦片的催眠功效这个说明能被经常应用时，对鸦片使人们入睡的说明在于鸦片的催眠功效就变得更可爱了。如果引力法则只在宇宙中我们所属的局部领域成立，那么对行星运动的一种牛顿式说明在可爱性上并不减少。因此，有理由怀疑统一性和范围是说明上的优良性。

存在着这样一个层面，即在其中，统一性和范围是"说明上的优良性"。具体来讲，如果一个理论是统一的，或者有大的范围，与它不能统一或有狭隘的范围相比，我们能用它构造更多的说明。但对最佳说明的推理的辩护者来说，这并不是有用的。当我们需要说明时，从一种量的意义上讲，能够统一和具有更大范围的理论是更好的。但可爱性是一种质的问题。一个具有统一性的理论是说明更多的理论，这是理论的一个优点，但不能得出它所提供的个别说明是更可爱的。因此，"一个说明了更多现象的说明是它成为一个更可爱说明的理由"[①]，是错误的。如果没有论证或例子，那么这就成为相信利普顿是错误的及

---

① Lipton P. 2004. Inference to the Best Explanation. London：Routledge：122.

统一性与范围不是说明上的优良性的好理由。在这里，必须提出的一个观点是，统一性或范围的缺乏有时是一个更可爱说明的迹象。例如，在近地表时，伽利略的自由落体定律是合理的，但在宇宙的很多其他部分则是不合理的。这一点能被看作为体现了应存在着一个更深刻的可用说明。实际上，确实存在着由牛顿的引力理论所给出的自由落体说明，它在宇宙中的所有地方都是合理的。由于牛顿的说明比伽利略的说明更可爱，所以它也是更大统一的和有更大范围的。另外，正是伽利略的定律有更大的失效范围才使我们认为可能存在着可用的更可爱的说明。这是否意味着范围确实产生了可爱性呢？

并非因为缺乏范围才使说明的可爱性小；相反，它是一种我们还没有获得正确原因的迹象。在像物理学这样的特定领域，我们确信基本的因果结构在宇宙的多数范围内是一样的。在这样的领域，可把缺少范围看成是我们仍未获得那些基本因果结构的一种迹象。使范围缺乏的说明可爱性更小的原因在于，它们并没有获得这些正确的原因。正是这样的失误，而非缺乏范围，减少了其可爱性。范围存在的另一个问题在于，它不是一种认识上的优良性。因为与有更窄范围的理论相比，有更大范围的理论有更多的内容，因而更可能出错。卡特赖特在这方面有着进一步的阐述。在《物理定律是如何撒谎的》一书中，她把说明的标准模型替换为她称作的虚幻解释。按照这种解释，科学的说明功能完全和它告知真理的功能是分离的。真理与说明力之间存在着一种差数。如果一个说明是真的，它就是一个好说明。但最佳说明尽管是可爱的，但未必是那种极其可能正确的说明。因为"说明力并不能引导我们通向真理"[1]。基本定律的错误往往是它们大的说明力造成的结果。有充分的理由渴望有大范围的理论，但这并不是认识上的理由。

总之，对指导性论题的争议，是有关最佳说明的推理的争论中的主要问题。质疑这一论题的人认为，一个可爱的说明未必是可能的。他们强调，从与可能性或真理判断相关的意义上来理解"认识的"这个术语就会发现，说明上的可爱性或说明力并不是一种认识上的概念。因此，没有理由认为说明的可爱性和正确性是共变的。范·弗拉森给最佳说明的推理的争议就体现了这一点，认为诉诸说明上的优良性，并不能消除可爱性和可能性之间的差异。因此，想表明推理的合理性建立在说明性观点上的尝试并不成功。在最佳说明的推理中，并不包含对理论说明力的考量。

---

[1] Cartwright N. 1983. How the Laws of Physics Lie. Oxford：Oxford University Press：2.

2. 对产褥热案例论证的争议

反驳最佳说明的推理的人认为，塞麦尔维斯对产褥热的研究并不能给最佳说明的推理以很好的论证，问题在于它没有表明最佳说明的推理在其中起重要的作用。争议者提出，就所能看到的而言，说明上的考虑帮助塞麦尔维斯提出并验证了假说；但产褥热的确定是验证的结果，而不是那种决定一个假说被拒绝还是被接受的说明上的考虑。实际上，说明上的可爱性并没有进入这种图景中。让我们假定塞麦尔维斯因一个假说缺乏可爱性而拒绝或接受它，这是无根据的。因此，塞麦尔维斯显然没有使用最佳说明的推理。当然，利普顿预料到了这一点。他认为，实际上，塞麦尔维斯把哪个是最初资料的最佳说明这一问题变为哪个是更富有集合的说明。我们常常通过寻找将在竞争的假说中进行区别的额外资料来在它们之间进行判定。争议者认为，对最佳说明的推理来说，这是一个主要的问题。如果可爱性能被用于在假说中进行判定，那么我们为何还需要额外的资料？如果额外的资料排除了除一个以外的所有假说，那么我们为何还需要说明上的可爱性？如果在最后的情形下存在着一个可能的说明，那么它的那种比较的可爱性就不是什么问题。然而，利普顿准予了他的最后一种看法，即"或许在一些极端的情形下，区分完成了对其中一个假说的反驳。但似乎非常常见的就是那个额外的证据，尽管在逻辑上和两个假说相容，但只能被它们中的一个来说明"。这会让我们遇到一个类似的困境：是因为那个很少幸运的假说并没有说明额外的证据成为不可能的，从而被丢弃？还是因为额外的证据使它更不可能从而成为一个不良的说明被丢弃呢？就塞麦尔维斯案例中的那些事实来看，应该是为第二种选择大开其门的。如果是这样的，那么就没必要认为他使用了最佳说明的推理。

另外，如果就像塞麦尔维斯考虑的那样，"当地的神父在给那些快死的产妇送最后圣餐时经过了病房，是产褥热的一个原因"，如果神父通过病房是引起产褥热的主要原因这一点是真的，那么干预它就会改变患产褥热的比例。塞麦尔维斯确实进行了这样的干预，但却发现那种被预期的变化并没有出现。这就意味着：①神父并不是说明这一差异的因素，或者②出现了一种非常不可能的统计上的意外。由于后者在定义上是不可能的，所以第一种选择就非常可能：新的证据使它非常可能。但不用最佳说明的推理，单凭新证据就足以合理地废弃这个假说。

最后，留给最佳说明的推理的辩护者的策略就是，尽管在这个例子中，最佳说明的推理似乎只是重复了概率推理的结果，但依然存在着我们无法拒绝的假说。在这里，如果稍微变一下利普顿的表述，就会出现这样的情形：尽管不可能给予任何一个假说以额外的证据，但这样的证据却可以被其中的一个假说所说明。这样，最佳说明的推理将告知我们去淘汰那个不能说明额外证据的假说。但这个标准太强。考虑萨尔蒙在蘑菇采集者患病时提到的那两个潜在说明。首先，他们采集和食用的蘑菇是有毒的；其次，他们喝的酒已被人投毒。现在，假设下面的额外证据是被收集到的：酒瓶上有指纹，但并不是那两个采集者中任何一个的。这个新证据能被第二个假说而非第一个假说说明，因此，考虑时就会认为我们必须淘汰第一个假说。这显然是荒谬的。那个蘑菇假说由于没有提到指纹和酒瓶，所以它不可能说明指纹。但它并不是非常不可能的，已知蘑菇假说，瓶子上的指纹并不是其中的一个采集者所留下的，指纹根本没有为我们提出丢弃蘑菇假说的理由。也就是说，假说 H 没有说明新证据 E 这一事实，根本不是淘汰假说 H 的一个理由。其实，在这里，E 使 H 成为不可能的。但如果是这么回事，就再一次表明了最佳说明的推理并不是必需的。

3. 对贝叶斯主义论证的争议

对最佳说明的推理有所争议的人认为，即使通过贝叶斯主义来论证最佳说明的推理，也未必能确立起最佳说明的推理的有效性。这一点可通过这样的例子得以阐述：我们根本不知道有关可能性的任何内容，然而我们能容易地判断可爱性。在对蘑菇采集者的疾病进行说明时，可以提出这一假说：他们采集的蘑菇都是可食用的，但当他们走入树林时，他们就成了一个安装在 CIA 卫星上的实验性非致死武器的不知情试验者。这个武器发射出一种强引力波，它以概率 p 引起了消化系统中的突然运动，使比平时更多的胃酸进入十二指肠，随后就引起了疼痛和疾病。客观地讲，这个说明是非常不可能的，但它却是非常可爱的，如果是真的，它就成为蘑菇采集者疾病的一个好说明。可一旦看到这个说明非常可爱时，我们就能提出概率 P 吗？或者说，这个说明的可爱性能让我们得出一些有关虚构的 CIA 武器的成功概率的结论吗？答案显然是否定的。这个例子尽管没有证实可爱性和可能性之间不存在一种有益的关联，但它对存在着这样的关联这一点提出了怀疑。由于我们并没有任何具体的论证来确信存在着这样的关联，所以最佳说明的推理的辩护者就遇到了困难。也许存在着一些可能性和可爱性相互关联的情形。例如，能同时通过加上蘑菇不只是有毒的，它们其实是邪恶的牛肝菌——含有一种引起肠胃疼痛的毒素，来提高那个蘑菇例子中假说的可爱性和可能性。但这并不能让最佳说明的推理的辩护者有所安慰，因为牛肝菌这个假说的概率必然小于毒蘑菇这个假说的概率。这样，在这些情形中，尽管让可爱性和可能性确实关联起来，但却是否定地和概率关联，这就挫败了用贝叶斯主义来进行论证这一提议的目的。

另外，争议者认为，如果让说明上的考虑在先验概率的决定上发挥作用，那么就回到了指导性论题上。而且，这一点其实强调的是经验上的思考决定了先验概率，而非说明上的优良性。在这里，事实的样本通过经验过程被给予我们，样本也是偶然地选取的。由于我们在充分地说明是怎么回事这一点上并没有先验的标准，所以我们对一个理论的说明力的评价必须依赖于我们对世界的知识。实际上，我们按照我们确信为正确的东西来不断地调节我们在什么算作是一个说明上的标准。尽管像利普顿这样的辩护者强调，说明上的考虑确实能够给我们以帮助，尤其是在确定考虑哪个证据及要进行什么样的更进一步的实验时，这种帮助更为明显，然而我们并没有讨论说明上的可爱性，而只是有关一个假说是否说明某事物。此外，说明上的考虑并没有直接影响我们对可能性的判断，而只通过告知我们应收集和考虑什么样的证据来施加影响。这种在科学方法上对说明来说的作用，并不是由最佳说明的推理所要求的。总之，那种把最佳说明的推理附加在贝叶斯主义上的尝试是失败的。因此，争议者认为，没有任何理由相信对最佳说明的推理的当前论证是成功的。

三、评论

我们已经考察了对最佳说明的推理的三种论证：说明上的优良性也是认识上的优良性，从而把可爱性和可能性相关联；最佳说明的推理能在具体的科学研究中起作用；最佳说明的推理在贝叶斯主义的框架下发挥着一种作用。同时，我们也考察了对它们的相应争议，即认为最佳说明的推理并不合理或者至少这三个论证并不成立。尽管最佳说明的推理的支持者认为它在科学上一直被非常成功地得以使用，即使他们强调，推出的那个假说确实给可用的证据提供最佳说明，但争议者认为，最佳说明的推理的很多情形实际上并不是那么回事，比如，对指导性论题的担忧就在于，说明对正确性的作用可能是非常小的。那个被推出的给可用证据以最佳说明的假说是正确的，到底是因为它如果是真的，就是最能令人满意的，还是因为证据使它比任何竞争者更可能？在后一种情形下，说明上的考虑根本没有起认识上的作用，所以发生的并不是最佳说明的推理。我们认为，这种割裂说明上的因素和认识上的因素的主张，可能并不正确；否则，最佳说明的推理就会成为那些并没有涉及说明上的因素的简单的证实理论，即判定 E 是 T 的证据，而不考虑 T 作为 E 的一个说明的可爱性。

有关最佳说明的推理的争议，表明最佳说明的推理还没有得到充分的辩护。而这种辩护的缺乏似乎会减少像指导性论题那样的合理性。因此，在接受它之前，就需要给其以论证。这样的论证，可以从内部和外部两个方面来进行。从外部进行论证主要是从它的效用上来辩护它的合理性，从内部进行论证就是从它的内在逻辑来辩护它的主要机制是合理的。目前，很多论证是从外部进行的。但我们认为更应从其内部入手来进行论证。如果从内部来论证，那么对像指导性论题的论证者来说，需要他们表明：人们有时真的推出了假说 H，因为如果H 是真的，现象 E 将被 H 可爱地说明，而不是 E 让 H 足以可能证明它。认为最佳说明的推理回避了哲学上的争论，因而是无足轻重的，不足以把它作为信念修正的规则这一争议，似乎让一些辩护者有所退让。他们可能认为，只有在那些能作出有关概率的信息判断的情况下，论证才会站得住脚。然而，在那些不能作出这样的判断的情形下，我们可能依然能作出关说明上的可爱性的判断。如果情况确实是这样的，那么最佳说明的推理就能作为对一般的概率推理的一种替代，起一种认识上的作用。可能会存在这样的情形，即 H 对 E 的概率关联是 H 说明 E 和 E 是 H 的证据的一个必要条件。当发现 H 提供给现象 E 的可爱说明真的出现时，H 的主观概率就会增大。这显然是正确的，能被那些否定指导性论题的人所接受。即使只提供不可爱说明的理论，在我们获得它们以不可爱方式所说明的新证据时，也能增大概率。例如，一旦我们看到有人吸食鸦片后就入睡，那么"鸦片有一种催眠作用"这一认识即使给我们的只是证据的一种不可爱说明，也会在主观上变得更可能。这样，指导性论题就会更加明确。在强调可爱性是可能性的一个指导上，说明上的考虑在确定一个理论是否可被相信方面有时会起到关键性作用。按照一种贝叶斯方法，这应被重新表述为：可爱性中的见解对我们的后验概率来说是有影响的。

即使存在着对最佳说明的推理的强烈争议，认为它是错误的，我们也并不想终结于认为最佳说明的推理并不成功这样一种否定性结论。尽管不应期望在每种情形下都存在着产生真理的方式，但如果最佳说明的推理被接受为推理的一种合理模式，就一定有理由认为它为确定正确性提供了一个好策略。我们认为，应对最佳说明的推理的那些否定性评价予以考察。就像本-梅纳赫姆指出的那样，"通过考察对最佳说明的推理的否定性评价，提出最佳说明的推理背后基本理论的一种清楚观点，就能把合理的和不合理的应用区别开来"①。尽管不能确定对最佳说明的推理的那些论证是否确立了它的有效性，但那种质疑的争议性论点并不意味着说明在科学方法中不起作用；相反，在科学方法论的哲学讨论中，说明是一个重要的话题，它会在科学方法中发挥一种重要作用。争议者可能并不同意利普顿的那种看法，即我们被迫在最佳说明的推理和认为说明的作用是微不足道的这两种看法之间进行选择，"最佳说明的推理提出了说明上的考虑是可能性判断的一个重要指导，它并不能还原为正确但非常弱的观点，即科学家习惯于说明他们看到的现象"②。有关塞麦尔维斯调查的案例研究表明，说明上的考虑在科学家的方法论决断中发挥着作用。不考虑说明的重要性和有关说明结构的科学方法论，就不能弄清科学家实际在做什么。通过强调这个事实，最佳说明的推理的辩护者的工作就奏效了，即使它不是他们追求的那种结果。但是，需要指出的是，认为最佳说明的推理是一种强推理模式这一点近来有所变化，出现了一种稍弱一点的主张，认为最佳说明的推理不再是一种非常正式的推理方案，而只是强调说明上的考虑向我们指出了正确性，其合理性依赖于我们用以评价说明力的那些标准，这在认识上是适当的。

当然，除了我们这里所讨论的针对最佳说明的推理的适度争议外，还存在着一种更为系统的指责。那就是范·弗拉森的批驳。这种批驳通过诉诸贝叶斯主义，表明任何接受最佳说明的推理的人，都会遭受必输赌，从而证实了最佳说明的推理会遇到不连贯性。范·弗拉森的那种反驳性论证在质疑最佳说明的推理方面是非常有名的。因此，在这里，有必要研究和讨论他的这一具体看法。

第二节　范·弗拉森的质疑及其相应回应

最佳说明的推理不但不是真理的指导，而且还会带来不连贯的信念。

——范·弗拉森（van Fraassen）

在对最佳说明的推理的质疑与批驳上，范·弗拉森的主张是值得让人注意的。概括地讲，他从最佳说明的推理上根本没有看到什么可信性。他指出，"似乎最佳说明的推理适合很多合理的活动。但当我们细查它的可信性时，我们发

---

① Ben-Memahem Y. 1990. The inference to the best explanation. Erkenntnis, 33（3）：322.

② Lipton P. 2004. Inference to the Best Explanation. London：Routledge：62.

现它还非常欠缺”①。在《科学的形象》（*The Image of Science*）和《法则和对称》（*Laws and Symmetry*）中，范·弗拉森对最佳说明的推理的可信性进行了苛刻的审查，这为最佳说明的推理的辩护者提出了尖锐的挑战。但这种挑战未必不是好事，正是人们对类似于范·弗拉森的那些质疑的回应，使最佳说明的推理得到了详细的阐述。然而，尽管这样，在最佳说明的推理这一论题的某些方面，还没有达成一种共识。

一、范·弗拉森对最佳说明的推理的批驳

在辩护他们对不可观察实体的信任上，科学实在论者频繁地使用了最佳说明的推理。但范·弗拉森在这一点上的立场是质疑和反对的。他对最佳说明的推理的基本疑虑在于：这种推理没有包含任何能证明实体存在性的本体论假定。在他看来，在处理不可观察的事物时，最佳说明的推理只会导致经验上充分的假说，而且我们并不必然地关心它们是真的或不是真的。可以肯定的是，尽管这些假说有真值，但这些真值超出了我们的范围。这就是他所谓的“建构经验论”，即关于可观察事物的说明是“真的”，但在处理不可观察的事物时，说明只是工具性的，它在发挥作用时是成功的，但它的真理构成要素对我们的意图与目的来说是无关的。

客观地讲，范·弗拉森对最佳说明的推理的反驳是一种针对有关归纳推理的已接受观点给予反驳的一部分。他是在归纳的意义上理解和使用最佳说明的推理的，认为最佳说明的推理是一种归纳规则。在这个术语的一种非常严格的意义上，范·弗拉森把它看作是一种在推定上保证所推得陈述的真值或以一种普遍方式描述如何因证据来更新我们的观点的规则。归纳的观点是一种计算规则，即从具体的已有资料推出普遍的结论。对此，范·弗拉森是质疑的。他认为，保证真值的归纳规则是不存在的。因为归纳并不是一种有充分根据的推理形式，尤其是在把归纳论证扩展到像粒子这样的不可观察对象时，就有了局限性，因为这样的实体通常是没有前例的。既然这样的归纳前提没有经验上的根据，所以归纳概括是不合适的。

范·弗拉森指出，一个人可以诉诸最佳说明的推理在描述上的优点来给归纳以辩护。例如，归纳推理能与受众相关，给证据以不同评价或有不同背景信

---

① van Fraassen B C. 1989. Laws and Symmetry. Oxford：Oxford University Press：131.

念的人可能合理地作出有关同一证据的不同推理。可爱性上的灵活会允许最佳
说明的推理去顺应这一点。[①] 这是正确的，但主观性反驳忧虑的是主观性，这使
受众相关性没有穷尽。科学家对可爱性的不统一，就像音乐爱好者在他们喜欢
的曲调上的不统一。如果可爱性在原则上是非常主观的，那么最佳说明的推理
就无法成为归纳的一种正确阐述。范·弗拉森在最佳说明的推理如何由其辩护
者提出这一点上给出了他的理解。但最佳说明的推理的大多数支持者并不认为
范·弗拉森的这种理解就是他们心中所持有的那种推理规则。他概括成最佳说
明的推理的推理模式并不是归纳的规则。这并没有减轻归纳问题的压力，也不
能保证真理，因为那种信念——依照它，我们对说明力的评价被发现可能就是
错误的，从而不能为更新信念提供一种算法。

　　当然，范·弗拉森并没有给归纳以彻底的怀疑，他承认我们对有关不可观
察事物的信念有合理性。让他拒绝归纳的传统观点但没有陷入归纳怀疑论的，
是有关合理性这个具体问题。合理性是一种许可概念，而非义务概念。他认为，
合理性涉及一个人可能去确信，而非必须去确信。因此，合理信念的改变无须
受告知你如何去回应证据的规则的影响和支配，两个人可能对同一个证据的回
应完全不同。一旦我们接受了合理性的一种许可概念，我们就会认为归纳的规
则并不存在。建构经验论并不在不可观察事物上使用最佳说明的推理进行争
论[②]，但最佳说明的推理给实在论的辩护，体现了归纳在不可观察对象的应用方
面的局限。所以，范·弗拉森反对使用最佳说明的推理来假定不可观察的事物，
如电子和黑洞等。

　　在对最佳说明的推理进行批驳时，范·弗拉森还结合了作为更新信念系统
程序的贝叶斯主义。他接受了以确信度形式来对观点进行的贝叶斯式表述，认
为瞬时的概率连贯性是合理性的一种必要条件。在他看来，如果最佳说明的推
理起作用，它就以某种概率规则的形式起作用，但这会违背贝叶斯主义的概率
计算。因为最佳说明的推理使我们把额外的信念增加到作为最佳说明的假说上，
这超过了我们将要通过以我们的证据和信念总体为条件赋予它们的确信。这种
额外的确信意味着我们实际上违背了逻辑上的信念更新，从而违背了概率计算。
所以，最佳说明的推理是不连贯的，接受它就会导致不连贯性。这是他最有攻
击性的主张。范·弗拉森认为，如果一个人接受了一种因为新证据而变革他的
主观概率的先在规则，那么那个规则最好是条件化。但那个人并没有合理地被

① Lipton P. 2004. Inference to the Best Explanation. London：Routledge：143.
② 范·弗拉森 . 2002. 科学的形象 . 郑祥福译 . 上海：上海译文出版社：25.

迫接受任何先在规则，也不接受条件化。简言之，范·弗拉森承认一个人能合理地相信并不为他的证据所蕴涵的东西，但否定存在着任何的规则。尽管他承认贝叶斯论题是一种合理的方式，却没有接受贝叶斯主义的那个论题，即条件化是回应新证据的唯一合理方式。

范·弗拉森指出，"存在着很多针对最佳说明的推理认识论方案的指责"，"其中之一就是它伪装成为并非是它的那种东西。另一个是它被不好的论证所支持。第三是它与观点变化的其他那些我们接受为合理的形式相冲突"[①]。就最佳说明的推理的伪装来看，范·弗拉森认为最佳说明的推理会伪装成这样的东西——完成归纳的传统观点，为基于证据、基于对假说多么好地说明了证据的一种比较评价的新信念形成，提供一个规则。"最佳说明的推理假装成一个在证据基础上，以一种纯客观形式形成有根据新信念的规则。它声称基于对假说的一种评价——这种评价是有关于它们多么好地说明了证据，来完成这一点的，在这里，说明再一次是假说和证据间的一种客观关系。"[②]但他指出，最佳说明的推理实际上无法完成这一点，"因为它是从被历史地给出的假说中选择最佳假说的规则。我们能看到我们非常费劲地提出的理论并没有竞争。因此，我们的选择很可能是系列不良情形中最好的一个"[③]。由于确信某种东西所意味的内容之一就是确信它更可能为真，范·弗拉森认为，那个"从一批不良情形进行的论证"试图表明，即使对证据的最佳说明是真的，也可能使最佳说明的推理无法成为一个能告知我们确信什么的推理规则。范·弗拉森质疑了那个潜在说明库的充分性。他强调，我们无法只根据给定的可能说明库及我们当前所有的那个最佳者，去推出正确性。因为一个有限的说明库无法保证正确的说明。由于我们能在其中进行选择的那些潜在说明是我们实际上提出来的，所以要使这些可能说明中的那个最佳说明成为正确的，就需要一个额外的前提，即我们未提出的那些可能说明中没有一个和我们已提出的说明中的那个最佳说明一样好。范·弗拉森指出，如果一个人并不信正确性存在于那套假说——他正在考察说明上可信的假说，那么不管最佳假说给资料以多好的说明，他将仍不相信它。最佳说明的推理"不能提供确信的最初语境或观点，在其中，它能变得可用。所以，它不能成为合理观点的'根据'"[④]。

从本质上看，范·弗拉森的论证是这样的：让我们承认科学家已形成了一

①② van Fraassen B C. 1989. Laws and Symmetry. Oxford：Oxford University Press：142.

③　van Fraassen B C. 1989. Laws and Symmetry. Oxford：Oxford University Press：143.

④　van Fraassen B C. 1989. Laws and Symmetry. Oxford：Oxford University Press：149.

组理论 T_1，…，T_n，所有这些都提供了证据 e 的潜在说明，并且可通过它们来选出 e 的最佳说明，如 T_1。为了让他们说 T_1 是 e 的近似正确说明，他们就必须作出一种比较性判断，即 T_1 比它的竞争者更好。然而，对任何我们可能会遇到的"最佳"说明而言，可能存在着许多其他同样好的、我们还没有发现的说明。因此，这里的最佳说明很可能是一批不良情形中的最佳者。在范·弗拉森看来，假如我们选择了最能说明证据 e 的理论 T，但可能存在着许多潜在的、和 T 不一致的假说，这些假说至少和 T 一样好地说明了 e。只有一个理论，要么是 T 要么是迄今未出现的理论之一，是正确的，其余的都是假的。就 T 而言，我们除了知道它是给 e 以说明的无限个理论中的一个以外，对于它的正确性，我们并不知道什么。这样，"就必须把它看成这一类中一个随机的，但那时我们可能推得 T 是非常不可能的"①。在这里，范·弗拉森试图证明，因为可以存在其他无限多且同样好的说明，所以我们选择的理论是随意的。这就表明了我们并不处于那种知道所有可能说明的特权地位。由于这样的不确定性，一个说明是我们所拥有的说明中的最佳者就只是一个相对的断定。在这里，"最佳的"只意味着"比其余的更好"，而没有表明它就是正确的。所以，他认为，最佳说明不应因此而充当为一个让我们通向真实实体的指南。我们在推定真理或看不见实体的存在性方面并没有保证，设想客观的真理或假定一种实体的存在将是有问题的。

范·弗拉森反驳最佳说明的推理的一个原因在于它在建立不可观察实体方面的能力。他认为，在扩展的推理和真理之间并不存在普遍有效的关联。对说明进行的可爱性和可能性考虑不是真理的迹象；它们只是经验充分性的一种表现。对科学的所有意图和目的，以及实际上对我们的日常探索来说，可爱性都是充分的，我们没有理由怀疑最可爱的说明会对真理有任何不良影响。但真正的实体并不是这么回事，即通过经验的充分性就能假定的，因为经验的充分性和真理并不是一致的。这样，就没有理由认为在我们的推理规则和真实而不可见的实体之间有任何联系。经验论认为我们唯一的信息来源是通过亲身体验。范·弗拉森声称，我们的溯因能力在科学中虽然重要，但它并不带给我们以世界真实情形的一种正确图景。用利普顿的话讲，范·弗拉森的这一观点是说"为什么我们要确信我们居住在所有可能世界中最可爱的那个世界里"②。当我们应用这样的推理时，我们只能获得经验上的充分性，因为这就是所有这些扩展推理要做的。可以肯定的是，范·弗拉森承认最佳说明的推理对科学很重要，

① van Fraassen B C. 1989. Laws and Symmetry. Oxford：Oxford University Press：146.
② Lipton P. 2004. Inference to the Best Explanation. London：Routledge：74.

甚至允许它在可观察对象的范围内得以发展。

如果我们试图依照一组假说给资料以多好的说明这一标准来对它们进行划分，那么范·弗拉森的观点显然是正确的。并且，如果最佳说明的推理是一种有关这样的规则，即告知我们应确信对资料的最佳说明，那么他认为对最佳说明的推理的合理应用要求一种先在的确信，即真理就存在于那种我们给其以划分的假说集合中，这显然是正确的。然而，范·弗拉森的"从一批不良情形进行的论证"存在着一定的含糊性。我们考察的假说集合能不包括正确性吗？或者我们并不总是有理由确信这个集合包含着正确性吗？从范·弗拉森的表述中可以看出，他是建议后者的。但当范·弗拉森考察并拒绝了对"从一批不良情形进行的论证"的可能反应时，这些反应中的一些明显指向了前者。例如，一种尝试性的回应认为，科学家容易碰到一组包含有真理的假说。现在即使这是正确的，它将只表明"从一批不良情形进行的论证"的可能性实际上不是正常实现的。它并不表明科学家往往有理由确信就是这么回事。如果范·弗拉森是针对最佳说明的推理规则的可靠性来论证，而不是针对应用它的合理性来论证的，那么"易于碰到真理"的回应仅仅是相关的。当然，有些哲学家会认为，一种推理模型是否可靠及是否合理等问题是密切相关的。纯粹的认识上的外在论者可能会认为，这两个问题其实是一回事。范·弗拉森从来没有表明他在认识论上的内在论和外在论问题上的立场。奥卡沙的看法是，内在论和外在论的某种混合大概是非常可能的：一种推理是否可靠与能否合理地使用它有关。在所有情况下，不用管"最佳说明的推理可靠吗"和"最佳说明的推理合理吗"等问题彼此间的关系怎样，它们本身显然都是相当有趣的。这样，范·弗拉森的批判的重要性，并不被他的那种合并这两者之间的倾向所削弱。

从根本上看，范·弗拉森的那种讨论是把最佳说明的推理完全放在了"确证的语境下"，将它描述为一种在已在某种程度上出现的假说间进行选择的规则。最佳说明的推理的一些支持者可能真的会这么认为。然而，说明上的考虑在"发现的语境下"也起作用，去指导那种过程——通过这种过程，我们所感兴趣的假说的集合最初就形成了。给定一个令人费解的现象，我们构建了一些假说，以试图说明它，并选择那个我们认为最佳说明了这种现象的假说，把它看成是正确的。这样来看，最佳说明的推理就不只是一种在已存在的假说间进行选择的方式了，它也是形成假说的一种方式，能使程序的选择操作得以进行。也就是说，范·弗拉森的批判的力量并没有依赖于他把最佳说明的推理解释成一种在已知假说中进行选择的形式。因为一个深层的问题就是主观性反驳。这种反驳是这样的：说明上的可爱性太主观从而不能成为推理的指导。可以认为，当被要求从一个给定范围的竞争者中选出最可爱的那个说明时，不同的科学家共同体可能无法集中在一个上。这样，推理将是不可能的。这一指责是可能的，至少有两个理由。首先，尽管前文已经说明"可爱性"有审美偏好的内涵，但良好的归纳推理不是一种口味上的问题。其次，难以决定什么样的说明性考虑在冲突的情形下将是有分量的。这样，主观性反驳就确定了对最佳说明的推理的一种深层担忧，即 A 这个人发现一个说明是最可爱的，而 B 则偏爱另一个，似乎他们不能达成一致。

二、皮斯罗斯对范·弗拉森的回应

针对范·弗拉森对最佳说明的推理的争议，皮斯罗斯进行了回应。首先，他表述了范·弗拉森的那种怀疑最佳说明的推理的立场和态度。在他看来，范·弗拉森并没有普遍地阐明最佳说明的推理的不连贯性，他对最佳说明的推理的反驳也不是连贯的。因为从他的表述来看，显然对最佳说明的推理保持了一种选择性态度。按照范·弗拉森的看法，科学的目标在于用经验的充分性去替代真理。当理论只涉及可观察的世界时，经验充分性就和真理一致起来。这样，说理论在经验上是充分的，也就是说它是真的。这两者彼此相互蕴涵，总体上是等价的。当一个人通过最佳说明的推理得到的说明性假说是有关可观察事物的，那么任何认为这种假说在经验上是充分的观点就等于说它是真的。

也就是说，范·弗拉森并不质疑最佳说明的推理能在很多"日常情形下"可靠地起作用。这里的"日常情形"常表现为可观察的事物，甚至包括未被观察到的一些实体，如墙壁内的老鼠这样的例子。但是，当潜在的说明诉诸不可观察的实体时，就会出现问题。这样，经验充分性就和真理不再一致。一个给定的说明性假说和它的犹如性情形并不彼此相互蕴涵，会给推出 H 是真的（如"云室中存在着电子"）而非 H 在经验上是充分的（所有的可观察现象都犹如在云室中存在着一个电子）以影响。如果有人推出 H 是真的，那么他就承诺了电子在云室中存在；如果推出 H 在经验上是充分的，那么他未必承诺电子在云室中存在。当手边的例子涉及超越可观察事物范围的说明性假说时，范·弗拉森就开始质疑最佳说明的推理。就像他说的那样，他的质疑起始于他对那些着眼于以不可观察的实体和过程来给可观察的世界以阐述的"常见理论和说明"的怀疑。[①]按照他的观点，在一个溯因问题中，一些不可观察的对象是被包含着的，最佳的说明性假说应是那个被选择的假说，它一定是在经验的充分性上被接纳的，而不一定是真的。也就是说，范·弗拉森认为经验上的充分性和真理性是有区分的。这样，他对最佳说明的推理的那种质疑无法基于把不可观察的东西等价为认识上不可接近的东西这一点而得以辩护。

皮斯罗斯认为，尽管范·弗拉森反对最佳说明的推理，但他承认最佳说明的推理是一种在科学中有作用的推理模型，比如，他坚持这种推理的结论，即假说依据它是证据的最佳说明而被认可，从而作为经验上充分的东西而被接受。然而，这和近似的真理性完全不同。就像他说的那样，"说明力肯定是理论选择的一种标准。当我们决定在一系列假说或在被提出的理论中进行选择时，我们因它多好地说明了现有的证据来对其进行评价。我不确定这样的评价将永远解决这一问题，但它可能是决定性的，在这种情况下，我们选择接受的理论是那个最好的说明。但我要加上一句，那种接受的决定是一个接受经验上有充足内容的决定。新的确信不在于理论是正确的（也不在于它给出了什么存在及将发生什么的一种真实图景），而在于该理论在经验上是充分的"[②]。

其次，皮斯罗斯讨论并评价了范·弗拉森在反驳最佳说明的推理上的两个论证，认为这些论证并没有给他在质疑最佳说明的推理上，提供良好而有力的理由[③]。他所考察的第一个论证可被称为"从一批不良情形进行的论证"。对这个论证的表述，皮斯罗斯提出了一点异议。他指出："在逻辑上，我们的最佳理论是一组不好理论中最佳的这一点是可能的。显然，溯因的任何合理模型都必须考虑到这种可能性。"[④]他进而辩护了这一观点，即在一些情形下，我们可能有好的理由确信我们的理论是一组好理论。他把这个论证的主要前提看作"那种正确性，很可能就存在于至今还未产生的假说中"。但他认为，范·弗拉森要求最佳说明的推理的支持者表明没有错误的可能性，这个要求有点太高。因此，为了让最佳说明的推理的倡导者认为它产生了真理，以及为了让科学实在论者和建构经验论者，拥有认识上的有根据判断，就不得不去假定某种特权，即"自然使我们偏向于碰到一系列正确的假说"[⑤]。

皮斯罗斯考察的另一个论证可被称为"从无动于衷进行的论证"。这一论证

① van Fraassen B C. 1989. Laws and Symmetry. Oxford：Oxford University Press：178.
② 范·弗拉森. 2002. 科学的形象. 郑祥福译. 上海：上海译文出版社：98.
③ Psillos S. 1996. On van Fraassen's critique of abductive reasoning. The Philosophical Quarterly，46（182）：31.
④ Psillos S. 1999. Scientific Realism：How Science Tracks Truth. London：Routledge：216.
⑤ van Fraassen B C. 1989. Laws and Symmetry. Oxford：Oxford University Press：142-143.

认为，对任何我们能达成一致认可的说明来说，可能存在着不少和它一样好但尚未被发现或提出的说明。这些说明的质量不错，但因为没有发现它们，从而没有被考虑和关注（就是有所漠视）。范·弗拉森认为，最佳说明的推理通过假定我们当前的说明 X 是正确的，而未能考虑到其他未被发现的说明。不考虑那些说明，就无法保证最佳说明的推理的结果的可靠性。可以看出，这个论证非常类似于"从一批不良情形进行的论证"。皮斯罗斯认为，如果范·弗拉森的论证正确，就会把他自己的经验主义立场还原为一种怀疑论，但这种怀疑论又会破坏他的经验主义立场。皮斯罗斯指出，与对经验充分的判断相比，对近似真理的判断受这种论证的影响，并不会更大。在这里，皮斯罗斯的目的是批判的而非建构的。这种批判并没有为最佳说明的推理的结构和内容提供一种正面的看法。同时，也没有针对所有可能的怀疑论证，来给最佳说明的推理以普遍的辩护；相反，他的唯一目的在于表明，范·弗拉森并没有在特定的语境下破坏最佳说明的推理。

可以认为，在范·弗拉森那里，最佳说明的推理是一种超越已被实际观察到的对象的范围并形成有关未被观察到的对象或过程的有根据信念的方法，而不是一种形成有关不可观察对象或过程范围的有根据信念的方法。也就是说，他只是在不可观察领域内，对最佳说明的推理的有效性提出了质疑，认为当证据的潜在说明延伸到不可观察的世界时，最佳说明的推理就不再给确信以保证。在这里，范·弗拉森的处理方式并不是波普尔式的。他并不想把确信从科学中排除出去，也不想认为不存在受证据保证的确信，而是想主张，只有对理论的经验充分性的确信能并且常常能被证据所保证。这样，当经验充分性和真理相一致时，对真理的确信也就受到了保证。然而，无法受到保证的是对理论真理性的确信，即对有关不可观察对象观点的确信。

针对范·弗拉森认为最佳说明的推理无法在不可观察领域起作用这一点，皮斯罗斯并不认可。因为在他看来，最佳说明的推理的特别之处，或许正是它在不可观察领域能有效地起到认识的作用。对此，皮斯罗斯把最佳说明的推理区分为两种，即水平的最佳说明的推理和垂直的最佳说明的推理。如果某个人推得一个包含着没有被观察到但在原则上可观察事物的说明是正确的或近似正确的，这种最佳说明的推理就被看成是水平的；如果某个人推得一个包含着不可观察事物的说明，这种最佳说明的推理就是垂直的。皮斯罗斯认为，范·弗拉森争论和质疑的只是垂直的最佳说明的推理。[①] 针对皮斯罗斯的这些评判，斗

---

① Psillos S. 1996. On van Fraassen's critique of abductive reasoning. The Philosophical Quarterly, 46（182）: 31-47.

文和范·弗拉森等曾作出了回应①。他们认为，皮斯罗斯并没有驳倒范·弗拉森在反对最佳说明的推理方面的那些论证，也未能表明范·弗拉森对最佳说明的推理的放弃使他的立场成了怀疑论。

三、"归纳的最佳说明的推理"构想

针对最佳说明的推理的那些争议和批驳，主要集中在它给我们带来新信息及假定的不可观察实体的能力方面。这些批驳，在一定程度上影响到最佳说明的推理的可持续性。从本质上看，有关最佳说明的推理的问题来自更深层的认识论问题，这些问题很大程度上源于我们无法接近真实的事态。例如，归纳问题的基本困难、知识理论上的分歧、实在论—反实在论争论、普遍的怀疑论等，都是我们那种困境中的核心问题。只有理解这些问题的重要性，我们才能认为最佳说明的推理是最佳的可用方法。这不仅是对我们应如何从事科学研究的一种规范要求，同时也是一个对我们在当前开展科学研究的方式的描述。

然而，在对最佳说明的推理的批驳的回应上，存在着许多其他的因素，这些因素会弱化那些反对性意见。比如，在对范·弗拉森批驳的回应上，我们认为，可以构建一种支持最佳说明的推理的令人信服的论证。这就是把最佳说明的推理的想法构想成富梅顿和利普顿观点的一种组合，强调最佳说明的推理包含着归纳的成分，它有赖于归纳。这样，就可依据对归纳的考察，给出最佳说明的推理的某些属性。在这方面，可以提出一种"归纳的最佳说明的推理"这样的概念。由于它表述了一种包含有溯因和归纳的推理构想，强调归纳在最佳说明的推理中的意义，所以可用它减轻范·弗拉森在这个论题上的担忧及由此而来的质疑。

首先，范·弗拉森的论证质疑了潜在说明库的充分性。在"沙滩上的脚印"那个例子中，富梅顿认为，我们实际上是用枚举归纳从潜在的说明库中进行选择的。这种操作其实体现的是说明论的主张，但它并没有依赖"最佳的"和"最可爱的"等概念，而是使用一种基于对过去观察的简单概括来形成和选择我们的说明库，从而提出沙滩上绝大多数像人的足迹的那些东西，都是由人造成的。就这一点而言，范·弗拉森会把它看成是一种不可靠的归纳推理，因为它依据有限的前提，而没有形成一种充分的潜在说明库。然而，在我们看来，

---

① Yman J L, Douven I, Horsten L, et al. 1997. A defence of van Fraassen's critique of abductive inference: Reply to Psillos. The Philosophical Quarterly, 47（188）: 305-321.

形成潜在说明库的这些前提尽管有限，但它们却和证据最具有相关性，是那个说明库中的最可能说明。这种可能性依赖的是潜在说明在过去的成功，而不是潜在说明的数量。而且，如果应用各种归纳，那么出于我们的科学意图和目的，我们的归纳能力会让我们形成一个充分、有效的潜在说明库，而不是范·弗拉森认为的那个不完全、不成熟的说明库。再有，使用归纳和一种科学研究框架，也不会让那个潜在说明库趋于无限可能。一方面，归纳前提的关键是要体现出它和潜在说明的关联关系；另一方面，我们也不可能总拥有完整的潜在说明库，否则，将会使我们太擅长于探索。当归纳推理与适当的科学调查和实验相结合时，就会有助于选择说明库，而且确定一个更精致及很可能的备选清单。这样，我们处理的将不再是无限的潜在说明。相反，我们已把我们的选择缩小到对少数几个可能说明的挑选上。比如，在那个沙滩足迹的例子中，通过认为过去沙滩上的足迹这种情形大部分都是由人造成的归纳的这一前提，就会缩小潜在的说明库，从而提高说明库的精确性和可靠性。也就是说，使潜在说明库成为对最可能说明和最可爱说明的一种选择，最初就让它可能包含那个正确的说明，成为形成真理的最佳备选者。一般情况下，最佳的和最可爱的说明都是符合这一前提的说明。

另外，范·弗拉森所关注的一个重要问题是，由于未来的说明总有一种潜能，所以它会更好。这样，我们当前的说明的可能性就会比我们认为的要小些。也就是说，即使把我们的说明看成是唯一可能的，但如果将来有更好的说明，那么它的那种可能性就会降低。如果给定科学的意图和目的，以及适当推理的应用和程序，所有的证据被适当地考虑，我们就可能会给可能性以断定。也就是说，只在一种考虑到了所有证据和实验的全面而完整的科学中，归纳性的最佳说明的推理才起作用。因为只有以这样的方式，我们才能确信并不存在大量潜在的、未被考虑的更好说明。针对范·弗拉森的这一认识，我们可以认为，归纳的最佳说明的推理的一个重要优点就是，不仅考虑到在将来可能会出现更好的说明，也考虑到其他未被发现的说明。归纳的最佳说明的推理强调对一种最可能说明的寻求，这一点预示了它认为可能会有更好的、有待发现的说明。尽管如此，它并没有偏离认为当前的说明仍是可能的这一点。即使归纳推理可能因各种原因而有问题，但最佳说明的推理本身并不是糟糕的，因为它在应用上会因情况而异。或许范·弗拉森对那个潜在说明库的疑虑依然成立；也许我们永远也不会知道我们的潜在说明库是完全的或充分的。但在归纳的最佳说明的推理这一构想下，可以确定的是，这些疑虑并不比休谟提出的归纳问题更糟糕。科学必须考虑所有可用的证据，并且必须服从许多试图确保其所提出理论准确性的程序操作的应用。一旦在科学追求中将预期的考虑予以运用，我们的最佳理论就是可能的，利用科学的方法，会给它们以进一步的验证或确立。这包括对归纳和类比等扩展性推理的正确应用。因此，我们认为这个事实至少授予了我们的最佳理论以可能性，即使可能存在更好的尚未发现的理论，也并不会给最佳说明的推理以普遍的质疑。

其次，范·弗拉森在批驳最佳说明的推理时诉诸了不可观察实体。他认为，不应把归纳论证扩展到不可观察的实体上，由于这样的实体没有前例，所以归纳概括或统计概括将是不适合的。尽管在那个沙滩上的足迹的例子中，我们可以很容易地断定一个前提，如这些足迹一般都是由人引起的，但对奇特的实体来说，情况则不同。范·弗拉森强调，不能提出类似于这样的命题："这种性质的 X 射线的辐射一般是由黑洞发出的"，"因此，这些特殊的 X 射线很可能是由一个黑洞发出的"。由于黑洞从来没有被观察过，并且也是无法观察到的，所以不能用最佳说明的推理来假定黑洞和电子这样的不可观察实体，应对它们的存在持不可知论。如果最佳说明的推理使我们得到一个陈述黑洞是真实实体的理论，就会因各种原因而有问题。

范·弗拉森不愿承认不可观察实体的可能存在性。对此，我们可以作以下回应，来表明"归纳的最佳说明的推理"如何会给不可观察的事物以阐述，从而缓解范·弗拉森的反驳。首先，即使我们处理的是前所未有的实体和理论实体，也会有大量包含着假说和理论的信念与背景知识。"尽管理论实体本身是不可观察的，但它们的显著属性可能是我们对其他有这些属性的事物的观察。"[①] 例如，使用 X 射线辐射的已被理解的观念及光线弯曲，我们就能在最佳说明的推理中使用这样的归纳推理：X 通常是由一个显示了属性 A、B、C 的对象引起的。所以，尽管我们不能作出"强引力场一般是由黑洞引起的"这样的归纳，但我们仍能合理地认为，"光一般只因一个强引力场或时空的弯曲才会弯曲"。因此，我们可以得出那种中间结论，即很可能是一个弯曲的时空或对象导致了那种弯曲。同样，这个命题也被其他已被接受的理论，如黑洞中的广义相对论给予证实。我们也可利用有关其他观察到的现象的类似归纳推理，如 X 射线，一般只能从一种显示了我们所提出的"黑洞"属性的物体中发出。从这些已有知识进行的推理，科学家就能猜测出已观察证据的最可能说明。毕竟，他们不是在真

---

① Fumerton R A. 1980. Induction and reasoning to the best explanation. Philosophy of Science，47（4）：595.

空中，在从事科学研究时，会无视已存在的事实和观察。最终就像富梅顿认为的那样，"基于一个人的所有证据，归纳地得到的结论，通常包括无数的归纳论证，这些论证的前提在不同程度上证实了无数的假说"[①]。经过一系列的归纳推理，从而产生精确的科学预测。其次，当处理前所未有的实体时，我们常会应用我们的现有知识与被提出的说明或实体间的那种类似性。这种类似性会使我们推得，我们当前的潜在说明很可能类似于相似情况下的另一个正确说明。基于这种类似性的操作其实是一种简单的归纳推理。使用这样的推理，尽管未必是确定的，但它却给结论提供了支持，我们就可以进一步提高那个潜在说明库是充分的可能性。"如果我们发现一个说明性的理论 T_1，类似于已确立起来的说明，那它将比另一个并不这样的理论 T_2，会更好地受到那种类似的支持。"[②]

"归纳的最佳说明的推理"这一概念，不但考虑了归纳，而且也考虑了利普顿的最佳说明的推理。在最佳说明的推理这一观点的构想上，利普顿把可爱性看成是可能性的一种标志，并认为我们可从潜在的最佳说明变动到正确的说明。范·弗拉森指出了这一变动的一个问题，认为从最佳说明变动到正确说明，是一个没有根据的跳跃。与此类似，我们也不愿意认可那种只根据可能性和可爱性就从最佳说明变动到正确说明的跳跃操作。在归纳的最佳说明的推理构想下，我们更愿意保留一个说明的"可能性"特点。这或许并不有利于我们获得确定性，但它却是最佳的。我们构想归纳的最佳说明的推理这一概念，就在于想强调我们断定的是可能性而非正确性，从而可以更稳妥地实现从最可能说明中的最佳者到一个可能为真的说明的良性变动。范·弗拉森是不会反对这一点的。对于一些实体，不管我们是否能观察到，它们都有产生了需要说明的现象这一相似之处。范·弗拉森在这方面表示同意：他认为存在着可以说明的物质事实，甚至在不可观察的情形下也会这样。我们想表达的是，存在着可观察的或不可观察的、需要说明的对象，这是科学的目标。使用归纳的最佳说明的推理构想，断定已在现实中有所表现的现象很可能由黑洞造成，似乎并不是那么有问题的。这可能因一些原因而被支持，例如，黑洞非常好地吻合了爱因斯坦的广义相对论，并且统一和说明了一堆现象。它也与我们对光和 X 射线等这类现象的背景知识符合。同样，黑洞理论源于严格而持续的科学实验及观察，因此，在这样一个全面而细致的科学框架下，断言我们最佳理论的可能性似乎不应该有问题。

总之，依据归纳的最佳说明的推理，考虑一种未被观察到的实体，尽管我

---

① Fumerton R A. 1980. Induction and reasoning to the best explanation. Philosophy of Science，47（4）：599.

② Fumerton R A. 1980. Induction and reasoning to the best explanation. Philosophy of Science，47（4）：595.

们不能确定这种具体本体论上的可能性，但可以从不同的角度，给它们存在这一结论以支持，因为它们是手头证据的最佳说明。由于这样的原因，我们所构想的归纳的最佳说明的推理，是科学中非常合理的方法。它像归纳那样，为其结论提供了支持，因此，应被认为具有和归纳一样的力量。即使不是所有的科学研究都依赖于归纳推理，至少也是大多数的科学研究，在很大程度上依赖于归纳推理。归纳的最佳说明的推理完全符合科学的这种观念，科学家不仅应用简单的溯因去推出新的实体，也应用了建立在当前有关宇宙的背景知识基础上的归纳和类比。

第六章

最佳说明的推理的优点与效用：实在论辩护

最佳说明的推理是可以得到辩护的。

——利普顿（P. Lipton）

把握最佳说明的推理的一个重要方面就是分析这一推理的优点和效用。因为最佳说明的推理的有效性和效用性构成了把它看作科学推理的一种合理方法的充分理由。由于最佳说明的推理是说明的，所以它的主张与提议具有充分的根据。毕竟，从认识上看，说明体现了深层次的关系。目前，最佳说明的推理常常在有关实在论争论的语境下得到讨论。因为科学实在论辩护是最能体现最佳说明的推理效用的。一般来讲，实在论者和反实在论者在最佳说明的推理上持有不同的立场，实在论者赞同它而反实在论者反驳它。在实在论争论中，针对依据最佳说明的推理来辩护实在论这一点，反实在论者普遍认为，最佳说明的推理并不是一种有效的推理。比如，范·弗拉森、卡特赖特等对实在论的批判，常常就是和最佳说明的推理连在一起的。基于这一点，有人认为，这里的问题似乎只有一个，即最佳说明的推理自身的有效性，一旦把这个问题解决了，那么就解决了依赖最佳说明的推理去论证实在论的有效性。

第一节　最佳说明的推理的优点与有效性

最佳说明的推理是一种连贯的推理。

——利普顿（P. Lipton）

从现有的相关表述可以发现，最佳说明的推理是一种在日常生活和科学中普遍适用的自然推理模式。这种推理从一些已被人们接受的事实开始，比如，如果我们看到 a，b，c，…是真的，然后从几个相互竞争的假说中推出一个假说 H，它能给所有的这些事实以最佳说明，H 就可能是真的。因此，最佳说明的推理是一种说明性推理模式。按照这种模式，说明上的考虑，决定了一个假说被拒绝还是被接受。从属性上看，最佳说明的推理是一种扩展性推理，它能带来一些超越可在逻辑上从一组证据（资料）中推出的新看法。因此，这种推理是一种有关发现的逻辑。在现实中，最佳说明的推理具有不错的表现，是科学推理中比较有效的认识论方法之一。然而，就像前面看到的那样，在对最佳说明的推理的实际理解上，存在着一些争议。如果对最佳说明的推理的那些反驳能得到正确的结论，我们就必须重新考虑最佳说明的推理的效用及科学中的说明问题，重新评价许多依靠最佳说明的推理来论证的观点。实际上，这些争议的发生很大程度上在于，难以对最佳说明的推理的作用机制作出详细阐述。所以，有必要探讨这种推理的逻辑，以给出它的有效性依据。

一、最佳说明的推理的逻辑有效性

客观地讲，最佳说明的推理是非证明性推理模式中的一种。因此，它所获得的结果并不是必然的，而是或然的。"一种非证明性推理常常把属于这个世界的真理变成为一种普遍的真理，而在某个其他的可能世界里，也许并不是这样的。"[①] 我们认为，可以用两种方式来对最佳说明的推理进行把握。如果在理解时，给最佳说明的推理以拆分，就可以看到其中包含着可能性的"假定"和可爱性的"选择"两个环节。可以依据最佳说明的推理形成可能的说明，从而认为它是提出新观念的一种机制。哈曼的主张所带来的那种效果，恰恰在于多数情况下，最佳说明的推理被看作提出新的合理信念的一种机制，即依据证据 E

---

① Lipton P. 1993. Making a difference. Philosophica，51：101.

来提出一些似乎与背景信念大体一致的可能性假说，以作为 E 的潜在说明。同时，还可以把它看成是一种接受观念的规则。人们基于假说对证据的说明情况，在那些潜在的备选说明中进行一种评价性推理，推得 E 的最可能说明。皮斯罗斯指出，"最佳说明的推理常常被看成是一种接受方面的规则。按照它的最少争议的方式，最佳说明的推理基于一个假说 H 是证据的最佳说明，授予了它的可接受性"[①]。当给最佳说明的推理以正确理解时，就可以认为，它其实是对那种使假说在一组信念中被予以接受的充分描述。最佳说明的推理的最终目标是提出一种在合理性上比较充分的信念接受机制。自哈曼以来，最佳说明的推理的大多数支持者似乎都认可能把最佳说明的推理的结论放到他们的信念库中。从某种意义上讲，他们就是因为"接受性"这一点而明确地给最佳说明的推理以支持。

相比较而言，对最佳说明的推理来说，"接受性"这方面是更为重要的。正是因为把它看成是一种接受上的规则，最佳说明的推理才有了哲学上的趣味。这或许就是哈曼强调"最佳说明不仅仅只是一个非常可能的说明"的原因[②]，同时也是利普顿提出那个"核心论题"的依据。尽管最佳说明的推理只是依据说明而推测地给结论以确定，但就作为一种接受方面的规则而言，它却具有明显的逻辑形式，这就是：

证据 C 被观察到；

H 给 C 以说明，并且不存在比这种说明还好的其他说明；

因此，有理由认为 H 可能是真的。

可以看出，在这里，说明上的考虑是阐明我们的推理活动的唯一因素。这样，最佳说明的推理就不再是一个从前提到结论的线性推理，而是一种基于说明力来进行的逻辑操作，即通过其中所包含的那个"最佳说明"，作出了一种从一组资料到对一个正确说明的断定的跳跃。尽管这样的逻辑过程因其以和演绎相反的方向来进行，犯了逻辑上的断定后件错误，从而不具有必然性，只会带来一种可能正确的结论。但如果仔细考察，我们就会发现，这种方法其实有着它自己的合理性基础。就像皮尔斯解释的那样，自有最佳说明的推理以来，无须用任何严格的演绎模式，就能作出具有正确余地的推理。在这里，可以通过两个问题来对最佳说明的推理的逻辑进行研究。首先，是这一问题，即当我们作出了有关假说对某个证据的说明力的判断时，我们会在心中形成什么样的情

---

① Psillos S. 2003. Causation and Explanation. Chesham：McGill-Queen's University Press：56.

② Harman G. 1968. Knowledge, inference, and explanation. American Philosophical Quarterly, 5（3）：168.

形。这是重要的，因为在我们使用说明来推出有关世界的情形时，这类判断是我们一直所依赖的。然后，以概率测量 E 的形式引入并辩护了对说明力概念的一种阐述。这种阐述使我们精确地阐明了我们说明性地进行推理的各种方式。其次，是这一问题，即说明性推理是否构成了一种获得知识的方式。由于能用概率理论来描述说明性推理的逻辑，说明上的判断构成了这样的启示法，即依照这种逻辑标准，我们在人类的界线之内去接近推理。这样，在可能说明的可接受性中被发现的那种有效性，将视说明而定。因为对最佳说明的推理来说，具有内容的假说是根本的，所以可以依据最佳说明的推理的力量取决于说明的具体情形这一点，认为它是获得知识的一种方式。它不仅包括了最佳的论证，而且也包括了最佳的可理解性。

在最佳说明的推理中，我们使用说明上的属性来给我们的推理技巧以支持，也正是这样的属性让最佳说明的推理带给我们新的信息。在描述假说的产生上，人们提出了很多方式。比如，概率计算就是其中的一种，它给我们提供了一种理解创造过程的新途径。在对假说的选择进行描述时，我们可依赖于伊萨克·利瓦伊（Isaac Levi）的认知判定理论，即任何针对假说的认识功用的合理观念，都要把统一力或多产性这样的认识上的优良属性考虑进来。另外，一个假说的说明力常常体现为它在认识上被预期的那种功用。这样，最佳说明的推理的有效性就能由通过该推理获得知识的那种可能性来确定。

如果注意到可推得的假说和最佳说明间的那种关联，就可以利用对知识的经验论分析来研究说明。在对最佳说明的推理中"最佳说明"这个概念的刻画上，我们可以依据经验证实和连贯性，以寻求找到一种充分把握"最佳的"所意味的内容并产生具有较高可能的真理的措施。当前，正确的说明常常被确定为是从最可能的说明中简单地选择的。这里的选择要依据说明力。它由说明上的考虑形成，在分析说明力时，可诉诸概率理论。因为一般来看，在其他方面都一样时，最佳的那个说明才是最可能的，即拥有最高的概率。所以，概率能充当一种从几个竞争说明中获得那个最佳者的指导。这样，就可以提出一些测量说明力的概率标准，并从概率的角度对最佳说明的推理进行阐述。

其实，就人们如何作出有关事实的推理这一点而言，一种看法认为可以诉诸概率理论。更具体地讲，就是诉诸贝叶斯理论。这种理论为分析基于证据的推理提供了一种好框架。按照贝叶斯方法，事实发现者的推理任务在于变革假说的概率，这就是强调通向最佳说明的推理的一种连贯论方式。所以，在最佳说明的推理的讨论上，连贯性问题也是其中的一个重要话题。范·弗拉森的反驳就在于认为最佳说明的推理是一种不连贯的认识规则。但他并没有给最佳说明的推理的不连贯性以通俗的阐述。尽管这样，也不能低估他所得到的那种有限结果的意义。因为他的看法表明，评价一个假说说明力的唯一标准就是该假说赋予证据（资料）的概率，这样，一个人就无法把对这种说明力的评价用于对可能性的重新安排上。由于在连贯性的研究上，出现了一系列概率阐述，所以可以从一种概率上来判定最佳说明的推理的那种连贯性。

二、最佳说明的推理的实践有效性

理解最佳说明的推理的另一个重要方面就是考察它的效用性。如果把科学的目标看成着眼于发现可用以说明和预见的机制，那么最佳说明的推理似乎就是这方面的一个好选择，它表现出能够有效地刻画出这种具体情形的优点。最佳说明的推理是说明性假说在其中得以形成并被评价的一种推理过程，它应被看成是处理证据和假说间关系的一种规范研究。所谓"规范研究"，是指有逻辑合理性的研究。很多情形下，人们试图依据可用的证据来对假说进行划分。比如，医生从患者的症状推出他有特定的情况，科学家通过考察可用的经验证据试图给相互竞争的假说进行判定。判定各种假说多好地说明了证据，认为说明了最多证据的那个假说最可能为真，这实际上就是那种可被看成为有关证据认识论观点的最佳说明的推理。就证据来讲，它是人的认识活动中重要的知识来源之一。最佳说明的推理对证据的依赖，能使它成为有关我们理解我们如何感知世界的一种方法。依据它所得出的结论通常是有很好的理由的，所以至少是可能的。需要指出的是，最佳说明的推理依赖于证据，并不意味着它必须承诺具体的证据，而是要求我们推得的说明能和我们的最佳可用的证据相容。

如果把最佳说明的推理和科学活动相结合就可以看到，这种推理常常使我们推出新的知识并获得对事物的理解。最佳说明的推理强调可通过说明来进行有效推理这一点，在科学活动的理论建构上表现出自身的独特作用，这让它成为一种有关理论形成和理论评价的主张。从推理发生的过程来看，最佳说明的推理模型就是根据事实提出假说，即预言性的理论，然后通过实验来对这些预言的真假进行验证。如果预言得到证实，使理论实体的预言空白得以填充，这个理论就在经验上是恰当的，从而可以接受这一假说，使其成为理论。所以，最佳说明的推理是"自我印证的"。[1] 这样，在科学活动中，最佳说明的推理就

---

① Lipton P. 2004. Inference to the Best Explanation. London：Routledge：56.

被普遍地看成具有这样的双重属性，即描述了科学理论的形成，同时又描述了对它的合理性证明所需的东西。也就是说，它既可被看作是对科学理论发明和科学推理过程的正确描述，又被赋予了给由它所带来的结论以认识上的保证。

在理论或不可观察实体的假定方面，最佳说明的推理具有非常突出的能力和良好表现。这样，我们就能看到一种从最佳说明到正确说明的变动。最佳说明的推理的那种确定正确说明的属性，在所有推理方法中是独一无二的。因为在它这里，存在着一个语境上的考虑。要使一种寻求最佳说明的推理的观点发挥作用，就必须假设特定的额外观点。最佳说明的推理涉及语境，是因为它是否为一种合理的程序取决于它被使用的语境——取决于我们想把它用于什么，它何时何地受到保证是有变化的。另外，对好说明的寻求也是有很大变化的，这取决于背景知识。所以，尽管所有的推理都着眼于寻求逻辑上的真理，但最佳说明的推理有所不同，因为它包含着最佳性、可能性、过去的成功等概念。所以，要讨论最佳说明的推理的力量，就需要考虑它所涉及的一些语境因素。在评价最佳说明的推理时，相关的主要语境要素包括：背景知识、内外证据、目的。可以确定的是，我们在这样的推理上所犯的错误，要么是因为某种误导性的证据、不充分的信息，要么是因为假定的逻辑形式上的错误。批驳最佳说明的推理的人，几乎都是强调这些缺点的。然而，可以认为，在拥有正确的潜在说明库、充分的信息、研究方法及好理由的情况下，我们或许可以合理地使用最佳说明的推理作出有根据的推测，或者实现从最佳说明到正确性的那种跳跃。

由于最佳说明的推理中的说明性假说常常包含着着眼于提及并没有在对已观察现象的描述中所提到的实体，因此，在本体论上，它会使我们从推得一个命题是最佳说明，变动到断定这个命题为真，并由命题为真进而变化到认为这个命题所涉及的实体是存在的。哈曼认为，最佳说明的推理对不可观察对象的理解和把握是非常有意义的。这一点表明了最佳说明的推理的一种重要价值。随着当前科学研究对象越来越明显地远离经验，因而要得到有关不可观察实体的认识，依靠像归纳这样的推理，其结果是无法令人信服的。因为归纳在类似于微粒这种对象的认识上有局限性。针对微粒这样的微观对象的研究，使用最佳说明的推理这样的扩展性推理是非常有效的。在这种情形下，最佳说明的推理就是一种"假说-演绎"的推理模式。它这种在形成有关不可观察实体新颖看法上的能力，让它成为一种不可或缺的推理形式。哲学家通过论证最佳说明所提供的这种推理模型是认识论得以建立的真正基石，来辩护对法则的证实。其支持者常把它看成是一种在证明其他规则、实践方面具有特殊认识地位的推理规则。比如，按照哈曼的理解，在用归纳的方式来对一些情形进行概括说明时，比如在说明当前的情形时（这在过去从未被观察过），试图说明一个新现象的人，就会使用最佳说明的推理。在科学、哲学中看到它的推定的例子并不比日常生活中少。当科学家首次断定磁场、夸克和很多不可观察实体的存在性时，他们使用的就是最佳说明的推理。从这种意义上讲，最佳说明的推理超越了归纳，替代了古典归纳。与归纳和演绎推理相比，最佳说明的推理不仅能提供一种更为复杂的科学假说，而且还会为这种假说的充分性提出辩护和论证。因此，可以把它看作分析发现过程的一种恰当模型。依照这种模型，创造和发现就被看作可在最佳说明的推理中得以清晰分析和确定的。由于最佳说明的推理在使用上一直是非常成功的，所以这一优点也成为把它看作科学推理的一种合理方法的理由。在科学的研究中，关注科学发现的伟大哲学家，并没有就发现的逻辑表达出新的认识，而最佳说明的推理提供了重构科学推理很多片段的准确方式，这一点对发现的逻辑阐述是有启发性的。

最佳说明的推理的一个优点表现在回应传统怀疑论挑战方面的那种状态。怀疑论者并不认同什么背景假设，他们强调是证据的可靠性。概括地讲，怀疑论观点的出现，常常是因为信念和证据之间存在着不对称，证据对信念的不充分决定导致了怀疑论的产生。比如，有关物理世界的怀疑论者试图确立，无法合理地相信在感觉和物质对象之间存在着关联；有关过去的怀疑论者认为，无法合理确信记忆上的经验证实或使描述过去的命题成为可能；有关他心的怀疑论者认为，无法合理地相信在特定的身体行为和在承载心理状态的身体中所呈现出来的东西之间存在着关联。经典的怀疑论都试图在各种常识信念和可用来证实这些信念的证据之间寻求一种逻辑上的切入。对怀疑论进行回应是认识论上的一个重要问题。在这方面，最佳说明的推理是有效用的。它给怀疑论观点提出了一种说明论的回应。这种回应强调，我们对世界的那些常识观点是对我们感觉经验的几个重要属性的最佳说明。在这里，"常识"是最佳说明的推理进行反怀疑论论证的一个重要基础。就像本约等人认为的那样，为了拯救我们对世界的常识性看法，最佳说明的推理拒绝了怀疑论。它依据一种语境论观点，使用了一些背景知识和一些类似于"我们能拥有外部世界的知识"这样的常识性假设。常识观点具有说明上的优点。如果常识阐述为我们的世界为什么就是那种情形提供了更好的说明，那么我们就有理由认可那样的常识阐述，来发展对怀疑论的一种回应。具体来看，当我们进行观点的选择时，我们肯定会依据常识，否定和拒绝那些与被选择假说不一致的怀疑性竞争者。尽管这样的回应不是一种新的看法，但很多哲学家认为，它在很大程度上是回应怀疑论威胁的一种富有前景的计划和方式。

要想给最佳说明的推理在回应怀疑论上的那种可能性以充分的评价，就需要最佳说明的推理的更详细概念，尤其要给它的逻辑以讨论。因为很多当代的认识论问题都出现在有关合理性信念的特定元认识争论中。有关它的逻辑探讨我们已在前面有所讨论，这里不再涉及。在我们看来，最佳说明的推理具有反怀疑论的辩护作用。从根本上看，在于它是依据证据的，是一种有关证据的论题。更具体地讲，它是一种着眼于描述上充分和确证上成熟的证据性推理，在证据的操作和辩护中会起到双重作用。一方面，我们基于证据方案的连贯性和成功性来给接受一种证据上的缺省情况以普遍的溯因支持。因此，在不充分决定的情形下，最佳说明的推理的原则也能允许这样的选择，即把一个理论看成超越于其他理论。另一方面，当我们认为对证据的最佳说明蕴涵着基于证据的最佳假说不可靠时，就可以否定证据的某些具体情形，来对背景知识进行修正。

最佳说明的推理之所以能在认识论中发挥它的作用，就在于它在认识论中的应用至少有两种形式：作为一种信念修正的基本规则；具有与真理相关联的那种证明的说明性策略。换句话说，它可被用于表明某个人相信他所做的是被证明为正当的，同时也被用来证明认识理论本身的正当性。传统的连贯论者和基础主义者都在第一种意义上把最佳说明的推理作为一种信念修正的规则或者作为一种把我们从一些合理的信念带到其他合理信念的推论模型。在连贯论这方面，本约使说明上的关联成为一个信念体系连贯性中的重要成分。他认为，说明一组信念经过很长时间后仍然连贯的原因在于这些信念大部分是真的。在这里，当被证明的信念按照他的理论将大部分是真的时，他会诉诸最佳说明。与此相类似的是，哈曼把说明上的关联看作是一个观点或信念体系连贯性中的一种重要要素。并且，他不仅赞同把最佳说明的推理看作信念修正的原则，而且把最佳说明的推理看成是主要的，认为所有的归纳推论实际上就是最佳说明的推理。

基础主义理论用最佳说明的推理表明基本的信念是如何被证明的。例如，摩瑟在他的证明论中具体地使用了最佳说明的推理。对他来说，基础是主观的非概念内容，当命题是非概念内容的最佳说明的部分时，这些经验的非命题要素就能证实命题。这一认识类似于古德曼的观点。古德曼认为，诉诸物理对象就对外观的次序给出了最佳说明。古德曼和摩瑟都提出了一种具有悠久哲学渊源的观点，如罗素在《哲学问题》（*The Problem of Philosophy*）中就提出通过诉诸独立存在的物理对象世界能最佳说明一个人的感觉材料次序。这表明，最佳说明的推理能在基础主义的证明理论中发挥作用。除了认识论者把最佳说明的推理看作证明或修正的基本规则外,当认识论者赞同他们的证明理论时,他们还得依赖于最佳说明的推理。认识论者常常用最佳说明的推理来表明证明,就像他们分析的那样,和真理有充分的关联。这些对最佳说明的诉求并不局限于传统的基础主义者或连贯主义者。它们可能被所有想把真理作为一种实在论的概念的人所使用,从而保证那种真理和认识上的证明之间的关联。尽管这些哲学家的论证比我们在这里提出的更为详细,但我们在这里给出的简要评价已经表明了最佳说明的推理在认识论中所起的作用。

在认识论以外,最佳说明的推理也发挥着重要作用。在科学哲学中,最佳说明的推理被用来分析基本的认识概念及用来支持形而上学的观点。证实性的说明有时认为证实只是最佳的说明。例如,米勒(Miller)认为如果假说的正确性是资料的最能应用的阐述,那么它就被证实了。在对科学实在论的论证上,最佳说明的推理是一种重要的工具。波伊德认为,只有从实在论的观点看,才能解释科学的工具可靠性。与此类似,古德曼诉诸最佳说明的推理来辩护他对怀疑论挑战和反实在论挑战的反驳。摩瑟也是这样认为的。他指出,"物理对象的解释……肯定优先于……怀疑论的解释"。此外,斯马特也提出"相信复杂的和混乱的规律——或非规律性——在观察的平面上就像理论实体是存在的";在斯马特看来,这样的论证在原则上和认为"男管家是谋杀者,因为这给已观察到的证据提供了唯一简单的说明"没有什么区别。在科学哲学之外,最佳说明的推理被用来证明实在论的各种形而上学实体,甚至被用来描述所有哲学论证的一般基础。刘易斯依据"在理论联合与经济中的利益非常值得那些实体的存在"推断出了可能的世界。卡斯塔尼达(Castaneda)指出,哲学体系的"唯一有效批判"是"它们说明资料的方式"。

第二节　最佳说明的推理的科学实在论辩护

最佳说明确立了实在论的合理性。

——雷肯(W. G. Lycan)

最佳说明的推理除了作为当代科学哲学中有关科学理论发展的一个主要论题外,同时还是科学实在论辩护方面的一个重要论题。德伊和金凯德认为,最佳说明的推理被用于哲学的很多领域,其中一个值得注意的方面就是实在论争论。实在论认为，可以接受一种寻求最佳说明的推理。因为在对我们科学预测成功的说明上，实在论是最佳的。在这里，实在论者提出的论证常常是这种观点的一个变种：理论 T 做出了极好的预测；对这一点的最佳说明是 T 是近似真的；因此，T 是近似真的。反实在论者则认为实在论不是科学上成功的最佳说明，从而把它看作一种循环论证。目前，有关科学实在论、他心及外部世界的问题，与最佳说明的确定与论证存在着密切的关联。然而，如果按照反实在论者认为的那样，给最佳说明的推理以拒绝，可能也就必须拒绝这些已有的提供给它的论证——但这些论证却提供了一个我们能给它以更详细的考虑。因此，在有关最佳说明的推理的效用性的理解上，我们有必要结合着实在论来进行。

一、最佳说明的推理对科学实在论的辩护

科学有赖于它的概念和相关的陈述，这些概念和陈述所表述的东西是否存在，是有争议的。这种争论就是科学实在论与反实在论争论的核心。科学实在论者坚持科学理论、科学假说中的实体是实在的。他们依据"科学讲述真相，而科学的唯一目标，乃是要获得正确的表述"[①]，坚信科学及科学的方法能够形成正确的理论，科学理论所描述的现象能在现实中观察到，科学理论所谓的对象是客观存在的实体。由于科学实在论认为真命题的本质就在于它与外在实体的一致性，所以成熟的科学语词是有指称的，理论词汇所指称的对象的真实存在说明了理论的正确性。不仅如此，科学实在论者还进一步推出，科学假说中涉及的科学实在也是存在的。由于科学理论预言的实体不断在实践中被发现，科学的这一成功，证明了科学理论预言上的正确性，进而表明了科学假设的实体客观存在。这样，我们就可以将科学实在论的观点表述为：如果科学预言的假说正确，那么它所涉及的实体就是存在的。反过来，实体的存在会给假说以支持，表明科学预言是正确的。

科学实在论的上述看法，体现了它自己的说明性特征。也就是说，科学实在论在说明上拥有一些优点。这些优点，已被看成是当前坚持科学实在论和回应反实在论挑战方面的一种方法。比如，在对确信特定的实体存在的辩护上，人们有时会诉诸最佳说明这一论证。一个人对确信对象存在的辩护，在某种程度上是通过短暂的和主观的经验来向我们展示的，在这里，前者的存在提供了

---

① Glymour C. 1984. Explanation and realism//Leplin J. Scientific Realism. Oakland: University of California Press: 173.

后者出现的最佳说明，这是我们确信对象存在的重要原因。那些从外部世界开始并担忧物理学家确信电子、夸克和重力场等这样奇异和不可观察实体存在性的人，有时发现他们自己也会诉诸这些东西的存在来给出各种宏观现象的最佳说明。从说明论的角度，可以对科学实在论作出这样的陈述：科学理论的近似真理性是对该理论预见成功的充分说明；成熟科学的历史表明，科学理论不断地接近物理世界的真实说明；理论在预见上的成功是它的中心术语指称成功的证据。对理论实体存在的说明论论证能被科学实在论者坚持的重要原因就在于，能够从说明的层面实现科学理论经验上的适当性与实在上的真实性之间的统一。也就是说，能把给世界以最佳说明的理论设想为正确的。

科学实在论认为，科学着眼于给出世界的更确切图景。有关世界的知识，都依赖于概念，免于概念的知识并不存在。有关真理和说明的所有研究，都和某种概念方案相关联。真理作为一种认识上的概念，它能结合着一种概念方案而被相对化。同时，也可以认为，相对于一种概念方案，最佳的说明理论是一种正确的理论。下面有关科学理论 T 的陈述，与它的概念方案是相等的：

（1）T 在事实上为真；

（2）T 在认识上为真或者是理想的；

（3）T 是最佳说明的理论。

（1）表示的是一种未被分析的真理观念，它至少在某种程度上是一种符合论观念。一个理论在事实上的充分性被理解为该理论与它所表示的世界的某种充分符合性。就像塞拉斯认为的那样，这样的充分性是对世界的充分刻画，如果理论没有正确刻画世界，它就不能在事实上为真的。（1）和（2）能够等价根本上基于这一事实。如果 T 是一个科学的理论，它就包括符合性的真理，这样，（3）就等价于（1）和（2）。

给证据以最佳说明的理论是正确的，正确理论中的实体是存在的，这就是对科学实在论做出的说明论概括。卡特赖特把对实体实在论的辩护建立在一种被称为"寻求最佳因果说明的推理"的基础上。按照这种观点，当一个人因果地用 P 来说明 Q，他就承诺了 P 的正确性，就可以得出那个人由此承诺了在 P 中提到的实体 x 的存在性。或者说，我们有理由相信一种引起了可观察结果的实体是存在的。对此，希契科克认为，卡特赖特强调特定的推理方案是有效的，从而试图用它去保证对不可观察实体的确信。尽管卡特赖特认为，即使在最佳说明的推理的所有其他形式被理解为不合理的情况下，达到最佳因果说明的推理也是合理的。但在我们看来，不管是达到最佳因果说明的推理，还是最佳说明的推理，它们在支持实在论的结论方面的处境是相同的。科学实在论的说明论辩护强调理论的正确性要诉诸它的说明力，因为说明力能辩护它的正确性。当假说或信念具有相同的经验优点或同样适合于我们全部的信念体系时，说明力就成为判定真理性的决定性标准。因此，在卡特赖特看来，那些拥护最佳说明的推理的人都会一致认为，说明力把我们引向了真理[1]。为了表明规范说明的正确性，实在论者就诉诸最佳说明的推理。最佳说明的推理在为实在论辩护时有个设想，即科学家对世界以实在论的方式进行思考，所以他们成功了。从这一意义上讲，最佳说明的推理是实在论者达到获得真理这一认识目的的方法，它对科学实在论具有辩护性作用。在这方面，格雷默尔指出，"在当前有关科学实在论的争论上，最佳说明的推理作为辩护科学实在论的一种重要论证，已成为科学哲学研究中备受关注的话题"[2]。

　　诉诸最佳说明的推理，能为科学实在论提供一种说明性论证。这种论证的具体思路为：如果世界恰恰就像理论中所假设的实体那样，那么就可以推出这些实体确实存在，因为这将给那种情形的真实性提供最佳说明。也就是说，可通过物质世界的存在是我们感觉经验的最佳说明来推出物质世界的存在性。在科学上，一旦有关世界的假说被证实，就表明事实就是科学假说所预见的样子，那么就可以推出，假设中的实体客观存在，因为它的真实存在是对可观察现象的最佳说明。皮斯罗斯指出，"考虑对常见物质对象存在性的那种标准的、基于最佳说明的推理的论证。按照这种论证，对我们以系统地、有秩序地和连贯方式经验世界的最佳说明就是：存在着引起我们经验的常见尺度的物质对象。那些认可这一论证的人并不只断定一个有关一种概率的结论；他们普遍地断定了一个结论。这就是说，他们的观点不是这个物质对象存在的概率是高的，而是接受它们真的存在是合理的"[3]。实在论所关注的科学理论实体，如电子等被坚持认为存在的原因就在于它们的存在性假设为各种实验上的数据提供了最佳说明。科学的这种成功不仅挫败了对外部物理世界的怀疑论者，也挫败了那种虽然承认我们知道物理世界及我们当前感觉对象的存在，但否定我们能对过去、将来，以及当前不在我们的观察领域内，如电子等那些太小以至于不能感觉的东西有任何知识的怀疑论者。这样，按照最佳说明的推理，正确地描述不可观察世界的成功科学理论为它们在经验上成功的原因提供了最佳说明。

---

① Cartwright N. 1983. How the Laws of Physics Lie. Oxford：Oxford University Press：2.

② Glymour C. 1984. Explanation and realism//Leplin J. Scientific Realism. Oakland：University of California Press：173.

③ Psillos S. 2003. Causation and Explanation. Chesham：McGill-Queen's University Press：56.

　　我们可将最佳说明的推理在辩护科学实在论上的基本看法概括为：在认识世界的过程中，如果我们的信念正确并且在形成上有根据，那么它们将会成为关于世界的知识。反过来，如果把这些知识看成是由物理对象引起的，那么肯定会对物理对象的存在性以最佳说明。尽管在最佳说明的推理上存在着争论，但随着科学的进步，在自然界中发现了大量科学预设的理论实体和物理对象是存在的，以及从在多数情况下它都能从真前提得出真结论这一意义上讲，可以认为最佳说明的推理是可靠的。诉诸最佳说明的推理的实在论者认为，即使有可能无法用经验的方法来证实科学假说，但科学假说与实验证据的惊人吻合，给了证据以最佳说明。因此，可以进一步推出科学假说是正确的，它所涉及的实体是存在的。实在论的论证，旨在将科学理论确立为真的或渐近于真的。实在论者认为，达到最佳说明的结论——科学理论化产生真理的推断可靠，乃是因为科学通过采用上述推理形式产生了真理。这其实是根据科学对世界的成功说明来保证科学假说的合法性问题，也是最佳说明的推理之所以在辩护实在论上最具有吸引性的原因。

　　就其实质而言，最佳说明的推理辩护科学实在论的关键在于它能形成真理。比如，在阿弗加德罗常数的确定上，存在着布朗运动、α 衰变、X 射线折射、黑体辐射及电化学等方式，所有这些不同的测量技术都能得出同样的阿弗加德罗数。在科学实在论者看来，这一情形表明了分子的客观存在是真实的，如果没有那样的原子和分子，就无法说明结论上的明显聚集。分子的实在性这一事实说明在阿弗加德罗数上的聚集要比它的竞争者更好。给出分子假设，聚集将得到有力的支持。如果潜在的世界不是分子的，就不能期望这个结果的稳定性。波仪德认为，科学的历史表明科学中存在着聚合现象，即后来的理论常常倾向于保留它们先前内容的一些重要部分。对这一事实的最佳说明是我们的理论在进步中变得更准确。假如最佳说明的推理在科学理论的选择上能发挥作用，那么聚合现象就是它能带来真理的证据。在普特南看来，假如来自具体科学理论的所有预见都正确，那么这种预见上成功的最佳说明就是理论本身为真。科学理论是真的或者是逼真的这一点，可以带来这样的结论，即在这些理论中出现的术语，确实是指称的，这些理论中提到的实体都是真实的。因为如果理论为真，自然就会得出它的演绎结果也为真；但如果假说错误，而它的所有观察到的结果都被发现是真的，那么这将是不可思议的。因此，通过最佳说明的推理，我们有权推出理论是真的，因为"真的"是理论在预见上成功的最佳说明。可以看出，对科学成功的实在论解释，具有演绎说明的结构。"理论 T 正确"蕴涵着"理论 T 可以拯救现象"。

普特南认为，可以用最佳说明的推理来论证实在论。"科学家提出了实在论的假设。以这些假设为基础，他们得出了正确的预见。他们的那些假设的正确性就成为这些预见成功的最佳说明。因此，可通过一种最佳说明的推理来推出实在论或者实在论的正确性来。"[1]在普特南看来，实在论是没有让科学的成功成为奇迹的唯一哲学。这一点就是他对科学实在论的"非奇迹论证"（no miracle argument，NMA）。在科学实在论辩护方面，这种论证是目前最有名的全局性辩护。普特南把这一论证的核心观点表述为，"在一种成熟的科学理论中接受的理论常常是接近真的"[2]。也就是说，成功的科学理论应被看成是对世界的正确描述。对现象的最佳（可能是唯一的）可用说明，即由科学方法产生的理论，一般都是接近真的。理论在说明上的成功是它的正确性的一种迹象。在形式上，可把 NMA 刻画成：假设背景理论 T 断定方法 M 对结果 X 的产生来说是可靠的，其原因在于 M 应用了 T 认为能产生 X 的因果程序 $C_1, \cdots, C_n$。再假设为了保护实验上的设置免遭那些一旦出现将会妨碍因果程序 $C_1, \cdots, C_n$ 的因素的影响，而接受 T 与其他被预见到的附属理论，那么就阻止了结果 X 的出现。最后，假设一个人接受了 M 并获得了 X，那么就不会有别的东西能比断定 $C_1, \cdots, C_n$ 和 X 之间因果关联的理论 T 更好地说明被预见到的结果 X 出现了这一事实使这些因果关联为真或接近真。从形式上看，NMA 是一种得到最佳说明的推理，表明了理论真值的可获得性，从而推出了成功理论接近真这一科学实在论论题为科学在经验上的普遍成功提供了最佳说明。NMA 认为对科学方法论的工具可靠性的最佳说明在于背景理论是接近真的，因而它能成为科学实在论认识论的支点。所以，皮斯罗斯指出，"这是一种旨在对科学方法在形成接近正确的理论以及对假设上的可靠性给予辩护的哲学论证"[3]。

二、对实在论的说明论辩护的批驳与相关回应

尽管最佳说明的推理在现实中得到了普遍应用，尤其是科学实在论者依据对经验过程的规范说明由一种独立存在、足以产生这些经验的对象世界决定，从而将最佳说明的推理看作论证实在论的一种有效方法，但在最佳说明的推理是否是一种令人信服的推理规则这一点上，依然存在着一些反驳，反实在论者

① Putnam H. 1975. Mathematics, Matter, and Method. Cambridge: Cambridge University Press: 73.
② Putnam H. 1975. Mathematics, Matter, and Method. Cambridge: Cambridge University Press: 73.
③ Psillos S. 1999. Scientific Realism: How Science Tracks Truth. London: Routledge: 79.

及那些对实在论不以为然的人，都在不同程度上对最佳说明的推理的有效性提出了怀疑和争论。

首先，反驳者认为，最佳说明的推理的身份并不明确。尤其是在最佳说明的推理的合理性论证上，存在着这样一种让人忧虑从而无法接受的循环性，即通过认为最佳说明的推理能产生真理来论证它合理，或者通过认为它在科学中已得到成功的应用来论证它可靠。这就是反实在论者批驳最佳说明的推理不能给科学实在论以有效辩护的原因。因为它暗示着对最佳说明的推理的任何验证必然地回避了反实在论的反驳。就像法因（A. Fine）表述的那样，在最佳说明的推理的基础上辩护实在论缺乏论证力量，因为它应用了"那类其自身论证力都值得讨论的论证形式"①。另外，怀疑论者指出，既然最佳说明的推理是一种非证明性推理，它甚至不可能保证我们对可观察的东西进行反思，那么诉诸它来获得对不可观察事物的知识，希望就更渺茫了。因此，用科学实在论的方式是无法理解世界中的隐藏结构的。

其次，某个理论在预见上成功的真理性说明并非真的就是理论提供的最佳说明。范·弗拉森在反驳最佳说明的推理时就提出了这样的问题：最佳说明能在逻辑上蕴涵真理吗？说明力对真理有什么用？在他看来，说明并不是获得真理的指导，说明力也不是真理的保证。只有在给出假说，然后从中进行选择的情况下，最佳说明的推理才起作用。并且，除非我们知道相关的竞争者包含着真理性，最佳说明的推理才能使我们挑出那个正确的假说。当前的科学只是我们对世界的很多可能说明中的一种，其中有很多我们并不能阐述且有很多肯定是错的。科学史表明，许多成功的科学理论并不支持科学实在论关于科学为何成功的那种刻画。科学理论不但是错的、可改进的，而且如果以现行的科学为参照，即使它们的预测能力得到持续改进，它们在主张何物存在及事物具有何种性质方面，有时仍是错误的。我们当前的观点可被看作所有可能说明中的一个，有可能不是真的。这样，即使我们当前的理论是最佳的说明，也没有理由认为它一定就是正确的。更为严重的是，最佳说明的推理"使得我们不连贯"，它使我们确信"一个下下签也是最好的"②。这就涉及从贝叶斯主义和概率论的视角来批评最佳说明的推理。如果最佳说明的推理真的能起作用，那么它在变革我们信念上的那种作用一定采取类似于贝叶斯式的概率规则形式，但和贝叶斯定理不同的是它在说明性考虑上的成分。这就使我们把额外的信念加到最佳说明的假说上，这种信念超过了

---

① Fine A. 1991. Piecemeal realism. Philosophical Studies，61（1）：82.

② van Fraassen B C. 1989. Laws and Symmetry. Oxford：Oxford University Press：143.

我们将要通过以我们的证据和信念总体为条件指派给它们的信念。额外的信念意味着我们实际上违背了逻辑上的信念更新，从而违背了概率计算。一般地，违背概率计算的信念体系都会导致不连贯性，从而出现必输赌现象。然而，这恰恰是最佳说明的推理要求我们去做的：提出假说，依据我们的其他信念或证据，评价它们相关的经验根据或可能性，来给那个最佳说明的假说以红利点。所以，最佳说明的推理的任何概率形式都是不连贯的，因而不能有一种可用的、建立在说明性考虑上的推理规则。就像范·弗拉森指出的那样，对科学实在性的奇迹论证并不是唯一可用的。它并没有说明科学理论的成功，也没有给出一个在过去被选择的理论在现在或将来作出正确预见的原因。

另外，科学并非着眼于论证科学理论的真理性，而是要寻求科学理论的经验恰当性；也就是说，对科学理论的接受就是相信它在经验上是适当的，而非它的断定为真。这样，只有在最佳说明的推理的结论包含可观察的东西时，它才是有效的，而在它论及有关不可观察的东西时，就无法得出有关其真值的结论。在这种意义上，对科学成功的说明并不能，也不需要保证科学假说的合法性，而只是说明成功了的科学假说在一个具体的语境下发挥了作用，这并不需要保证其中承诺的实体是存在的或这个过程是真的。本-梅纳赫姆认为，尽管可以给出最佳说明的推理的基本原理，但这种基本原理不能证明一种得出实在论的推论。"对最佳说明的推理的辩护依赖于这个观点，即我们在说明力上的标准受到了严格的检验，这最终应由经验上的观点告知。通过把对科学成功的实在论说明和约定论及工具主义进行比较，就能表明实在论并没有给出更好的说明，因而不能推出它来。"[①]概括地讲，当最佳说明的推理被用来支持有关理论实体（即原则上不可观察的实体）的假说时，就会被质疑。基本的关注就是那个理论不能由证据确定：用有关不可观察事物的一个理论来说明一组证据时，就可以提出无限多的其他理论。最佳说明的推理将从它们中选出的那个最好地达到了说明上的充分性要求的理论看成是正确的。而备选理论与它们所预见的观察都一致，因此，在这里并不存在我们能收集起来去解决这个问题的证据。把最佳说明的推理用在理论语境下，就恶化了说明上的值和真理可能有分歧这一可能。因为如果最佳说明的推理真的使我们背离了某种理论语境，我们将不能通过观察发现这个错误，从而会无望地一直偏离下去。例如，赖欣巴哈（H. Reichenbach）认为选择满足一个数据的最简单曲线实际上是正确的，但只有当

① Ben-Memahem Y. 1990. The inference to the best explanation, Erkenntnis, 33（3）：320.

那种选择能被由观察提供的数据点所验证时才会那样。因此，只能把对最佳说明的推理的使用限定在非理论语境中。

最后，反驳者认为，因一个假说在说明上的那种价值而去相信它，这并没有什么价值。更为严重的问题在于，在预见上成功的最佳说明并非只有真理性这一唯一选择，像广度、统一性和简单性也是说明上的优良性，但它们却与正确性并不相关。因此，"最佳说明的推理不能成为观点合理变化的良方"①。反实在论者用一些似乎同样说明我们感觉经验过程的替代假说对此进行了论证。比如，建构经验论者认为，我们可通过提出一个在经验上充分的假说来说明预见上的成功，不管这个假说总体上是否为真，它的可观察结果都会为真。范·弗拉森指出，在考察对资料的可能说明时，实在论者认为最佳说明就是真的或接近真的理论，这只能在"特权"的意义上成立，因为它寄生在"先验的"假设上②。当然，对最佳说明的推理的批判态度并不是仅限于反实在论者当中。例如，卡特赖特、雷尔顿（Railton）、德伊及金凯德等实在论者也对最佳说明的推理用于解决科学实在论的观点提出了批评。

针对反实在论者对最佳说明的推理的批驳，实在论者给予了积极回应。常识实在论者认为，只要反思一下我们的日常生活，就会发现我们的论证最终都依赖于被称为溯因或最佳说明的推理的那种在日常生活中所普遍依赖的可靠推理模型。比如，我们可依据对过去的相信来预设记忆是可靠的。记忆普遍可靠，因为假设它就是那样，就会给我们自己的记忆与其他人的记忆相一致，以及给我们的记忆与过去的痕迹相一致提供最佳说明。同样，我们对将来的许多信念预设了当我们处在一个规律而稳定的世界中时，多数事件的发生会与预言的相一致。我们坚持这一信念的原因在于它对过去的规律性给出了最佳说明。因此，如果我们想要在日常生活中表现得正常些，就必须接受它。这样，实在论者就通过诉诸可靠论，即一种外部论的认识论，回应了循环性指责。实在论者认为，这就像笛卡儿在描述了一个说明与它所说明现象之间的关系时指出的那样，"对我来说，推论相互缠绕在一起，后者被前者说明，因为前者是后者的原因，前者也被后者说明，因为后者是前者的结果。无法想象在这一点我犯了逻辑学家称为循环论证的错误，因为经验使得这些结果的大部分非常确定，我以之来推出它们的原因并不像解释它们那样证实了它们的存在。另一方面，原因由结果证实"。

---

① van Fraassen B C. 1989. Laws and Symmetry. Oxford：Oxford University Press：142.
② van Fraassen B C. 1989. Laws and Symmetry. Oxford：Oxford University Press：144.

在科学实在论者看来，还能通过看到科学的说明和真理性说明这两类说明是不同的来消除上述循环性批驳。一个科学理论提供的说明常常是因果意义上的，或者说是事实上的，而真理性说明则是逻辑意义上的。我们最多能给我们基本的推理实践以规则循环的辩护而不是事实的循环辩护。这样，就可以认为达到因果说明的推理和达到逻辑说明的推理之间的差异打破了那种循环性。针对第二种批驳，可以认为理论自身的正确性并非其结果为真的自然原因；但说明上的关联是这样的，一个有真前提的合理观点肯定也会有一个真的结论。最佳说明的推理是一种依赖于语境背景信息的推理策略，它未必是从一组大量错误的假说中进行随机选择。相反，因果说明或其他说明信息能给予我们确定哪些假说应出现、哪些不应出现的根据。最佳说明的推理不会是推出我们碰巧提出的假说的一些随机组合，而是根据我们最好的背景知识在严格的竞争者中进行确定。当然，要确切地说出我们如何应用背景信息确定哪些假说集合可能包含了真理，哪些没有包含真理，还需要大量研究。针对第三种批驳，辩护最佳说明的推理论证的人给出了两种回答。首先，以经验上的充分性给出的说明和真值说明一样可爱并不清晰，因为这等于认为理论真的原因在于它们的结果是真的，这是一个极不可爱的说明。而且，我们推出在经验上充分的说明，并不排除达到真理性的说明，因为这两个说明是一致的，一个理论既可以在经验上充分又可以是真的。其次，针对依据贝叶斯主义来对最佳说明的推理进行的反驳，可以通过表明说明上的推理如何能被合理地包容进一个概率的情境下，或者认为这些批评者有点误解了最佳说明的推理的作用的方式来给予回应。

从格雷默尔、哈金（I. Hacking）及利普顿等人那里，就可以找到这些回应。哈金认为，显微镜方法表明，我们的认识能被限制在实在上。只要看看我们已获得的 DNA 染色体的非常好看的电子显微镜图片，就明白反实在论的观点是怪异的。在利普顿看来，循环性的指责确实有些力量。然而，可以把关注点放在低水平的最佳说明的推理及其与真理的关系上。他的主要论点就是实在论论题的统一性优点，即在可观察领域和不可观察领域都能得以延伸，从而在这两个领域间给出了一个原则化的分界。针对认为我们的最佳科学理论不可能足够好地符合真理这一挑战，利普顿指出，表明真理总存在于被考察的假说中，这一挑战在不假设某种"特权"的情况下就能得以应对。假如 $H_1, \cdots, H_n$ 都是对特定范围来说可用的理论，那么就能把 H_{n+1} 定义成 $\wedge_i \neg H_i$（$i=1, \cdots, n$）。显然，有关这个范围的真值一定存在于理论 $H_1, \cdots, H_{n+1}$ 中。因此，范·弗拉森的指责是不连贯的。另外，伊兰佐（Iranzo）也指出，范·弗拉森的论证是有缺陷的。首先，它是一种不合理的推理。其次，他认为科学实在论的真正目标是这一设想，即认识上的辩护起因于竞争说明中的一种比较性评价。另外，伊兰佐还认为，对相信一个说明的确证并不依赖于比较，而是依赖于说明上的优点标准得以实现的范围。

范·弗拉森在批驳最佳说明的推理时，依赖于贝叶斯定理的那种做法，是有问题的。他的观点出错的地方就在于，他假设最佳说明的推理把额外的确信增加到超过了对我们总体证据的条件化。实际上，最佳说明的推理并不需要这样。设想我们更新了对一个假说 H 的确信，贝叶斯公式如下

$$P(H/E) = P(H) \cdot P(E/H) / P(E/H) \cdot P(H) + P(E/H_1) \cdot P(H_1) \cdots$$
$$P(E/H_n) \cdot P(H_n)$$

$H_1 \cdots H_n$ 在这里表示的是将要考察的替换假说。最佳说明的推理告知我们把背景信息作为计算相关概率的一部分来用。在相关语境中我们对所要说明的内容的知晓就能影响所有计算的成分。如果我们知道 H 很好地适合我们对说明的理解，那么先验概率 $P(H)$ 就被提出。如果我们把说明看成是因果性的，这个事实就容易理解。这样，我们对因果过程的理解将是确定 H 有多可能的证据的一部分。也就是说，如果它适合于我们对因果过程如何起作用的最佳理解，它就获得了额外的可靠性；否则，就有较低的可信性。类似的推理可用来评价 $P(E/H)$ 和 $P(H_1) \cdots P(H_n)$。如果一个假说 H 提出的因果过程比其他资料更可能说明已获得的资料 E，那么将提高 E 对 H 的可能性。如果原因的相关背景知识使所有的替代说明在这种环境下不可能成为原因的因素，就降低了 $P(H_1) \cdots P(H_n)$，从而提高了 $P(H/E)$。这样，最佳说明的推理能被用于确定构成贝叶斯计算的先验概率和后验概率。因此，没有必要把最佳说明的推理看成算出概率后而增加的信念。这样，按照它的最合理解释，最佳说明的推理未必造成不连贯性。

在对实在论的理解上，利普顿给出了实在论的三个替代论证。每个论证都试图表明最佳说明的推理的实在论形式都胜于把推理仅仅局限于可观察原因的工具论形式。首先，可观察物和不可观察物之间的区分并没有表明真正的认识隔离。对有关不可观察原因观点的保证和对有关已观察到的原因观点的保证是一样的，因为得出最佳说明的因果推理途径在这两种情形下是一样的，并且工具论者没有在可观察原因的观点和不可观察原因的观点之间给出一种原则化的认识区别。其次，对于否定最佳说明的推理对相信理论的不可观察论证，与实在论者相信理论的预言相比，工具论者有更少的理由。尽管工具论认为实在论并不是科学成功的最佳说明，而且最佳说明也不是普遍可信的说明，然而只有

实在论者才有权说明来自理论的可观察性预言所受支持的程度，因为只有这样的预言所受的支持才能说明最佳说明的推理在分布可观察原因方面的那种成功所提供的支持，即给应用得到不可观察原因的同一形式的推理及给我们从它们的描述中形成的预言的支持。最后，观察包括推理。隐含在观察上的判断的推理结构及最佳说明的统一力量，与我们已有的相信支持一个理论的资料相比，我们可能有更多的理由去相信这个理论。因此，利普顿提出，理论断定我们的观察所具有的保证要比观察本身具有的保证更大。即使存在着最佳说明的推理的非实在论形式，但最佳说明的推理所阐述的实际因果推理的结构，表明推理的这种阐述终将会成为实在论的朋友。

　　首先，我们认为，对实在论的论证能有力地诉诸最佳说明的推理。这样的论证从资料和有关可能说明的背景信息得出了一些实体或属性是否为真的结论。在这种语境下，最佳说明的推理是有力的，因为有关可能说明的广泛背景理论使它们排除竞争的说明并产生精确的结论。如果最佳说明的推理不支持实在论，也不是因为最佳说明的推理本身有缺点，而是因为对得出实在论的推论来说，所需要的具体假说是不可能的。成功地建立一种论证实在论的最佳说明的推理，就需要表明对科学的反实在论说明在经验上是不充分的，并且在科学上的成功论证了实在论时，就要给出清楚的说明。它们必须完成表明实在论是最好的说明这一首要任务。其次，即使在说明标准的令人满意性这一价值判断与正确性这一认识判断之间并没有逻辑上的关联，也不会破坏最佳说明的推理的有效性。因为扩展的推理不可能在产生正确的结果之前就能被表明是合理的。再次，在最佳说明的推理的合理性上，我们可以坚持一种"缺失性"论证，即结合一个同类事件的缺失来说明另一个事件，从而在没有理由怀疑一个可爱的潜在说明的情形下，认定该说明为真。最后，尽管在实在论的阵营中，在处理最佳说明的推理上的态度有所不同，但这只表明了实在论者把最佳说明的推理的正确性和作为衡量它在认识上的意义尺度的有效性予以混淆了。总之，既然我们可以在科学实在论的辩护上使用最佳说明的推理，那么也可以依据实在论的观点证明最佳说明的推理这种科学方法论是合理的。

　　就目前对最佳说明的推理的反驳来看，可以作出这样的概括，即这些反驳着重针对的是最佳说明的推理的作用。正是在最佳说明的推理的作用上的不同看法，使一种反对的声音逐步高涨。在我们看来，尽管存在着有关最佳说明的推理的合理性问题的激烈争议，但它的效用性并未受到完全否定。最佳说明的推理在认识论、形而上学、科学哲学及其他领域的争论及理论说明方面依然具有十分重要的作用。可以认为，不使用最佳说明的推理，且缺乏那种假定正确理论和存在实体的本体论能力，科学的快速发展就不可能。这一点虽然因实在论者和反实在论者都能给最佳说明的推理的成功以陈述，受到了人们的争议，如范·弗拉森认为，最佳说明的推理能带给我们以经验充分性，因而对我们的科学目的来说，结论是充分的，但对正确的事态却没有说什么，但实在论者会问，如果科学主张没有断言它的理论的正确性及它的实体的存在性，那么它如何能成为合理的追求？可以确信的是，过去的成功并不是正确性的一种体现，但肯定存在着一种层面，在这种层面上，通过最佳说明的推理帮助我们处理这样的不可观察实体，因此，最佳说明的推理被证实最终对我们的科学是不可或缺的。这样，似乎也可以在一定的层面上通过最佳说明的推理的那种不言而喻的、回答和解决实际问题的效用来回应反对者的反驳。

结　语

在科学哲学的研究上，人们所关注的一个重要内容就是寻求推理的逻辑模板，从而让那些在模板作用下的推理结果变得确定无疑。演绎推理就是这方面的一个典型。在对演绎推理的研究上，人们已找寻出了一些明显的"诀窍"。通过这些诀窍，来表明那种所谓的中立的"科学方法"。在这里，可以认为，最佳说明的推理也在寻求一种诀窍。这种寻求出于两个方面的考虑。

首先，最佳说明的推理在实践上因为自身的扩展属性而成为思维创新方面的一个良好策略，常常能带给人以合理的新内容和认识结果。这样，它就会因自身能带来"逼真"的结论，而受到人们的欢迎。就此来看，最佳说明的推理是给知识以提炼和精确化的操作，是一种认识上的策略和寻求知识的诀窍。具体来讲，这种推理以说明而非描述为依据，通过对最佳说明的强调，来实现对异常情况的减少和消除。所以，可把它看成是一种有关知识进化的观点。

最佳说明的推理包括说明（假说的提出）和证实（假说的选择）两个相互关联的重要部分。它从观察和证据出发，来形成假说，并根据假说对观察和证据的说明程度，或者说假说的内容的丰富程度，对它们进行区别和划分，以确定那个给证据以最佳说明的假说，从而把它作为正确的理论来接受。最佳说明的推理涉及证据和假说在说明上的关联及假说向理论的过渡，通过对知识形成的机制及作为知识表现的科学理论合理性的探讨，来阐明在证据的分析和说明的分析之间存在的那种关系。因此，可把它看成是一种描述和分析科学知识形成情况的观点。从本质上看，围绕着最佳说明的推理所提出的各种论题，其实是对经验与理论关系的一种探讨。在这里，有关知识的经验标准与逻辑标准都得到了比较良好的体现。鉴于在人们的认识实践中，最佳说明的推理是不可或缺的，因此有必要寻求一些诀窍，来对它的推理结果进行确定。

此外，对推理诀窍的寻求，是因为存在着一类被广泛地称为"可废止的"或"扩展的"、"有变化的"推理。它具有这样的特征：①在心理上，它是真实的并且是有说服力的；②它是可能的，即它能提供至少是表面上的蕴涵，来形成新的信念并给拥有它们以确证；③它对语境、背景信息、认知目标及价值等是敏感的；④只有当外在的环境正确时，它才起作用，形成正确性或类似于正确性的东西；⑤它提供了能在信息出现后可被废除的根据，从而要求重视外在于推理本身的一些考虑，如证据是否完全、是否存在着更强的胜者等。更为关键的是，这种推理并不容许一种简单的抽象逻辑形式，也不容许一种适合演绎逻辑的分析。它的具体资料非常多样，从而容许一种灵巧的形式概括，而它的力量恰恰存在于那些详细的资料中。

尽管最佳说明的推理是一种在科学实践中常用的、被看作为科学中的说明和发现提供重要方法论启示的推理，但从本质上看，最佳说明的推理是基于事实模型的推理，是一种将归纳包括在内的非演绎推理，其前提并不能充分地保证结论。因此，在它的逻辑属性上，仍存在着一些争议。客观地讲，最佳说明的推理是"可废止的"或"扩展的"推理的一个具体例子。对它的任何解释都应当考虑它是推理的一个扩展和可废止规则的候选者。这种推理背后的观点是，说明上的考虑指导着推理。也就是说，一个假说可依据它是可获得证据的最佳说明这一判断而为人们所接受。然而，"最佳说明"这个概念是相当有争议的，人们对它作出了大量的讨论。在这方面，利普顿指出了可爱性与可能性之间的区别。但他感到，在表明说明上的可爱性有益于可能性这一点上也存在着一些压力。压力很大程度上是因为这样一种感觉，即所有辩护最佳说明的推理的人，必须给它提供一个诀窍，以表明一个假说是证据的最佳说明这一点如何可能使假说为真。

在以结论的可能性来对最佳说明的推理进行分析时，存在着特定的压力。因为如果认为最佳说明的推理具有确定的逻辑结构，就应给这种结构以阐述。在这里，说明上的考虑将会承担起主要的作用，从而决定了这种推理的逻辑空间。说明是有竞争的，对竞争说明的划分要靠背景知识或信念。因此，从这种意义上讲，有关说明的背景设想决定了寻求最佳说明的推理的合理性。这些背景设想可统称为语境，它们具有这样的功能：①能表明说明上的考虑如何指导着推理；②能解决什么是相关的说明性关联；③能确定竞争说明的层次；④能解决为了最佳说明是可接受的，什么样的假说才是适当的问题；⑤能解决在最佳说明被接受前，寻求的是什么问题。这些语境因素能把可爱性和可能性很好地予以关联，因为它们并不试图在可爱性和可能性之间伪造一个抽象的关联；相反，这种关联的存废与可用的相关信息的丰富性和具体性一致。

在引入语境概念后，我们就可以提炼出基于说明上的考虑的可废止推理的一种常见模型。我们能探讨一个备选者为了成为最佳说明而应当具备的属性。例如，我们能以使推理借以进行的两种过滤形式来探讨。过滤中的一个是选择一个相对小的潜在说明作为可能的说明，而另一个是再从它们中选择最佳的作为真实的说明。在这里，两重过滤都以说明上的考虑来进行。在给出这种抽象的模板时，我们提炼了很多具体情形下的共同部分。主要的观点是最佳说明的推理依赖于一种对说明的质量检验。假说的说明质量，从根本上归功于它的可接受性保证。接受最佳说明的推理依赖于对说明的质量检验这一点，使我们在回答有关可爱性和可能性间的关联问题上不再有压力。应用的语境解决了最佳说明有多可能这一问题，从而让最佳说明的推理被看成是一个推理类，然后通过在构成那个推理类的推理方案中区分说明的多种混合概念，它的几种类别就被区分开来。例如，如果说明的相关概念是因果的，那么最佳说明的推理就变成了一种推得最佳因果说明的推理；如果说明的相关概念是法则下所包容的，那么最佳说明的推理就变成了一种寻求最佳法则论说明的推理。在这里，很多东西都能成为说明，因而说明上的关系不是固定的、不变的。

依照语境的观点，就可以把最佳说明的推理看作是对一种推理策略的命名，它的力量是变化的，取决于实质性的语境假设。在这样的推理模型下，阐述说明概念的尝试构成了寻求诀窍的一部分。一方面，涵盖说明性关系所有方面的显著模型并不存在。可以认为，"说明"是一个概念串，它把很多不同但却类似的说明性关系放在了一起。另一方面，就像利普顿指出的那样，不应把最佳说明的推理看成是一个坚持单一说明的承诺，而是坚持竞争性说明中最佳说明的承诺。把这一看法予以扩充，就成为：被说明项可接纳不同类型的说明。没有理由认为它们中的一个是说明的正确类型。在很多情形下，不同类型的说明将是彼此相容的。它们中哪一个受人喜欢将取决于人们的兴趣和手头的情况。利普顿喜欢因果说明。但他意识到，说明的因果阐述面临着一些问题，最为明显的就是存在着非因果说明，例如，以其他的法则形式来说明某种法则。他以比较形式，即"为什么 P 而不是 Q"分析了因果说明，这一点是非常出色的。但就那种比较阐述的优点而言，它并没有抓住这一事实，即在科学说明的很多典型案例中，任务是要回答一个直接的"为什么 P"这种问题。如果我们把说明看成是世界中的某种东西，因为这种东西，被说明项得以阐述，那么我们最终需要回答直接的"为什么"问题；比较模型只有作为找到这类问题的答案的方式时才是有帮助的。实际上，比较的作用似乎就是强调最佳说明的推理实际上是一种排除法，即通过一种排除备选的潜在说明的过程，让一个说明作为最佳的说明而出现。但问题在于备选者的排除，而不是我们多么确切地着手做。

在最佳说明的推理这个话题上，还有很多研究需要去做。它不只是一个用以假定可能性的简单策略，而是会超越简单的推测，从所有的可能说明中选出最佳的那个说明，从而形成新的认识。在这方面，我们需要给出一种明确的机制，即从一套已提出的说明中选择一个说明性假说的机制，以从一堆假说性说明中寻找出一个最佳的说明，并就一种最佳说明的推理能阐述的认识改变类别来丰富我们的认识。能推出 A 是 B 的说明，是因为当给定所有的可用证据时，它是最佳的。因此，能看到最佳说明的推理的那种胜过其他推理形式的独特性：它由我们的说明力所引导，而不只是在一种严格的逻辑公式中被蕴涵。但我们对它显然有着直觉上的认可，认为它是一种有力的模式，通过它来提出有关让人困惑现象的可能假说，确定出其中具有最大说明力的假说，再从"最初的资料"中来推得它的正确性。即使最佳说明的推理可能存在着一些问题，如结论不是必然的，但一旦结合语境来评价，就可以看出它是一种有用的推理模型，由它所得出的结论能持续证明它在大多数情况下是准确的，这将是论证其合理性的重要基础。

如果把利普顿提出的那个"指导性论题"理解为说明上的考虑有利于选择高概率的说明，就可以用概率论来理解最佳说明的推理。但这样会出现其反对者所强调的那种情况：最佳说明的推理不是一种有力的推理，而是多余的、无用的。然而，即使这样，甚至有些最佳说明的推理的辩护者近来也摒弃了把它看成是一种有力推理方案的主张，在我们看来，从一种弱意义上讲[①]，最佳说明的推理仍是有效的、合理的，因为可以把说明上的考虑看作并不决定可能性，而只是告知我们对可能性的判断。因此，在对最佳说明的推理的认识上，一种合理的态度可能就是，它并没有批判者所提出的明显缺点，也没有其支持者所断定的那么多优点——因为其优点不能轻易地和它的说明性假说相分离。对最佳说明的推理的所有描述都涉及给说明以阐述。然而，不管是辩护者还是反对者，很大程度上并没有给出说明的一种详细图景，因为对说明的充分解释是很难做到的。所以，在对最佳说明的推理的分析上，重要的是把握说明在我们的

---

① 这里的"弱意义"意指一种弱层面，相当于"至少"这个术语的意思。

推理过程和我们的全部概念体系中的作用。不管一种说明活动的细节怎样，都应通过提出被说明项和作为推理者背景知识部分的其他假说间的某种关联把被说明项放进推理者的背景知识中。这一点就是今后在最佳说明的推理的研究上所应当走的道路。

参 考 文 献

彼得·利普顿. 2007. 最佳说明的推理. 郭贵春, 王航赞译. 上海: 上海科技教育出版社.

范·弗拉森. 2002. 科学的形象. 郑祥福译. 上海: 上海译文出版社.

黄翔. 2008. 里普顿的最佳说明推理及其问题. 自然辩证法研究, 24 (7): 1-5.

柯瓦雷. 2003. 牛顿研究. 张卜天译. 北京: 北京大学出版社.

内格尔. 2005. 科学的结构. 徐向东译. 上海: 上海译文出版社.

荣小雪, 赵江波. 2012. 最佳说明推理与溯因推理. 自然辩证法通讯, 34 (3): 13-18.

王航赞, 王涌米. 2011. 最佳说明的推理及其科学实在论辩护. 科学技术哲学研究, 28 (3): 34-41.

王航赞. 2013. 溯因推理与最佳说明的推理. 哲学动态, (5): 92-97.

王航赞. 2016. 范·弗拉森的 IBE 质疑及其相关回应. 哲学动态, (4): 87-93.

Aliseda A. 2006. Abductive Reasoning: Logical Investigations into Discovery and Explanation. Dordrecht: Springer.

Armstrong D M. 1983. What is a Law of Nature? Cambridge: Cambridge University Press.

Barnes E. 1995. Inference to the loveliest explanation. Synthese, 103 (2): 251-277.

Bartelborth T. 1999. Coherence and explanation. Erkenntnis, 50 (2/3): 209-224.

Ben-Menahem Y. 1990. The inference to the best explanation. Erkenntnis, 33 (3): 319-344.

Betz G. 2012. Justifying inference to the best explanation as a practical meta-syllogism on dialectical structures. Synthese, 190 (16): 3553-3578.

Cartwright N. 1983. How the Laws of Physics Lie. Oxford: Oxford University Press.

Crupi V, Tentori K. 2012. A second look at the logic of explanatory power. Philosophy of Science, 79 (3): 365-385.

Daniel G C. 2004. On the distinction between Peirce's abduction and Lipton's inference to the best explanation. Synthese，180（3）：419-442.

Day T，Kincaid H. 1994. Putting inference to the best explanation in its place. Synthese，98（2）：271-295.

Douven I. 1998. Inference to the best explanation made coherent. Philosophy of Science，66（suppl.）：424-435.

Dretske F. 1977. Laws of nature. Philosophy of Science，44：248-268.

Ennis R. 1968. Enumerative induction and best explanation. Journal of Philosophy，65（18）：523-529.

Falkenstein L，Welton D. 2001. Humean contiguity. History of Philosophy Quarterly，18（3）：279-296.

Fetzer J H. 2002. Propensities and frequencies：Inference to the best explanation. Synthese，132（1/2）：27-61.

Flach P A，Kakas A C. 2000. Abduction and Induction：Essays on Their Relation and Integration. Dordrecht：Kluwer.

Fogelin L. 2007. Inference to the best explanation：A common and effective form of archaeological reasoning. American Antiquity，72（4）：603-625.

Foster J. 1983. Induction，explanation and natural necessity. Proceedings of the Aristotelian Society，83：87-101.

Friedman M. 1974. Explanation and scientific understanding. Journal of Philosophy，71（1）：5-19.

Fumerton R A. 1980. Induction and reasoning to the best explanation. Philosophy of Science，47（4）：589-600.

Fumerton R A. 1992. Skepticism and reasoning to the best explanation. Philosophical Issues，2：149-169.

Gelfert A. 2010. Reconsidering the role of inference to the best explanation in the epistemology of testimony. Studies in History and Philosophy of Science，41（4）：386-396.

Glass D H. 2007. Coherence measures and inference to the best explanation. Synthese，157（3）：275-296.

Glass D H. 2012. Inference to the best explanation：Does it track truth? Synthese，185（3）：411-427.

Gliboff S. 2000. Paley's design argument as an inference to the best explanation，or，Dawkins' Dilemma.Studies in History & Philosophy of Biological & Biomedical Science，31（4）：579-597.

Glymour C. 2012. On the possibility of inference to the best explanation. Journal of Philosophical Logic, 41（2）: 461-469.

Glymour C. 1984. Explanation and realism//Leplin J. Scientific Realism.Oakland: University of California Press: 173-192.

Harman G. 1965. The inference to the best explanation. Philosophical Review, 74（1）: 88-95.

Harman G. 1968. Enumerative induction as inference to the best explanation. Journal of Philosophy, 65（18）: 529-533.

Harman G. 1968. Knowledge, inference, and explanation. American Philosophical Quarterly, 5（3）: 164-173.

Harmon R. 1996. Just so stories and inference to the best explanation in evolutionary psychology. Minds and Machines, 6（4）: 525-540.

Hempel C. 1942. The function of general laws in history. Journal of Philosophy, 39（2）: 35-48.

Hempel C. 1965. Aspects of Scientific Explanation. New York: Free Press.

Hintikka J. 1998. What is abduction? The fundamental problem of contemporary epistemology. Transactions of the Charles S. Peirce Society, 34（3）: 503-533.

Humphreys P. 1989. The Chance of Explanation. Princeton: Princeton University Press.

Iranzo V. 2001. Bad lots, good explanations. Critica, 33（98）: 71-96.

Iranzo V. 2007. Abduction and inference to the best explanation. Theoria, 22（3）: 339-346.

Josephson J R, Josephson S G. 1996. Abductive Inference: Computation, Philosophy, Technology. Cambridge: Cambridge University Press.

Kapitan T. 1992. Peirce and the autonomy of abductive reasoning. Erkenntnis, 37（1）: 1-26.

Kuipers T A F. 2005. Qualitative and quantitative inference to the best theory—replay to Ilkka Niiniluoto// Festa R, Aliseda A, Peijnenburg J. Confirmation, Empirical Progress, and Truth Approximation. Amsterdam: Rodopi: 276-280.

Kuipers T A F. 2004. Inference to the best theory, rather than inference to the best explanation—kinds of abduction and induction//Stadler F. Induction and Deduction in the Sciences. Dordrecht: Kluwer: 25-51.

Ladyman J, Douven I, Horsten L, et al. 1997. Defence of van Fraassen's critique of abductive inference. Philosophical Quarterly, 47（188）: 305-321.

Lewis D. 1986. Causal explanation//Lewis D. Philosophical Papers, vol.2. Oxford: Oxford University Press: 217-218.

Lipton P. 2004. Inference to the Best Explanation. London：Routledge.

Mackonis A. 2013. Inference to the best explanation, coherence and other explanatory virtues. Synthese, 190（6）：975-995.

Magnani L. 2001. Abduction, Reason, and Science. Dordrecht：Kluwer.

McAllister J W. 1991. The simplicity of theories：Its degree and form. Journal for General Philosophy of Science, 22（1）：1-14.

Minnameier G. 2004. Peirce-suit of truth—why inference to the best explanation and abduction ought not to be confused. Erkenntnis, 60（1）：75-105.

Newton-Smith W. 1981. The Rationality of Science. London：Routledge.

Niiniluoto I. 2004. Truth-seeking by abduction//Stadler F. Induction and Deduction in the Sciences. Dordrecht：Kluwer.：57-82

Okasha S. 2001. What did Hume really show about induction？ Philosophical Quarterly, 51（204）：307-327.

Pierson R, Reiner R. 2008. Explanatory warrant for scientific realism. Synthese, 161（2）：271-282.

Psillos S. 1996. On van Fraassen's critique of abductive reasoning. The Philosophical Quarterly, 46（182）：31-47.

Psillos S. 1999. Scientific Realism：How Science Tracks Truth. London：Routledge.

Psillos S. 2004. Inference to the best explanation and Bayesianism// Stadler F. Vienna Circle Institute Yearbook, Vol.11. Kluwer：Routledge：83-91.

Rappaprot S. 1996. Inference to the best explanation：Is it really different from Mill's methods? Philosophy of Science, 63（1）：65-80.

Salmon W C. 1984. Scientific Explanation and the Causal Structure of the World. Princeton：Princeton University Press.

Salmon W C. 1989. Four Decades of Scientific Explanation. Minneapolis：University of Pittsburgh Press.

Schurz G. 1999. Explanation as unification. Synthese, 120（1）：95-114.

Schurz G. 2008. Patterns of abduction. Synthese, 164（2），201-234.

Thagard P R. 1978. The best explanation：Criteria for theory choice. The Journal of Philosophy, 75（2）：76-92.

Tuomela R. 1985. Truth and best explanation. Erkenntnis, 22（1/3）：271-299.

van Fraassen B C. 1989. Laws and Symmetry. Oxford：Oxford University Press.

Vinci T. 1982. Gettier examples, probability and inference to the best explanation. Philosophia, 12 (1/2): 57-75.

Vogel J. 1990. Cartesian skepticism and inference to the best explanation. Journal of Philosophy, 87 (11): 658-666.

Weintraub R. 2013. Induction and inference to the best explanation. Philosophical Studies, 166 (1): 203-216.

Weisberg J. 2009. Locating IBE in the Bayesian framework. Synthese, 167 (1): 125-143.

后　记

　　我从 2005 年开始接触"最佳说明的推理"这个论题，2007 年以这个论题申报国家社科基金，展开深入的研究，到今天，研究这个论题已有十年之久。可以说，有关这个论题方面的现有研究我都予以了积极关注。自哈曼首次提出"最佳说明的推理"这个表述以来，随着说明、推理这些认知形式以及将它们关联起来，进行综合性应用的尝试在人们的日常认识活动中得以开展，这使得最佳说明的推理模式受到了人们的普遍关注和重视。最近几年在科学哲学、医学、法学、考古学、心理学、人工智能等研究领域围绕这个论题所涌现出的大量学术成果就足以表明这一点。而且，这样的成果涌现的情形还会持续下去，这必将扩展和丰富这个话题的内涵。

　　本书从哲学方面，尤其从当前科学哲学中的有关探讨出发，对最佳说明的推理的一些基础性问题进行分析和研究。客观地讲，我在本书中的所思所想，连同我对彼得·利普顿的那本有关最佳说明的推理的标志性研究成果《最佳说明的推理》的译介，都无法体现出最佳说明的推理的全部话题及当前人们对最佳说明的推理的关注热度。因此，对我来说，之前的工作只是一个开始，还有很多问题需要进一步探讨。比如，最佳说明的推理在人工智能领域及心理分析方面的表现、作用问题，就是非常值得探讨的。总之，在最佳说明的推理的研究上，还存在着一个从理论研究到现实应用的具体转变。如何更为精确地刻画它的机制，从而发挥其效用，是需要我们付出时间和精力去推进的，这需要对这方面研究有兴趣的学者和学术共同体一起努力。

　　本书的研究、写作和出版，得到多方支持与帮助，在此一一表示感谢。

感谢国家社科基金为本研究提供资助；感谢山西大学哲学优势学科创新平台为本书的出版提供资助；感谢科学出版社的刘溪编辑和乔艳茹编辑在出版本书过程中付出的大量辛勤劳动；感谢家人在本书写作过程中给予我的支持、宽容与理解。

王航赞

2016 年 6 月